问道大学——

中国民办高校建设探索

张尧轸 陈耿 著

高等教育出版社·北京

内容提要

中国高等教育已经走入了新时代，高校办学要走出象牙塔，从投资、管理、理念、教学等方面进行多层次、全方位的改革与创新。本书介绍了浦江学院在应用型高层次人才培养方面的理论探索与实践创新。

本书分为五篇，共15章。第一篇，大道至简："工本位"办学；第二篇，一以贯之：训练工科思维；第三篇，知行合一：提高工程能力；第四篇，工匠精神：培育工作素质；第五篇，上善若水：特色文化育人。

针对高层次应用型人才的思维、能力、素质等，浦江学院提出了以训练学生的工科思维为本、以提高学生的工程能力为本、以培育学生的工作素质为本的"工本位"办学思想，从知行合一、手脑并用入手，在课程体系、校企合作、实验室建设、文化传承、国际交流等方面进行了探索与实践。

知行合一
手脑异用

黄孟俊

前　言

　　光阴似箭，我从商20余载，现转战教育事业，筹办大学。正大集团与南京工业大学全面战略合作建设浦江学院已三载余，始终坚持用建设和发展企业的思维，应对筹办大学过程中出现的问题。依托正大集团的国际视野和优质资源，浦江学院正在成为一所特色鲜明、模式新颖、平台高端的民办大学。

　　正大集团副董事长、正大CP ALL（大众）有限公司执行董事长、正大7-ELEVEN连锁便利店有限公司董事长蔡绪锋先生是我最尊敬的前辈。我和蔡先生一起工作30多年，他是我的领导、恩师，从蔡先生身上我学到了很多。蔡先生是一位成功的企业家，同时也是一位围棋高手，素有"泰国围棋之父"之称，他把经营和围棋相结合，形成独特的经营管理智慧，让CP ALL成为泰国最大的零售商。

　　蔡先生在教育上也目光远大，具有超前的意识和思路。蔡先生曾在德国企业工作，德国企业员工的工作能力与素质使他深有感悟。作为一位杰出的企业家，蔡先生在泰国捐资创办大学，将德国的教育思想结合自己成功创办企业的感悟，提出了"工本位"的办学思想，以企业的思想来办大学，培养社会急需的人才。经过多年的探索和实践，泰国正大管理学院已经成为泰国知名的大学，得到社会的广泛认可，毕业生广受企业欢迎，已经形成从本科、硕士到博士的完整人才培养体系。其独特的办学理念和校企合作模式受到泰国教育部的关注和推崇，学生的质量引起企业界的关注和高度认可，毕业生供不应求。

浦江学院以蔡先生的"工本位"作为办学理念，致力于培养知行合一、手脑并用的应用型人才，让学生学有所长，与企业无缝对接，这与黄炎培先生倡导的"做学合一"异曲同工。

我们在办学过程中始终坚持做到以下两个方面：

第一，我们以"工本位"为核心，以项目为导向，创新校企合作方式，以就业竞争力为核心，探索应用型人才培养模式。学校以围棋为切入点培养学生的逻辑思维，以创新创业为视角培养学生的互联网思维，以信息技术为核心培养学生的计算思维，一以贯之地训练学生的工科思维。学校围绕项目培养公益慈善人才，校企共建培养应用型 IT 人才，校地合作培养应用型文创人才，重视培养学生的工程能力，达到知行合一。工匠精神是高层次应用人才不可或缺的素质，主要包括工作经验、专业技能、职业素养等，这些都难以靠课堂教学实现，必须通过口传心授的方式习得。我们试图在教学计划、课程设置、师资培训、课堂教学及实验室建设等方面与企业深度合作，使学生在真实的环境中逐步积累工作经验，形成职业素养，解决学生就业的最后一公里路问题，使之成为受企业欢迎的高水平应用型人才。我们注重文化育人，通过学习太极拳和马术，使学生在强身健体的同时，不仅能体悟中华文化的博大精深，也感受到西方文明。

第二，柏拉图说过一句话："教育非他，乃心灵的转向"。学校提出了助人积福，不落下一个学生的教育思想。将助人积福作为校园文化建设的载体，让每个学生都能加入到"助人积福万里行"的活动当中，逐步形成博爱、友善、互助的校园文化：与智者为伍，与仁者同行，心怀苍生，大爱无疆。我们始终坚持以善铸魂，以爱的渗透使得教育超越单纯的知识授受，而成为一种塑造灵魂、塑造生命的实践，让学生的灵魂深处充满了爱与善，使得他们今后在社会上能够体现其存在的价值。有教无类，不落下一个学生，这是浦江学院对教育的坚守，我们有责任让每一位学生都得到发展，都能成为有用之人。

浦江学院现在的建设与发展，是对中国高等教育系统多元、开放、改革的探索。21世纪的中国在经济和社会发展方面将领先于世界，大学的作用不可低估，未来的中国教育定将诞生出一批特色鲜明、企业认可、世界一流的民办高校，我们今天所做的一切，是为了中华民族之复兴！

张尧轸

二〇一七年秋

目 录

中国高等教育已经进入大众化阶段，高校的格局、管理、培养模式等将发生深刻变化。中国高校格局呈现出中间大、两头尖的橄榄型，并以应用型大学为主体。高校管理出现多元化，社会力量广泛参与，民办高校的比重逐年增加，办学质量越来越好，培养层次越来越高，培养模式越来越差异化、国际化、市场化。

民办高校办学方式灵活，与企业联系紧密，对市场反映敏锐。民办高校在培养应用型人才方面具有得天独厚的优势，所以应当抓住机遇，在人才培养的模式和方法上大胆创新，办出特色。

浦江学院结合中国经济、社会发展之需要，根据应用型人才培养规律，从思维、能力、素质三个维度，提出了"工本位"的办学理念：工科思维为本训练学生的思维，工程能力为本提高学生的能力，工作素质为本培育学生的素质，培养具有国际视野的高层次应用型人才。

第一篇

大道至简：「工本位」办学

第一章
我国民办高校发展与高等教育变革

　　根据美国学者马丁·特罗（Martin Trow）的理论，以高等教育毛入学率[1]为指标，高等教育可以划分为精英、大众和普及三个发展阶段，毛入学率低于15%时属于精英教育阶段，毛入学率介于15%与50%之间时为大众化阶段，毛入学率超过50%时为普及化阶段。马丁认为在高等教育的不同阶段，高校在办学理念、教学形式、领导与决策、学生构成、毕业与就业关系、学术标准、管理模式等方面具有本质差别。根据教育部全国教育事业发展统计公报的数据，2002年我国高等教育毛入学率已达15%，中国的高等教育已经开始向大众化教育阶段过渡。高等教育的大众化给我国的高等教育带来了深刻影响：

　　一、应用型高校数量和规模不断扩大，改变了过去精英教育阶段以研究型大学为主的格局。高等教育与职业教育相互贯通，在高等教育系统下形成学术教育系列和职业教育系列两条主线。学术教育系列包括本科、硕士、博士等培养层次；职业教育系列包括专科、本科、硕士、博士等培养层次，由此形成了以应用型大学为主体，高端为研究型大学、低端为高职高专院校的中间大、两头尖的橄榄型格局。

　　二、民办高校迅速崛起，改变了过去政府包办高校的局面。政府无力承担全部的高等教育投入，投资多元化成为我国高等教育从精英阶段向大众化阶段转变过程中最重要的特征。美国民办高等教育是全世界最成功的，其投入主体的多元化一直是各国所借鉴的典

1　高等教育毛入学率是指高等教育在学人数与适龄人口之比。适龄人口是指18—22岁年龄段的人口数。

范。在高等教育大众化的大背景下，民办高校的比重越来越大，办学质量越来越好，培养层次越来越高。简单复制传统高校人才培养模式已无法适应高等教育大众化的内在要求，社会力量广泛参与高校的投入、建设和管理，国际化的办学理念，市场化的管理机制，差异化的培养模式，将促成未来一批高水平、有特色的民办高校纷纷涌现。

1.1 从精英教育到大众化教育

一、高等教育现状

首份《中国高等教育质量报告》显示，进入21世纪后，中国高等教育实现了跨越式发展，正向高等教育强国大踏步迈进。

从"体量"来看，中国高等教育在世界范围内最大。2015年，各类高校2852所，位居世界第二，极大地满足了人民群众接受高等教育的强烈愿望。据不完全统计，全国在学总人数达3647万人（其中普通高校本专科2625万人），位居世界第一；毛入学率40%，高于全球平均水平以及全球中高收入国家平均水平，已经实现了高等教育的跨越式发展，中国高等教育整体水平跃升世界中上水平。高等教育为社会各行各业培养了数以千万计的高级人才，为社会和经济的发展提供了强有力的人力和智力支撑；社会和经济发展又反作用于高等教育，改善其布局和学科专业结构，从而形成了经济发展和教育需求之间的良性循环。

从硬件设施设备的建设指标和师资力量来看，中国高等教育质量高速增长。高等教育的"硬件"建设数量呈井喷式增长，比如"全国高校教育经费总收入""全国高校固定资产总值""教学科研仪器设备资产总值"等指标大幅度增加；办学条件、校园环境、教学资源、科研设施等基础设施得到全面改善，各级各类高校"硬件"建设面貌焕然一新，部分双一流大学"硬件"达到世界一流水平；全国高校师资队伍持续壮大，从2010年至2014年底专职教师数比5年前增加2倍多，层次结构不断优化，半数以上专职教师具有硕士或博士学位，青年教师发展潜力巨大，45岁以下的青年教师占到专职教师总数的三分之二，教师队伍发展潜力大、后劲足。如图1-1所示。

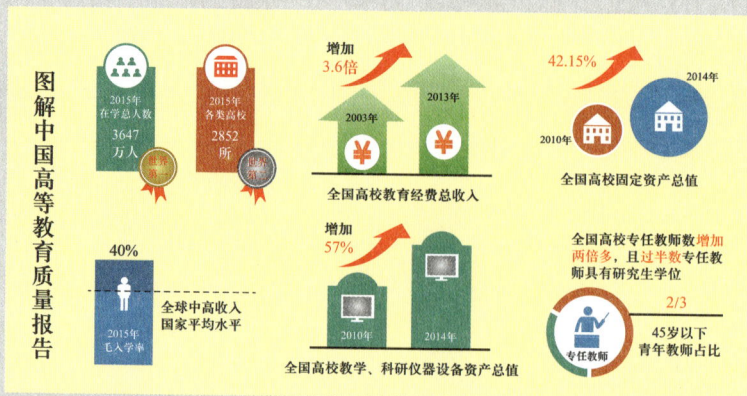

图1-1 《中国高等教育质量报告》[1]

从科研成果、办学定位等方面来看，中国高等教育质量"软实力"显著增强，特色发展势头强劲。按照《国家中长期教育改革和发展规划纲要（2010—2020年）》提出的创新型、复合型、应用型、技能型人才培养的要求，中国高等教育已开始分类发展，各高校各安其位，各显其能；全国高校基础研究也保持绝对优势，科技成果绝对量维持较高水平，高校在国家创新体系中的地位日益凸显，高等教育综合实力和国际竞争力有了较大提高，对国家创新体系建设的贡献度显著提升；新建本科院校办学定位大都为地方性、应用型高校，人才培养目标制定更加切合实际，助推中国高等教育大转型；校企合作、行业协作取得明显进展，与产业对接更加紧密，校内外联合培养和协同育人初见成效。[2]

从教育保障体系的建设来看，中国高等教育质量开始迈入世界先进水平。中国高等学校全面建立起内部质量保障制度，90%以上的高校成立了质量保障机构，以有效开展各种形式的质量评价。国家建立了基于大数据和互联网＋的国家高等教育质量监测平台，广泛开展国际领域质量保障合作；建立了以院校评估和专业认证为支柱的"主体多元、形式多样、内外结合"的高等教育质量监测评估机制，充分利用大数据信息技术，发布质量报

---

1 图片来源：中国教育报，2016年4月8日.

2 高校"硬指标"高速增长，部分985大学硬件达世界一流.中国新闻网，2016年4月7日.

告，提高了质量监测评估的客观性和公信力。高等院校评估确立的"五个度"质量标准[1]，日益得到国际教育界的认可和积极评价。

从基础设施和教学、生活环境、就业率等方面来看，各类高校均进行了大幅度建设与提升。尤其是应用型高校注重以学生发展为本，坚持以用户需求为导向，主动适应社会经济发展对多样化人才的需要，因地制宜找准办学定位，各显其能特色发展，立足实地确定人才培养规格，各司其责培养创新型、复合型、应用型和技能型多样化人才。学生对在校学习体验和生活环境的满意度逐步提高，毕业生就业率也保持较高水平。[2]

二、跨越式发展

1977年9月，教育部召开全国高等学校招生工作会议，决定恢复已经停止了十年的全国高等院校招生考试，以统一考试、择优录取的方式选拔人才上大学。我国高等教育进入恢复阶段。

1985年，国家教委在《全国教育事业十年规划和"八五"计划要点》中提出，研究生教育、本科教育和专科教育在"八五"前期基本稳定现有规模，"八五"后期根据需要和可能，适当发展高等教育。从1985年到1998年，高等教育处于稳步发展阶段。

1999年7月，党中央、国务院作出了一项重大的发展战略调整——大幅扩大高校招生规模。高校扩招，是高等教育的一次大发展，不仅是顶层的决策，也是经济和社会发展的客观要求和必然选择。因此自1999年开始，我国的高等教育发生了一系列重大的变化，其中高等教育毛入学率飞速提升、高等教育大众化进程的迅速推进表现得尤为突出。

我国的高等教育毛入学率一直在极低的水平上徘徊，从1898年清政府设立京师大学堂（我国近现代意义上的高等教育）开始，到1992年近百年的时间，我国高等教育毛入学率一直没有超过2%。据《世界教育报告》的数据显示，我国1980年高等教育毛入学率是1.2%，1990年是1.7%，十年间高等教育毛入学率仅增长了0.5%。

在实施扩招政策之前的1998年，我国的高等教育毛入学率为9.76%，而仅仅四年后，

---

1 "五个度"的质量监测评估标准，即社会需求的适应度、培养目标的达成度、办学资源支撑度、质量保障有效度、学生和用户满意度。它将高等教育质量科学化、系统化、直观化，能够使人们对高等教育质量形成完整的把握。

2 柴葳，万玉凤.首份"国家报告"《中国高等教育质量报告》出炉.中国教育报，2016年4月8日.

也就是2002年，我国高等教育毛入学率就已经达到15%，开始向大众化高等教育阶段过渡。2006年3月19日，时任教育部部长周济在中国发展高层论坛上宣布："我国高等教育毛入学率达21%，全国各类高等教育在学人数已超过2300万人，进入了国际公认的大众化发展阶段（表1-1）。"

表1-1　1998—2007年高等教育规模数量变化情况[1]

年份	学校数/所	毕业生数/万人	招生数/万人	在校生数/万人	毛入学率/%
1998	1022	82.98	108.4	340.9	9.76
1999	1071	84.76	159.7	413.4	10.5
2000	1041	94.98	220.6	556.1	11.2
2001	1225	103.63	268.3	719.1	12.9
2002	1396	133.73	320.5	903.4	15
2003	1552	187.75	382.2	1109	17
2004	1731	239.1	447.3	1334	19
2005	1792	306.8	504.5	1562	21
2006	1867	377.47	546.1	1739	22
2007	1908	447.79	565.9	1885	23

总体而言，1999—2005年是我国高等教育快速发展阶段，而从2006年开始，我国高等教育由规模发展开始进入平稳发展阶段。2006年5月，国务院决定适当控制招生增长幅度，相对稳定招生规模，切实把重点放在提高质量上。2007年5月发布的《国家教育事业发展"十一五"规划纲要》也将"适当控制招生增长幅度，相对稳定招生规模"作为"十一五"期间高等教育事业发展的目标之一。[2]但由于高等教育规模的基数已经很大了，高等教育总体规模仍呈扩张趋势。

2008年全国共有普通高等学校1908所，各类高等教育总规模达到2907万人，高等教育毛入学率达到23.3%；2009年，全国共有普通高等学校2305所，各类高等教育总规模达到2979万人，高等教育毛入学率达到24.2%；2010年，全国共有普通高等学校2358

1　表中1998—2002年的高等教育规模数据摘自相关文献资料及教育部的历年教育统计年鉴，2003—2007年数据根据我国历年的教育发展公报整理，其中高等教育学生人数=普通高校本科学生数+专科学生数。

2　郑春生.改革开放30年高等教育规模扩张及其政策分析.http://www.docin.com/p-662574809.html.

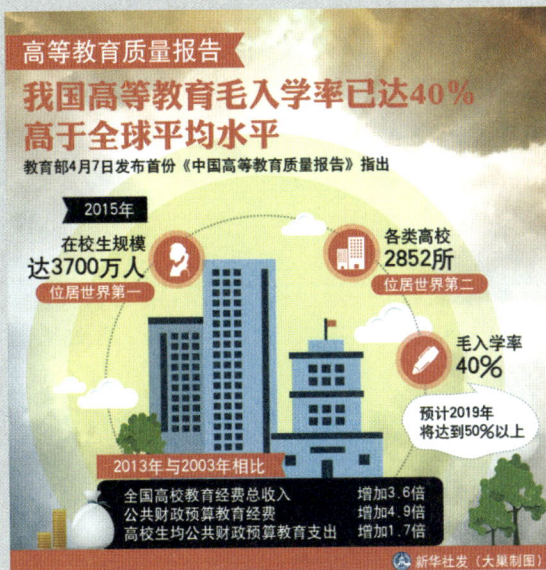

图1-2　中国高等教育质量报告[1]

所，各类高等教育总规模达到3105万人，高等教育毛入学率达到26.5%；2011年，全国共有普通高等学校2409所（包括309所独立学院），各类高等教育总规模达到3167万人，高等教育毛入学率达到26.9%；2012年，全国共有普通高等学校2442所（包括303所独立学院），各类高等教育总规模达到3325万人，高等教育毛入学率达到30%；2013年，全国共有普通高等学校2491所（包括292所独立学院），各类高等教育总规模达到3460万人，高等教育毛入学率达到34.5%；2014年，全国共有普通高等学校2529所（包括283所独立学院），各类高等教育总规模达到3559万人，高等教育毛入学率达到37.5%。[2]

2015年4月，教育部发布首份《中国高等教育质量报告》。报告称，21世纪以来，我国高等教育实现了跨越式发展，2015年在校生规模达3700万人，其中普通高校本专科学生2625万人，位居世界第一；各类高校2852所，位居世界第二；毛入学率40%，高于全球平均水平及全球中高收入国家平均水平（图1-2）。

中国高等教育这些年快速发展，实现了高等教育大众化，跃升世界中上水平，在服

1　图片来源：北京日报，2016年4月8日.

2　数据来源：全国教育事业发展统计公报（2008—2014年）.

务国家战略、引领经济社会发展、分层分类培养多样化人才等方面发挥着越来越积极的作用。

三、大众化阶段的特征

高等教育大众化阶段给我国的高等教育带来深刻影响。一是民办高校的崛起，改变了过去政府包办高校的局面，社会力量广泛参与高校的投入和建设，民办高校的数量越来越多，招生规模越来越大，办学质量越来越好，培养层次越来越高。二是应用型高校不断扩大，改变了过去精英教育阶段以研究型大学为主的格局，形成以应用型大学为主体，高端是研究型大学、低端是高职高专院校的中间大、两头尖的橄榄型格局。

高等教育办学形式，由单纯的政府投资办学转变为以政府办学为主、社会各界共同参与办学，民办教育的发展受到社会的关注和大力扶持，空白地区和有特色的民办高校得到优先发展，民办教育成为提高高等教育大众化程度的重要力量。比如，日本高等教育在大众化进程中，私立高等教育发展迅猛，私立高校学生数占大学生总数过半，私立高校非官方经费收入与政府对公立、私立高校拨款和补助款的比例也大幅度上升，很大程度上缓解了由于政府投入不足形成的高教发展瓶颈。我国教育部颁布实施的《高等教育法》明确了以财政拨款为主、其他多种渠道筹措教育经费为辅的体制的合法性，高等教育投资主体多元化趋势使高等教育更适应社会进步和经济发展的需要，缓解了高等教育经费紧缺的矛盾，提高了高等教育大众化程度。因此，吸引社会投资、落实以政府为主体的多元投资体制、创办更多有特色的民办高校、优化高等教育资源配置，创新了当前高等教育的办学形式。

高等教育的管理方式，由政府独立承担转变为政府、社会和高等教育机构自身共同承担，在保障对高等教育活动的监督、评价、管理和控制的同时，社会力量介入高等教育管理正在逐渐增多。高校办学水平的评估主体也由过去单一的政府机构转变为教育界、知识界、用人单位和社会广泛参与、多方介入的结构。社会各界积极参与高等教育的评估，保证了高等教育评估的科学化、客观性、公正性。这样的高等教育评估体系成为大众化阶段高等教育可靠的质量保证体系。因为民办高等教育的大力发展，使得社会各界深入参与高校的管理，高校不再是封闭的管理方式，大学教育和社会实际需求脱节现象大大减少，且高校与企业的合作方式越来越灵活，高等教育开始呈现自身发展的新常态和新特征。

如何借鉴国外先进的办学理念，如何引进、消化、吸收国外成功的教育模式，顺应市场规律、紧密联系实际，把国际化渗透到教育教学过程的全过程、各环节，培养出符合实际需要的人才，是我国高等教育今后努力的方向。斯坦福大学通过出租土地、转让技术方式建立起斯坦福科技工业园，经过多年发展，慢慢向南延伸形成了今天的硅谷，开创了独一无二的企校合作形式。通过结合我国高等教育的实际情况，借鉴国际先进的教育理念和办学思想，学习先进的教育方法，将大学教育国际化、人才培养和学术科学研究全球化合作提升到学校的办学理念，将各种举措真正落到实处，我们深信中国的高等教育将会办得更好。

大众化阶段不同院校高等教育的培养模式差异比较大，各高校努力调整学科专业结构和优化人才结构，以适应经济发展和产业结构转型升级。精英教育受众面小，培养模式基本相似，高校按专业招收新生，根据专业培养目标制订统一规格的教学计划，教学计划根据人才培养目标有序展开。随着大众化阶段的到来，学生在学习上有更多的选择余地与空间。与此同时，坚持理论教学与实践教学兼顾，通识教育与专业教育并重，让学生具备一定的工作技能和工作素质，是当前高等教育的人才培养目标。

大众化阶段高等教育的培养目标多样化，各院校有着各自的培养目标和规格，各自的特点和社会适应面。首届世界高等教育大会通过的《21世纪高等教育展望和行动宣言》中曾特别指出这一点：在大众化阶段，由于学生人数大幅增加，学生求学目的和社会需求多样化，因此高校不能用精英教育阶段对人才的要求和质量的标准，去衡量和评估大众化阶段高校的人才培养质量，而是将培养目标定位为以社会需求为导向的富有创新精神和实践能力的应用型高级专门人才，以适应经济社会与科学技术发展要求。除了培养社会所需的专门人才外，还增加诸如职业培训、提高文化知识、素养水平等新的目标。

1.2 我国高校格局发生变化

一、发展应用型高校是历史必然

"千年沧桑，几乎所有的社会机构、社会组织都发生了革命性变化，此消彼长，存亡兴替，唯有教会和大学的组织形态基本保持稳定，从这我们可以看到大学的社会意义和不可动摇的历史地位。[1]"但另一方面，在稳定的表象下面，大学随着社会变革也进行了持续性的转化，其功能、性质、标准、学科、管理和手段都发生了重大变化。"大学从社会的边缘走向了社会的中心，从精英教育走向了大众教育，从学术共同体话语走向了世界尺度，从分科发展走向了综合交叉，从大学自治走向了多元治理，从技术辅助走向了与互联网的深度融合。[2]"

众所周知，中世纪后期的欧洲产生了大学，其主要任务是通过职业训练，培养专业性应用型人才。那时候的大学都是由作为基础的文科和一个以上的高等学科组成，文学院只是为了进入诸如法学院、医学院、神学院这样的高级学院学习的预备学习的机构。后来，一般大学开始分别设立文、法、医、神四科或四个学院。法律、医药、神学和文艺等专业只接受有能力的和受过学校教育的人，而大学正是提供这种经过训练的人的地方。中世纪大学的课程都十分强调内容的实用性，以讲授、辩论和大量的练习为主，毕业生主要从事非学术性、非研究性工作。

中国近代第一所高等职业学校福建马尾船政学堂[3]，是洋务运动时期应国家对应用型人才的需求而创建的，实行的是厂校一体的办学体制，办学目标是培养中国自己的造船与驾驶人才。船政学堂的课程、实习、奖励及一切措施都是为了培养出五年之内能按现成图纸或船样造船、并能在不远离海岸驾驶轮船的应用型技术人才。船政学院分系科、专业培养

1　袁振国.培养人才始终是大学的第一使命——大学变革的历史轨迹与启示之一.中国高等教育，2016, 13.

2　袁振国.培养人才始终是大学的第一使命——大学变革的历史轨迹与启示之一.中国高等教育，2016, 13.

3　船政学堂是中国第一所近代海军学校，在船政大臣沈葆桢的主持下于1866年在福州设立。船政学堂分为前后两学堂，前学堂为制造学堂，目的是培育船舶制造和设计人才，主设有造船专业；后学堂为驾驶学堂，旨在培养海上航行驾驶人员和海军舰长，主要专业为驾驶专业，以后增设了轮机专业。船政学堂的学风极为严谨，在教学中十分注重理论联系实际，前学堂的学生到各船厂实习，而后学堂的学生则上练船实习。

人才，各个专业都有比较完整的课程体系，除了共同的必修课程外，每个专业有其专业基础课程和专业课程，有的相通，有的完全不同，其课程结构符合近代高等教育分系科、专业培训职业应用型人才的特点。船政学堂的专业分类与课程模式，为后来的高等学堂所仿效。从历史上看，船政学堂培养了大量应用型人才，满足了当时社会对应用型人才的需求，可以说，它们是应用型教育的雏形[1]。

自20世纪中叶起，随着西方各发达国家进入高等教育大众化阶段，经济发达国家普遍出现了在原有高等教育体系中分化出的"应用型教育"现象，应用型高等教育在各国迅速崛起。比如，美国四年制工程教育EE和ETE（1950年）、德国应用科技学院（1960年）、英国的多科性技术学院（1966年）、澳大利亚的社区学院（1970年）、日本的专升本技术科技大学（1970年）、新加坡的应用型本科教育（1980年）等。

中国经过三十年的改革开放，经济高速增长，2010年GDP达到40万亿，成为全球第二大经济体。随后，改革进入深水区，GDP增速放缓，中国经济进入新常态。"新常态下，我国经济发展表现出速度变化、结构优化、动力转换三大特点，增长速度要从高速转向中高速，发展方式要从规模速度型转向质量效率型，经济结构调整要从增量扩能为主转向调整存量、做优增量并举，发展动力要从主要依靠资源和低成本劳动力等要素投入转向创新驱动。"[2]因此，经济发展更加依赖高素质的劳动力，可以说，社会对技术型、工程型、应用型人才的需求越来越大。

2001年5月，部分新建本科高校在长春成立了"应用型本科教育协作组"，正式定位培养适应社会需要的本科层次应用型人才，实施"应用型本科"教育。同年7月，教育部在南京召开"应用型本科人才培养模式研讨会"，29所工程应用型本科院校参加，会议成立了"全国工程应用型本科教育协作组"，作为改革与发展研究的学术组织。

2002年11月、2003年1月、2005年8月，全国高等学校教学研究中心分别召开会议，组织课题立项，针对"应用型本科人才培养"开展研究，取得了一系列成果。

2007年8月，全国高等学校教学研究会在成都召开了"应用型本科院校专门委员会"成立大会；2008年8月在山东临沂又召开了"应用型本科院校专门委员会"年会；2009年11月，在广东白云学院举办了应用型本科院校人才培养模式改革与创新论坛。

---

1 潘懋元，石慧霞.应用型人才培养的历史探源.江苏高教，2009，1.

2 关于《中共中央关于制定国民经济和社会发展第十三个五年规划的建议》的说明.人民日报，2015年11月4日.

第一章　我国民办高校发展与高等教育变革

发展应用型本科教育是高等教育发达国家和地区在知识经济社会和高等教育大众化背景下的共同选择和普遍趋势。《国家中长期教育改革和发展规划纲要（2010—2020年）》明确指出，"不断优化高等教育结构，优化学科专业、类型、层次结构，促进多学科交叉和融合。重点扩大应用型、复合型、技能型人才培养规模。"这是对经济转型历史背景下高等教育人才培养的战略部署，也是国家层面第一次将应用型人才培养写入正式文件[1]。

2015年3月，国务院印发了《中国制造2025》，提出"坚持把人才作为建设制造强国的根本，建立健全科学合理的选人、用人、育人机制……打造一个升级版的职业教育体系。"换句话说，人才尤其是应用型人才决定着"中国制造2025"目标的实现。为此，国家提出"加快培养制造业发展急需的经营管理人才、专业技术人才和技能人才"，应用型本科教育在培养专业技术人才和高技能人才方面大有可为。李克强总理在两会报告中提出，"提升高校教学水平和创新能力，推动具备条件的普通本科高校向应用型转变。"[2]这是继《中共中央关于制定国民经济和社会发展第十三个五年规划的建议》"优化学科专业布局和人才培养机制，鼓励具备条件的普通本科高校向应用型转变"后，对加大应用型本科教育建设的再次强调。

二、应用型本科教育的特点

大学最基本的职能是培养人才，培养人才始终是大学工作的重中之重和核心。以人类活动的过程和目的作为人才分类的标准，我们可以把社会所需的人才分为学术型人才和应用型人才两种。学术型人才是发现和研究客观规律的人才，而应用型人才是应用客观规律直接投身社会实践的人才。社会需要发现和研究客观律的学术型人才，更需要运用客观规律为社会谋取直接利益的应用型人才[3]。所谓应用型人才，是指能将专业知识和技能应用于所从事的专业社会实践的一种人才类型，是熟练掌握社会生产或社会活动一线的基础知识和基本技能、主要从事一线生产的技术或专业人才，其主要任务是"将科学原理直接应用

1　资料来源：教育部门户网站.

2　资料来源：新华网2016全国两会特别专题，新华社.

3　潘懋元，石慧霞.应用型人才培养的历史探源.江苏高教，2009，1.

于社会实践领域，从而为社会创造直接的经济效益和物质财富"[1]。

应用型本科人才是"在本科专业学科基本规范的基础上注重人才的岗位性和职业性要求的本科人才，具有本科底蕴，实践能力强，专业特长突出，是通才基础上的专才"[2]。在知识结构方面，应用型本科人才以行业与职业需求为本，理论知识、专业技能与专业经验并重渗透；在能力结构方面，应用型本科人才具备较强的分析和解决实际问题的能力、专业实践能力、创新能力、社会适应能力和终身学习能力；在综合素质方面，具备法律和道德的基本规范要求，还特别具备职业素养，包括职业道德、职业作风和职业意识等。

"应用型本科教育是以培养知识、能力和素质全面而协调发展，面向生产、建设、管理、服务一线的高级应用型人才为目标定位的高等教育。[3]"它是随着科技的发展和高等教育向大众化教育转变过程中形成的一种新的教育类型，以培养应用型的人才为主，但不是所有学科专业都只培养应用型人才；以教学为主，同时也开展应用性、开发性的研究；以面向地方为主，为地方服务，也可面向地区，甚至面向全国。

依据应用型本科教育的科学内涵及专业人才培养模式的要素分析，应用型本科教育的基本特征主要体现为：定"性"在行业，定"向"在应用，定"格"在复合，定"点"在实践，即价值取向体现行业性，设置目标体现应用性，课程设置体现复合性，培养过程体现实践性。

应用型本科教育的特点是专业建设面向地方，为行业发展服务，紧密结合区域经济发展和行业企业的需要设置专业、确定专业方向，使培养的人才与区域社会经济发展相适应，实现高等教育与区域经济的协调发展。

应用型本科院校要准确定位，找准自己的优势，办出特色，合理选择发展空间并确定发展目标，制定具有本校特色的发展战略，从人才市场和行业需求出发，培养面向生产、建设、管理、服务一线的行业高级专门人才，使其掌握管理和直接操作的各种高级技能，还具有设计与开发能力。

应用型本科院校的课程体系设置以学科和行业为主要标准，面向应用，包括基础理论课程、专业理论课程、实践课程和素质课程。基础课程，注重专业基本理论知识的系统性、基础性，注重夯实学生的理论基础，保证学生具备较宽厚的基础理论知识；专业课

---

1 宋伯宁，宋旭红.山东省高等学校分类研究.山东大学出版社，2012.
2 吴中江，黄成亮.应用型人才内涵及应用型本科人才培养.高等工程教育研究，2014，2.
3 史秋衡，王爱萍.应用型本科教育的基本特征.教育发展研究，2008，21.

程，主要进行专业深化和拓宽专业面的教学，提升学生的专业素质，将基础理论与专业理论有机结合，使学生"精专"与"博通"并举；突出实践课程，强调培养学生知识和技术的应用能力，强调培养学生解决实际问题的专业能力；注重以通识课程为主的综合素质拓展课程，注重学生综合素质的培养。这样培养的人才既具有以通识为基础的深厚专业理论，也具备较强的终身学习能力及职业转换适应能力；既具备知识和技术解决生产、服务、管理等方面的实际应用能力和创新能力及社会适应能力，也具备必要的人文素养、科学精神、道德素质和心理素质等较高综合素质，具有创新精神、团队精神和敬业精神。

应用型本科教育的教学过程注重产学研结合，建立实践教学体系，以提高学生的实践应用能力。加强产学研结合，即学校与企业紧密协作，企业参与整个人才培养过程，共同培养各行各业的一线高级应用型人才。应用型本科院校要紧密依托当地政府与企业，积极寻求校企合作，坚持学校教育与企业、社会实践相结合，建立产学研密切结合的运行机制。加强专业课的教学内容针对性和实用性，在进行理论教学的同时注重实际技能的培养；实践性教学环节主要是课内外结合，校内外结合，实验、实训、实习相结合。学生在具备一定的学术能力后，有机会在企业工作，体验和熟悉工作环境，接受针对职业生涯的实践培训[1]。

在2016年3月21日中国－爱尔兰应用技术型教育创新发展高层对话会上，中国教育学会会长钟秉林提出，应用型本科教育是现代职业教育体系中的一个层次，也是普通本科高等教育体系中的一种类型。因此，我们认为应用型本科教育不是传统本科教育和高职高专教育的简单叠加，而是要将两者的培养目标进行融合。

在大众化教育阶段，应用型本科教育将逐步成为高等教育的主要部分，是全日制本科学历教育的一种类型，是职业教育的本科层次，培养全面发展、适应经济社会发展需求的高素质应用型人才。

三、应用型高校如何建设

根据"国家教育标准分类法"，我们将高等学校分为综合性研究型大学、专业性应用型的多科性或单科性的大学或学院、职业性技能型高等院校这三种基本类型[2]。第一类培养

1　史秋衡，王爱萍.应用型本科教育的基本特征.教育发展研究，2008，21.
2　潘懋元，吴玫.高等学校分类与定位问题.复旦教育论坛，2003，1.

的是自然科学、社会科学和人文科学的研究人才；第二类培养的是理论基础宽厚的不同层次的专门人才和各级干部、管理人员，如律师、教师、工程师、医师等；第三类培养的是在生产、管理、服务第一线从事具体工作的技术人才。应用型高校属于"专业性应用型的多科性或单科性的大学或学院"，以培养第二类人才为主。

应用型高校要健康可持续发展，首先要解决定位问题。目前关于应用型高校定位出现两种现象，一种是传统本科教育和高职教育的简单叠加；另一种是国外著名高校模式的生搬硬套。前者忽略了应用型高校重在"应用"的本质，不同于"精英教育"的办学理念，其培养的人才既有别于传统高校培养的学术型人才，又区别于高职高专院校培养的技能型人才；后者缺乏科学周密的考察和论证，忽略了国情和学校自身特色的探索。应用型高校要想找准定位，就需要各安其位、多样化探索，从单纯的面向学科取向或面向职业岗位取向，转变为以经济社会发展需求为取向，处理好学科建设与专业发展之间的辩证关系，实现应用型专业与学科协同共生，切忌盲目攀比、同质化发展。

高等学校定位的价值正在于学校发展中观念与行为的重建。因为定位决策过程既是不同因素之间利益平衡的过程，也是利益平衡基础上确定共同价值观和共同目标的过程。高校"以经济社会发展需求为取向"的定位观念，还需要有行为的统一，才能为高校发展提供坚实的基础。

首先，建立开放的人才培养体系。应用型高校应主动对接地方经济、对接行业（产业）、对接企业，在课程体系设计上，统筹平衡通识课程与专业课程、理论教学与实践教学、专业理论学习与职业技能训练之间的关系，关注学生实践能力、就业和创业能力的培养。

其次，进行教学模式的创新。应用型高校应由理论主导型转变为理论与能力并重型；根据市场需要选择教学内容，反映本学科应用领域的最新成果和前沿要求；教学方法由被动学习转变为主动学习，以学生为主体；教学手段多样化，充分运用现代化的教学手段；走"产学研"相结合的道路，建立与完善校内实训中心和校外实训基地；紧密依托行业、企业，加强校企联合、合作办学，加强校企合作。

再次，突出产学研相结合的办学模式。应用型高校应根据自己的独特优势进行学科专业建设，加强发展一些重点学科，建设好特色学科并使之成为优势学科，在优势学科上培养一批有特色、高素质的应用型创新人才，通过学科带动、促进专业的建设与发展，从而形成自己的特色。

最后，建设有效的实践教学体系。进入20世纪80年代以后，国际高等教育界逐渐形成了一股新的潮流，即普遍重视实践教学、强化应用型人才培养。国内的诸多高校近年也纷纷在教育教学改革的探索中注重实践环境的强化，因为人们已越来越清醒地认识到，实践教学是培养学生实践能力和创新能力的重要环节，也是提高学生社会职业素养和就业竞争力的重要途径。应用型高校要重视实践教学在培养应用型创新人才上的重要作用，采取多种方案，形成完整的、有效的实践教学体系，突出培养学生的实践能力和应用能力，真正体现应用性特色。

应用型高校的主要任务是实施应用型本科教育，同时也要发展专业硕士研究生教育和高职高专教育，逐步完善应用型人才培养的层次体系。

开展应用性教育，培养本科层次的应用型创新人才，面向地方，服务基层。应用型本科院校的办学不仅要求学生全面系统地学习知识，更加要求学生很好地将理论知识与实践能力结合起来；面向区域和行业经济的发展，按照经济社会发展的需求，培养大量能够熟练运用知识解决生产实际问题并适应社会多样化需求的应用型创新人才。应用型本科院校要在高等教育发展的格局中可持续发展下去，就要找准自己的位置，确立办学宗旨，理清办学思路，明确发展目标，把握发展方向，确立应用型创新人才的培养模式，加强应用性的学科专业建设，发挥优势，形成特色[1]。

应用型高等教育在国外发达国家和地区发展了许多年，其中有许多值得借鉴的经验。教育发达国家在培养应用型人才、发展应用型大学等方面进行了长期探索，形成了多种模式，如德国模式、澳大利亚模式、北美模式等，我们要在认真研究和借鉴应用型人才培养和应用型大学发展的先进理念和成功经验的基础上，结合国情校情，积极探索国外经验的本土化实践，避免生搬硬套，走出一条具有中国特色的应用型本科院校和应用型本科人才培养的发展道路。

办学特色既是一所高校发展成熟的主要标志，也是一所高校区别于其他高校的主要依据。应用型高校必须在结合自身的办学特色、办学质量和效益基础上制定发展目标，不能盲目攀比。要坚持共性与个性的统一，立足自身实际，突出学校特色和优势，以特色立校，以特色兴校。

---

1 潘懋元，车如山.略论应用型本科院校的定位.高等教育研究，2009，30（5）.

1.3 我国民办高校异军突起

一、历史回顾

自春秋时期的中国古代私学到清末、民国年间的近代私学，中国的民办学校一直和官办学校并存且绵延不断。1949年新中国成立时全国共有私立高等学校69所，占高等学校总数的39%。之后由于要对旧的教育体制进行改造，私立学校曾一度被取消，并改为公立。此后30年间，我国没有民办高等教育机构。到了20世纪50年代末，为了适应国民经济的发展，中央提出政府办学与社会办学同步发展的办学方针，50年代末和60年代中期全国的社会力量办学又一度获得较大的发展。

当代中国民办高等学校始于1982年，第一所民办性质的高等教育机构是北京的"中华社会大学"，这也是改革开放后我国第一所民办高校，是我国当代民办高等教育发展的起点。1984年在北京诞生了全国第一所国家承认学历教育的"北京海淀走读大学"。1986年，全国民办高等教育机构达370余所。自20世纪80年代中期，中国民办高等教育开始出现并逐步兴起，正逐渐成为我国高等教育体系中的一个重要力量。1999年高校扩招以来，民办高等学校如雨后春笋般出现，规模也不断扩大，其影响力和社会贡献程度逐步加大。

自2002年12月28日全国人大常委会颁布《中华人民共和国民办教育促进法》之后的12年间，民办高等教育进入一个新的快速发展期，高校数量、招生数、师资、教育经费等各个方面均有大幅度增长。

民办高校数量及占全国高校比例呈阶梯式增长。2003—2007年，民办高校由175所增至297所，占全国高校的比例由8.29%增至12.80%。2008年，民办高校激增到640所，占比由12.80%增至24.03%。2008—2013年，民办高校由640所增至718所，占全国高校的比例由24.03%增至28.82%。其中独立学院则是在调整中平缓发展。从2004年的249所增至2010年的323所，占比由11.14%增至11.86%，后逐年下降至2013年的292所，占比11.72%。到2014年底，全国民办高校728所（含独立学院283所），占全国高校的比例为28.79%。截至2016年5月，全国共有民办本科高校417所，在全国本科高校中占比超过三成。

民办高校招生及占全国高校本科招生比超常规增长。2004—2007年，民办高校本科招生由2.16万人增至7.26万人，占全国高校本科招生的比例由1.03%增至2.57%；民办高校专科招生由29.73万人增至52.71万人，占全国高校专科招生的比例由12.52%增至18.57%。2008年，民办高校本科招生66.99万人，专科招生67.64万人，占比分别增至22.55%和21.78%。2008—2013年，民办高校本科招生由66.99万人增至92.14万人，占比由22.55%增至24.16%。2014年，民办高校本科招生96.65万人，占比24.82%，专科招生81.29万人，占比23.33%。

民办高校专任教师及所占全国普通高校专任教师的比例跨越式增长。2003—2007年，民办高校专职教师由5.01万人增至8.94万人，占比由6.92%增至7.65%；2008年，民办高校专职教师激增至20.26万人，占比由7.65%增至16.37%；2008—2013年，民办高校专职教师由20.26万人增至28.14万人，占比由16.37%增至18.8%。2014年，民办高校专职教师30.48万人，占全国普通高校专职教师的比例为19.38%；独立学院专职教师及所占比例逐年增长。2004—2013年，独立学院专职教师由3.54万人增至13.88万人，占全国高校专职教师的比例由4.13%增至9.27%；2014年，独立学院专职教师13.21万人，占全国高校专职教师的比例为8.40%。[1]

到2015年底，我国共有民办高校734所（含独立学院275所），占全国普通高校2560所的28.67%，招生177.97万人，占比达到总数737.85万的24.12%，在校生610.90万人，占普通高校在校生总数2625.30万的23.27%。另外，民办高校还有自考助学班学生、预科生、进修及培训学生31.53万人。民办的其他高等教育机构813所，各类注册学生77.74万人。其他民办培训机构2.01万所，898.66万人次接受了培训[2]。

可以看出，我国民办高等教育从无到有，从小到大，已初步形成一定的办学规模，具备一定的办学实力。对于我国高等教育事业而言，民办高等教育已从对公办高等教育的"拾遗补缺"，发展为我国高等教育的重要组成部分，在我国高等教育迈向大众化进程中发挥了重要作用。

---

1 数据来源：周海涛，刘侠.民办高等教育发展研究报告——基于近十年全国民办高校数据统计与政策文本分析.中国高等教育，2016，2.

2 数据来源：教育部发展规划司.

二、现代民办高校发展

虽然我国有悠久的民办教育历史，但是现代意义上的民办高等教育却是产生于西方社会，而当前民办高等教育发展比较好的应当是美国和日本。

美国是世界上第一个率先进入大众高等教育阶段的国家，早在1940年，美国高校在校生占同龄人口（18—21岁）的比例就超过了15%，达到了16%，是当今世界私立高等教育最为发达的国家。1970年，全美共有大学2837所，而私立大学有1517所，占总高校数量的比例为53.47%，其中社区学院255所，四年制学院和规模较小的大学838所，研究型大学64所，私立单科专业学院360所。而同期公立大学为1322所，其中包括109所研究型大学，309所四年制学院和规模较小的大学，808所社区学院，96所单科专业学院[1]。1800年以前，美国仅有25所私立高校，到1860年就增加到200多所。南北战争后，一批私立大学建设起来了，比如斯坦福大学、芝加哥大学、麻省理工学院。20世纪中期开始，是美国私立大学的大发展时期。1957年，美国私立四年制高校发展到700多所，吸收了全日制高校25%的学生；1971年又发展了近250所私立二年制学院。

美国联邦政府对私立高校的财政拨款是根据国会立法中相应的财政资助条款进行的，主要表现为对非盈利性大学实施有利的税收导向，即非盈利院校在免税的同时，还会得到联邦、州及地方政府的税金补助，实际上这也是非盈利大学最大的资金来源，在私立非盈利学院和大学这一比例约为17%[2]。

私立大学在美国高等教育中地位显赫、声誉卓越，代表了高等教育的质量和水平，对美国高等教育质量的提高、高等教育大众化和普及化贡献非凡，在美国经济、科技发展中成绩卓越。

日本是世界上较早实现高等教育大众化的国家之一，其私立高校在国家的高等教育发展中起着重要作用，承担着日本高等教育普及化的主要任务。日本私立高校的发展得到了国家以及社会在政策、经济、文化等各方面的支持和帮助，这些大学对国家的教育发展、人才的培养以及国家文化的传承与创新都起着非常重要的作用。

1975年日本政府颁布了私学助成法，规定政府对民办大学给予财政援助，这一助成

---

1 姚宇华.从西方国家私立高校的发展探讨我国民办高校发展的策略——以美、日私立高校发展为例.科教导刊，2013，1（上）.

2 魏丹、李朝阳.国外私立高校的发展及其启示.湖北经济学院学报（人文社会科学版），2006，10.

法的扶植力度非常大，自此民办大学如雨后春笋般涌现，在数量、规模、质量上都蓬勃发展。1960—1980年，日本新增四年制大学201所，其中民办大学占79.1%；1985年日本民办高校有786所，占高教机构总数的71.1%。进入20世纪90年代，又实施倾斜性分配，以帮助民办高校引进最尖端的科研设备，拓展民办高校的科研领域。亚洲金融危机后，即使在国家财政处于严峻情况下，日本对民办大学的援助，不仅没有减少，反而增加了75亿日元，达到2950.5亿日元，其中仅特别援助部分就达669亿日元[1]。

从美、日民办高校蓬勃发展的局面不难看出，在政府的大力支持下，美国和日本的民办高校在20世纪70至80年代取得了较大的发展。至今，美国、日本的一些高水平的大学均属于民办高校。因此，借鉴美国和日本私立高等教育的发展特点及经验，可以促进我国的民办高等教育发展，提高我国民办高等教育的办学质量。

三、我国当代民办高校建设

我国是高等教育后发国家，民办高等教育发展历史不长，产生后不久又人为中断。而改革开放以后发展起来的民办高校，则与1949年前的民办大学无直接的历史关联和连续性，基本属于另起炉灶[2]。当时国家处于改革开放的初期，经济不发达，法律也不健全，政府未建立资助机制，绝大部分民办高校的运营资金来源于学费的积余。

《中华人民共和国民办教育促进法》中规定："民办教育事业属于公益性事业，是社会主义教育事业的组成部分，国家对民办教育实行积极鼓励、大力支持、正确引导、依法管理的方针"，从而确定了民办教育与公办教育同等的法律地位，为形成公办教育与民办教育共同发展的办学体制奠定了法律基础。《中华人民共和国民办教育促进法》的颁布和实施，标志着我国民办教育进入了新的发展阶段。

民办大学是我国市场经济发展的必然产物，它不仅扩大了群众接受高等教育的机会，同时民办大学采取较为灵活多样的办学机制，给我国的高等教育改革带来了新的契机。作为高等教育的一员，尽管与公办高校具有不同的体制机制，也处在不同发展阶段和发展环

1　吴忠魁.私立学校比较研究——与国家关系角度的分析.北京师范大学出版社，1999，1.

2　徐绪卿：新常态下民办高校如何发力，北京教育科学研究所·民办教育研究所，2016年11月30日，http://www.bjesr.cn/mbjyyj/yndt/2016-11-30/27289.html.

境之中，但是民办高校的人才培养也要适应经济社会的发展，关键是不能简单复制公办高校的发展模式和路径选择。

在大众化教育阶段，民办高校充当了高等教育改革先锋角色，丰富了人才培养类型，创新了人才培养模式，激活了高等教育内部竞争。从国外私立大学的办学经验来看，我国民办大学要想办得出色，能满足社会对人才的需求，就要得到社会的大力支持和资助，借鉴并学习国际先进的教育理念和办学机制，结合国情和校情，形成自己的鲜明特色。

民办大学要发展就必须不断注入新的资金投入。从美国民办大学的发展历程可以看出，美国大学是世界上接受捐赠最多的，其资金来源的多元化也一直是各国学习和效仿的典范。美国民办大学的发展不仅得到联邦、州及地方三级政府、社会各界和各个集团的资助，而且也得到很多热爱教育事业的个人资助，如哈佛学院就是约翰·哈佛（John Harvard）倾力捐资兴建的，霍普金斯大学是约翰·霍普金斯（Johns Hopkins）先生倾其遗产成立的，斯坦福大学是斯坦福夫妇（Mr. and Mrs. Stanford）倾其所有成立的，达特茅斯学院是慈善家惠洛克（WheelLock）创办的，此外钢铁大王安德鲁·卡耐基（Andrew Carnegie）、石油大王洛克菲勒（John Davison Rockefeller）也都曾捐资民办高校。因此，我国民办高校的发展首先需要各级政府的支持，同时要出台鼓励企业及个人捐资助学的优惠政策，使得捐资助学逐步成为社会的风尚。

我国的民办高校应以中国经济转型和中高端人才缺乏为契机，借鉴国外民办高校先进的教育理念和开放的办学机制，探索并开展多种形式的产学研合作新模式，把更多社会资源转化为自身发展资源，让更多的社会力量参与高校管理，形成多方协同、开放办学的教育生态。

美国一些民办大学往往以其高水准著称，他们的共同点是具有极其鲜明的特色。如哈佛大学的个性是独立自主；斯坦福大学的企校合作模式造就硅谷；卫斯理学院是女子大学，培育了很多政界女性领袖，如宋美龄、希拉里·克林顿（Hilary Clinton）等。特色是民办高校的生命线。找准定位，一以贯之，形成特色，这是民办高校发展的不二法则。

我国的民办高校可以考虑以中国的"一带一路"战略为契机，拓宽办学视野，拓展办学空间，以服务中国企业走出去为抓手，在国际交流与合作方面形成双向互动的新格局，不断提升我国民办高校的国际化水平和影响力。

第二章
两种高等教育思想与"工本位"

      德国、英国、美国的高等教育模式受世界各国推崇，全球排名前100的高校，绝大多数来源于这三个国家。他山之石，可以攻玉，我国高等教育想要探索出既符合我国国情，又与国际水平接轨的发展道路，必然要学习和借鉴这三国的先进经验。深入了解两种不同的高教思想流派，对探究"工本位"办学思想的理论基础是非常有益的。

2.1 德国高等教育

一、德国高等教育发展

      早在14世纪，德国就产生了高等教育。德国最古老的大学——布拉格大学创办于1349年，稍后又有了维也纳大学（1365年）、海德堡大学（1385年）、科隆大学（1388年）、爱尔福特大学（1392年）、莱比锡大学（1409年）、罗斯托克大学（1419年）等。到15世纪，全德国已经有了9所大学。17世纪和18世纪初，德国高等教育否定了"从原则推论"的概念，强调了观察和经验、实验和数学的重要性，奠定了洪堡大学概念的基础。此期间，德国创立了哈勒和哥丁根等一些新的大学。到18世纪末，德国成为欧洲国家中大学最多的国家，拥有42所大学，在世界上处于领先地位。

进入19世纪，德国的大学迎来了一个新的发展阶段。1810年，威廉·冯·洪堡（Wilhelm von Humboldt）创办了柏林大学，柏林大学的创建标志着大学教育的变革。柏林大学重视科学研究，在德国高等教育中首开教授与学生共同研究的学术之风。其后，德国政府参照柏林大学的制度，设立了波昂大学（1818年）、慕尼黑大学（1826）、法兰克福大学（1914）、汉堡大学（1919）等高等教育学府。在这个阶段，还建立了大量的工科大学培养各种专门人才，如柏林工业大学（1799）、卡尔斯鲁尼大学（1825）、汉诺威工科大学（1831）、慕尼黑工科大学（1868）、亚琛高等工业学校（1870）、达姆斯塔特高等工业学校（1895）等11所工业学院。受洪堡思想的影响，德国的大学在发展过程中形成了学习自由、教学自由和研究自由的高等教育三大自由风格。1815年至1848年间，德国教育全面后退。直至共和时期，德国大学才逐渐恢复其作为科学研究中心的地位。

"二战"后的德国分为德意志民主共和国（东德）和德意志联邦共和国（西德），两者对高等教育的管理有所区别。联邦德国强调分权管理，因此严格限制联邦政府对高等教育的干预以及社会对高等学校的控制和影响，强调高校治理的自主性。1976年，联邦德国颁布《高等学校总纲法》，这是联邦德国高等教育史上第一部运用于各州的纲领性法律。竞争和自治为主导的高等教育管理观念推动着联邦德国高等教育的发展。西德从1946年开始提出高等学校的改革计划，首先设立麦兹大学（1946），1948年设立萨尔兰大学和柏林自由大学，1960年促成波鸿、布莱梅、康斯坦兹、毕勒斐等新制大学的建立，到1975年西德共成立24所新的大学和综合高等学校。

1990年德国统一后，建立了一体化的高等教育体系，高等学校分为学术性和非学术性，综合高等学校是正式试行的新型高等学校，介于两大类之间，培养了一大批高素质精英人才，提高了大学自身的竞争力和国际化水平。从19世纪中期到20世纪20年代，德国堪称世界科学中心，培养了大批科学界人才。

自20世纪60年代开始，德国政府和社会舆论注重经济对教育的需求，强调教育对经济发展的作用，开始改善和增加政府对高等教育的投入。20世纪70年代前期，德国创办了高等专科学校这种新型的高等学校，至1975年已达136所，占高校总数266所的一半以上。20世纪80年代的发展相对贫乏，但依然保持了不断扩大的趋势。20世纪90年代初，德国高等教育毛入学率达20%以上，但尚未普及。

截至2010年，德国有394所高等学校（含95所是私立高等学校），其中有104所大学，6所教育高等学校，14所神学高等学校，51所艺术高等学校，189所专门高等学校[1]。

总而言之，从19世纪开始，德国才建立了具有德意志精神和文化的大学。目前德国共有公立高等院校及私立高校399所，各类大学共设专业17 866个，高校普遍具备较高的学术水平和现代的教学方法，值得我国高等教育借鉴学习。

二、德国高等教育体系

德国的高等院校分为高等专科学校（FH）和高等院校，高等院校包括大学（Uni）、工业大学（TU）和高等技术学院（TH）。德国的学位制度是比较特殊的，有着Diplom、Magister、国家考试（Staatsexamen）和博士（Doctorate）四种形式，而没有学士（Bachelor）学位。德国的大学没有本科生的概念，大学没有阶段性分级学位，在1998年以前，大学里只设硕士和博士两级学位，没有学士，学生进入大学后直接攻读硕士学位。"具体大学毕业时获得什么文凭主要依赖于所学学科。"[2]比如，理、工科学生和大多数社会科学和经济学的学生获得Diplom，艺术、人文科学及部分社会科学的学生获得Magister，这两种学位可以由高等专科学校或高等院校颁发；即将从事教师、法官等公共服务工作以及医生、律师、药剂师等国家监管职业的学生，必须通过国家考试才能获得入门资格；Doctorate即博士学位，只能由大学颁发。德国高校的法定学制为4至4.5年，学生只有在学习终结时才算完成学业，通过考试后获得文凭及学位。德国另有一种应用技术大学，是高等专科学校，学制统一为4.5年，相应的学位叫Diplom SH。

德国高等学校在内部管理体制上实行学术自治。各州高等学校的内部管理体制存在一定的差异，州政府对其管辖范围内的高校有监督权，高校在教学、科研、学术活动等领域享有一定的自我管理权。德国学校的最高权力机构是校务委员会，由教授、助教和科学助手、其他职工、学生四方面人员组成，校务委员会负责选举校长、副校长，讨论决定重大学术问题，讨论决定学校的财务预算和开支，下设评议会。德国高校的两种校长均是经过一定的程序选出来的，也要得到州政府的认可，采用任期制。其中一种是从教授中产生的

---

1 数据来源：梁福镇.德国高等教育的演变与发展.通讯在线·学府介绍，2010，31.
2 陈立.德国高等教育体制的特色.今日科苑，2008，14.

校长（Rektor）、副校长（Prorektor）、行政主管（Kanzler），副校长辅助校长工作，行政主管一般被称为常务副校长，是州政府委托的校内财政督察；另一种是受过高等教育，有多年从事科学、经济、管理或司法领导工作经验的校长（Prasidentim）。教授是由学校评议会审定招聘人员报送州政府批准，有科研和教学的自由，实行学术自治，在负责教学、科研和教师聘任的组织内占绝大多数的席位。教授主要负责讲大课、管理和维持一个从事研究或教育的单位（研究所或教学室）、制定研究发展计划、争取足够的研究经费。教授以下人员，包括学术助教、学术助理、专聘教师，都由学校自行聘任，列入学校编制范围。

德国各个州在教育体制上各有一套，在教学管理上更是如此。全国没有统一的教学计划、教学大纲和教材，没有统一的高等学校入学考试。学生完成基础教育后，是继续读大学、读哪类大学、选择什么专业完全由他们自主决定。德国的高等院校入学门槛比较低，但是想从大学毕业却十分的不容易，有的学生甚至读七、八年才能从大学毕业。德国大学有学校考试、国家考试和教会考试三种毕业考试形式，授予不同的毕业资格，毕业考试和毕业论文通过以后授予学位[1]。毕业考试分为三种，一种是高校考试，也称为文凭考试，通过后可获得工程师称号；一种是硕士考试，是人文学科需要通过的考试，通过后获文学硕士学位；医学、法律、师范等专业教育必须以"国家考试"结束，考试的淘汰率较高。

德国高等教育注重学生对于知识的活学活用，重视学生实践能力的培养。入学前和入学后，德国大学生均要求有实习经历。德国政府大力支持和鼓励企业接收大学生实习，行业协会也会评审行业企业接收实习生的资格，确保学生的职业培训和实习落到实处，学生通过优秀的自我表现争取到行业企业的实习机会，更有机会和企业签订未来就业协议。

德国高等教育也注重培养学生的社会生存能力及交际能力[2]。德国政府鼓励大学生在假期期间打工，一方面既可以自食其力，又能广泛接触社会；另一方面从社会这个大课堂中学到鲜活的人文科学知识和自然科学知识的同时，通过打工参加社会实践，在全面了解社会需要、认清自身不足后，重新调整学习方向，以保证在学校期间所学知识和能力运用到实际工作中去。

德国各个大学的实验室都是共享资源，通过共享平台合理利用实验室和设备资源。实验室的设备设施不仅在各大学之间共享，也向社会开放，为社会和企业服务。在校内，教室、实验室、计算机房、图书馆、体育设施全天开放，教师和学生可以充分利用这些教育资源，避免资源的闲置和浪费。

1　徐燕，曹南燕，窦斌.德国高校管理体系对我国高等教育的启示.中国校外教育，2011，6.
2　周蕊.中德教育体制对比.商业故事，2015，12.

2.2 英美高等教育

一、英国高等教育发展

英国高等教育历史悠久，在世界高等教育体系中独树一帜。12世纪中叶，罗伯特·格罗斯泰特（Robert Grosseteste）和罗吉尔·培根（Roger Bacon）在牛津城建立了英国的第一所大学——牛津大学（1167年）。13世纪初，牛津大学的部分师生前往剑桥成立了英国的第二所大学——剑桥大学（1209年）。这两所大学的建立标志着英国高等教育的开端。

15、16世纪苏格兰建立了圣安德鲁斯（1410年）、格拉斯格（1451年）、阿伯丁（1495年）、爱丁堡（1583年）四所大学。

英国在19世纪20年代后掀起了兴办近代大学的"新大学运动"。随着英国资产阶级革命的胜利和工业革命的开展，从19世纪30年代起的数十年间，英国率先成立了伦敦大学和达勒姆大学，紧接着一批城市大学纷纷成立，如曼彻斯特大学、威尔士大学、伯明翰大学、利物浦大学等，并由此促进了牛津大学、剑桥大学的改革。同时，在19世纪成立的一批城市学院也先后改为大学。到20世纪初，英国大学已初具规模。

20世纪50年代，英国政府就高等教育的改革和发展问题颁布了一系列的政策和指示，并建立了10所高级技术学院，另有5所学院升格为大学。到20世纪60年代初期，英国的大学已经超过了20所，英国的高等教育进入发展最快的一个时期，但英国的高等教育依然保持着精英教育模式。1963年，英国政府推出了具有深远影响的《高等教育：1961—1963年首相委任的以罗宾斯勋爵为主席的委员会报告》，简称《罗宾斯报告》（《The Robbins Report》），提出了著名的"罗宾斯原则"，即"应为所有在能力和成绩方面合格的、愿意接受高等教育的人提供高等教育课程"[1]，这意味着英国高等教育正式向大众化教育阶段转变。

1987年后，英国高等教育的入学率已经从20世纪60年代初的5%左右稳定地提高到了15%以上，这标志着英国从精英教育向大众教育的转变已经完成。

---

[1] 刘丽丽.英国高等教育的改革发展.人民网，2011年5月23日，http://theory.people.com.cn/GB/14713035.html.

英国的高等教育在20世纪60年代主要指大学教育。随着多科技术学院、教育学院和全国学位授予委员会的建立,英国的高等教育体制结构发生了变化,形成了独具特色的双轨制,分为大学和多科技术学院两部分。1992年,英国议会通过了《继续教育和高等教育法》,废除高等教育双轨制,建立单一的高等教育框架,所有符合条件的多科技术学院全部升格为大学,从而建立了统一的高等教育体制。

二、英国高等教育体系

英国的英格兰、苏格兰、威尔士和北爱尔兰四个行政辖区的高等教育被分为两个独立的框架,英格兰、威尔士和北爱尔兰的教育体系是一样的,苏格兰则有其自己的一套,主要区别在于学历和资格的不同。

英国高等教育机构包括大学、高等教育学院、教育学院、艺术及设计学院。其中,大学都是独立的法人实体,可以自主设置不同课程,并有权根据开设课程自行授予所有级别的学位。学院可以提供水平不同、专业不同的各类课程,除了本科课程外,还可设置专业性课程或为有一定工作经验的学生设计的特殊课程。有些学院可以自行授予学位,但大部分学院需要通过其所附属的大学、学院或国家认证机构授予学位。目前英国共有90多所大学和150多所学院,为学生提供本科、硕士、博士学习课程。

政府宏观引导、高校自主运行是英国高等教育的管理体制模式。其内部管理体系在大学这个层级通常设立校务委员会作为其执行机构,负责任命名誉校长、听取年度报告、审核会议记录和财务账目;设立理事会作为学校最高行政管理机构,负责学校资源的经营和管理、办学经费的筹措、任命校长和其他重要官员、聘任教师,以及受理最终投诉等;设立学术评议会作为其学术管理的最高机构,负责学术事务,包括教学调控、科研促进和学术人员培训等。在学部这个层级上设立部务委员会,在系这个层级上设立系务委员会,均有其各自的权利组织,由学术人员和行政人员组成。

基于独特的高等教育办学机制,英国十分重视高等教育的质量评估,并逐步形成了多元化、多层面的高等教育质量评估保障体系。英国高等教育质量保证署[1]负责制定全面的高等教育质量保障工作的指导方针和战略规划；英格兰教学大纲与学历管理委员会，威尔士学历管理、教学大纲与评估委员会，北爱尔兰教学大纲、考试与评估委员会以及苏格兰学历管理委员会是区域性的质量保障机构；法定专业质量认证机构则是在一些特定职业资格相关的专业领域，如工程、法律、医学等，由法定的行业组织并实施带有行业准入性质的课程质量认证，以保证课程设置的资质满足职业资格的要求。学校设立校级学术委员会，负责管理学校教学质量和学生学习标准；学院设立院系学术委员会，负责教学方案设计、实施与评估。此外，课程负责人提交课程实施情况报告，外部评审者给与评价意见，教职员工和学生进行反馈，外部专业评价机构提交评价报告，毕业生及其雇主提出意见，这些评价结果都是提高大学质量的重要保障措施。

在人才培养模式方面，大多数英国大学遵循纽曼的思想，更重视培养学生获取知识的方法和能力，而不仅仅是进行简单的知识输送。英国大学十分重视培养学生的思维模式和研究方法，在所有专业开设统计学、定性研究和定量研究等课程，培养学生的逻辑分析能力，培养用科学的思维模式来进行学术研究的能力。

英国高等教育淡化教材的作用，基本没有统编教材，不指定教材，原则上也不发放教材。教师选择最新、最前沿或者最实用的内容授课，同时为学生提供若干本参考教材目录，与课程相关论文的索引，相应的大纲性的资料以及具有影响力或带有争论性的论文去阅读、参考。由于教师是根据内容组织讲义和授课，所以学生得在阅读多本教材的基础上掌握较新的理论发展和实践应用情况，在阅读的过程中，培养了学生独立思考和创造性思考的能力。学生需要自主查阅大量的文献资料以完成教师布置的作业，在这个过程中锻炼其自学能力。在课堂演讲、团队合作训练、案例分析等教学环节中，教师也都重视学生解决问题能力的培养。教师提倡学生进行批判性思考，鼓励学生进行客观的评价，并提出有益的质疑，鼓励学生积极发言、阐述自己观点。

英国高等教育非常注重培养学生的实践能力。英国高校最早提出了"三明治"式的带薪实习课程，就是将学习时间分成两段，形成"学习＋工作＋学习"的模式。本科阶段的

1　英国高等教育质量保证署：英国高等教育质量保证机构（QAA），宗旨是保障和评估英国高等教育的较优标准和质量，通知且鼓励英国高校在管理和教学质量上进一步提高。通过和英国高等教育研究所合作，QAA定义大学或学院高等教育的标准和质量，并对这些标准进行发布。英国高等教育质量保证机构成立于1997年，是英国高等教育大学学院签署授权的独立基金组织，并和英国主流高等教育基金组织签署合作协议。

"三明治"带薪实习课程需要四年完成，才能获得本科学位。前两年学生在学校读书，第三年带薪实习，最后一年再回到学校完成学业。这些做法既让学生获得学历证书，同时增长了社会能力，提高了就业竞争力。

英国高等教育治学严谨，学习效果评价独特。每门课程的成绩都由考试（Test）成绩和作业（Coursework）或课程论文（Essay）这两部分以 1∶1 的比例组成，两个部分的分数各自有最低分数线要求，其中任何一个分数低于最低分数线的，则该门课程的成绩均为不及格。每门课程都设有淘汰率，教师不会因为及格率很低而调整分数。而学生也可对成绩提出申诉，或要求第三方进行重新评分。

英国高等教育提倡每一个学生都公平享有接受教育的机会和权力，每位学生都拥有提前预约与导师单独面谈、辅导、咨询的时间和机会，还可以通过网络预约面谈或邮件沟通，对住宿、资源服务、体育活动等问题进行咨询，解决问题。

三、美国高等教育发展

在殖民地时期，以 1492 年哥伦布发现了新大陆为起点，欧洲人开始在殖民地建立一些教会学校，美国高等教育由此形成。哈佛学院是北美殖民地的第一所学院。1636 年，马萨诸塞议会按照约翰·哈佛牧师的遗愿，将他所有的图书和一半的财产捐赠给新建成的哈佛学院。殖民地早期的大学课程设置与英国大学一脉相承，但是不同于英国大学的学术自治，殖民地各地方院校由社区议员负责。1747 年之前，殖民地内只有哈佛学院、耶鲁学院和威廉-玛丽学院三所院校。

美国独立战争（1783 年）后，南部出现了第一批州立高等教育机构，如佐治亚大学、北卡罗来纳大学、田纳西大学、南卡罗来纳大学等。从内战到 20 世纪初的"大学时代"这期间，美国建立了两百多所大学。

1940 年，美国的高等教育完成了由精英教育到大众化教育的转化；1980 年，高等教育的普及化顺利实现，毛入学率达到 55.6%。美国高等教育的迅速发展，极大地满足了社会经济的快速发展对高层次人才的迫切要求，以及人口激增后国民对高等教育的旺盛需要。20 世纪 90 年代以来，美国政府加大了对高等教育的投入，同时不断完善有关法案和地方法规，鼓励大学投入的多元化。

目前，美国大约有4000所各类大学和学院，其规模、水平、办学模式、质量等差异很大。但不可否认，美国是世界上高等教育最发达的国家，在世界上第一个实现高等教育大众化，大学入学率之高，堪称世界第一。

四、美国高等教育体系

根据美国宪法，联邦政府对大学没有直接管理的权限。20世纪60年代后才成立的国家教育部主要负责统计信息服务，"按照国会意图向各州分配教育拨款，以及向美国国内学生提供奖学金，但不干涉高等院校的管理。各州设有州督学，负责制订全州的教育政策，并领导所属机构在州内贯彻这些政策"[1]。各州高等学校的类型、性质和传统不同，各州高等教育立法和介入高等教育的程度也不同，美国没有全国统一的高等教育管理体制。

美国高等教育管理体系具有分权和非集中化的特点，联邦政府、州政府、民间认证机构和高校自身分别承担不同的职责。联邦政府只对军事院校有直接管辖权，对其他高等院校教育质量的影响是间接的，一般是规定一些与高校相关的法案，这些法案主要包括提供资助的模式、提供奖学金和贷款的方式、重点发展某些特定学科等方面的内容。州政府根据州高等教育委员会的宏观调控，主要负责制定政府教育拨款分配方案、州内高校发展方向、处理政府与高校关系，不涉及学校具体办学事宜。民间认证机构的存在确保高等教育质量和学生利益，只有经过大学同行成立的民间六大地区（新英格兰、中部各州、中北部、南部、西部、西北部）院校认证机构或其他权威专业认证机构的认证，大学颁发的学位证书才是有效的。高等教育认证委员会（CHEA）是协调并审核认证机构的专业机构。

美国的高等院校大致分为职业或技术院校（Vocational or Technical Institute）、初级或社区学院（Junior or Community College）、四年制学院（College）、大学或理工学院（University or Institute of Technology）四种类型。美国的学位制度要求毕业生达到某专业所要求的学分和成绩要求，才能获得学位。职业或技术学院、初级或社区学院一般只授予副学士学位，学院和大学可授予学士学位、硕士学位以及博士学位。

美国的高等教育主要分为三种类型：公立教育、私立教育（private education）和私

---

1 许青云.美国高等教育的特点及其启示.平顶山学院学报，2012，27（1）.

营教育（proprietary education）。公立教育由州政府领导，私立教育由主办者领导并接受州政府指导，两者都是非营利性教育，而私营教育有独立法人，是营利性教育。美国人极少从公立私立角度来判断学校的好坏，公立学校和私立学校都有质量很好信誉很高的大学。

不管是私立大学还是公立大学，几乎都设有董事会。学校董事会拥有决策权，可以决定本校的办学方针和重大事项，如负责遴选校长，制订学校的办学方向与政策，筹集资金，监督办学，确保学校财务规范，控制财务预算等。董事会作为美国大学的最高权力机构，一般是不过问学校日常事务的，而是由校长掌握日常行政管理权。大学可以自主根据产业和职业结构的变动、劳动力市场的需求和本校优势，快速反应，及时调整，自行设置、调整专业，制定招生计划和政策等，保证大学正常有序地运作。

美国高等教育管理是以校长为首的行政权力系统和以评议会为代表的学术权力系统。公立院校校长是由国家教育部、董事会或同等机构指定，私立院校校长由校董事会指定。校长一般负责大学内部日常事务，比如说协调、沟通学术系统和行政系统，主持和召开评议会会议。评议会则负责管理学术事务，也任命教师参与一些重要的行政管理委员会，保证教师能参与某些重大行政事务的决策，体现"教授治校"的理念。校评议会主要负责"制订全校的学术政策，学科建设和发展，教师的聘用、考核和晋升，本科生和研究生的教学、课程设置、学位事项"[1]等等。学院评议会负责的事务更多，权力更大，几乎包揽了学院的全部事务。

美国高等教育没有明文规定的国家质量标准，而是学校内部有自我质量评估，外部有院校鉴定和专业鉴定。美国高等教育鉴定委员会（CHEA）通过"提供非官方鉴定的全国性论坛，提供协调鉴定研究与政策分析，交流鉴定范例，组织会议，调解和仲裁有关争辩等方面，为学生、家庭、高等学校、鉴定机构、赞助单位、政府、雇主和有关高等教育团体服务"[2]。6个地区院校协会及其下属的8个鉴定委员会，负责对全国有学位授予权的高等学校实施院校鉴定（Institutional Accreditation）[3]。11所全国鉴定机构（National Accreditor）负责对全国职业和专门职业院校（Vocational and Professional Institution）、全国信仰性院校（Faith-based Institution）实施鉴定。61个专门职业鉴定机构（Specialized and Professional Accreditor）分别对高等学校内各学科领域的专业

---

1 孙惠玉.美国高等教育的一些鲜明特点及其启示.教育与现代化，2008，6.

2 毕家驹.美国高等教育质量评估体系探讨.医学教育探索，2003，1.

3 资料来源：高等教育评估与质量保障体系建设交流研讨会交流材料.

（program）或学院（school）以及对单一学科的高等学校进行鉴定。州高等教育质量评估（quality review）对私立学校进行许可证评估（review for state licensure），对公立学校进行绩效评估（state accountability review），是最直接的政府评估[1]。

美国高等院校的招生形式很灵活，全面考察学生高中的学业成绩、入学考试成绩、入学申请书和推荐信等材料。被录取后，学生可以自主选定专业，自由选修课程，达到学分制的要求即可毕业，还可以缴费辅修任何专业。

人才培养模式方面，美国高等教育实行"通才素质"教育（又称博雅教育）。高等院校的学生入学后前两年不分专业，学习包括人文科学、社会科学和自然科学三方面学科的基础课程，在学习中拓宽视野和专业领域。在美国，不管是哪一类高等院校，都特别强调非人文、非社会科学专业的学生必修一定量的人文、社会科学知识课程，以此加强人文科学教育，全面提高学生素质。美国高等院校的课程设置相当灵活，选修范围宽泛，跨专业、多学科的综合性课程，既拓宽了学生的知识，又开阔了学生的视野，有助于培养学生的发散思维。教材的内容由授课教授决定，大多数是选用反映最新研究成果的。

美国高等教育注重培养学生运用知识的实践能力，致力于将学生培养成社会适应能力强的人。美国突出实践教学的重要性，创造出一系列富有特色的实践教学活动，如本科生实践机会方案、工程实习项目等。高校与部分企业进行产学研合作以及合作教育，企业提供课题和资金，大学提供研究场所和人员等，研发新产品、新技术，培养大学生的实践能力，以及确定创业、就业的方向。

除了课堂学习外，美国学生还参加丰富多彩的校园文化活动，例如与社区互动参与公益活动，参加校内外艺术团队演出，邀请校外名人学者主持系列讲座、专题演讲等。校园文化活动是课堂教学的一种重要补充，这些活动以校园为基地，以校园文化活动的形式将学生与社会联系起来，使学生广泛接触社会，经受锻炼，积累经验，增强了学生的社会适应能力。

美国一些高校还通过高校联盟的形式，在教师资源、课程资源、学生资源、图书资源、网络资源、硬件资源等方面实现最大限度的共享，通过开放课件、课程互认、网上学习等方式实现教师资源、学生资源、课程资源及信息资源等优质资源的共享。

1　资料来源：毕家驹.美国高等教育质量评估体系探讨.医学教育探索，2003，1.

2.3 洪堡思想与纽曼思想

一、洪堡思想

了解了德国、英国和美国高等教育的发展情况和高等教育体系，我们不难发现，他们深受两个不同教育思想的影响，其中一个就是洪堡思想。

1809年，普鲁士教育大臣、德国著名学者、教育改革家威廉·冯·洪堡（Wilhelm von Humboldt，1767—1835）创办了柏林大学（柏林洪堡大学的前身），这是一所国家资助、男女合校的高等学府，是世界上第一所现代意义的高等教育学府。因此洪堡也被称为德国"现代高等教育之父"，是对现代大学制度贡献最大的思想家，他的教育思想对德国乃至世界高等教育的发展都产生了深刻的影响。德国从19世纪初至70年代，开始现代化进程并完成了工业革命，迅速转变为强大的工业国。这种转变之所以能如此顺利，与洪堡所主持的一系列普鲁士教育改革密不可分，并为德国在20世纪的全面统一、发展和崛起奠定了坚实的基础。

在洪堡的领导下，德国进行了卓有成效的高等教育改革。洪堡倡导大学"教学与科研相统一"，认为没有科学研究，就无法发展科学，也无法培养出真正的科学人才。洪堡提出，大学应"惟科学是重"，大学的核心是发现知识。大学的目标不只是知识的输出和科学的探索，而是通过知识输出和科学探索，促进主动性和创造性思维的完善。根据洪堡的理念，现代的大学不是一般的职业养成所，而应该是"知识的总和"，教学与研究应同时在大学内进行，完全以知识学术为最终目的，传授一种"纯科学的知识"，造就目光远大、领导世界新潮流的人才，并非培养务实型人才。他认为，大学应重视培养学科带头人的学术水平，把科研放在极高的位置，并提出通过科学研究方法和教学与科学研究相结合的方法去追求纯粹知识的思想，科学研究第一次成为大学职能。正如洪堡所言，科学研究能够培养一个人的创造力，使学生更有效地进行学习。洪堡认为教育应该重视人的能力的发展，大学也应该实施通识教育，而不应是专业教育或职业教育。洪堡还提倡学术自由的办学原则，从现代意义讲，现代大学还应该为研究留有一块"为科学而科学"的自由天地。洪堡渴望学生能够运用直观、形象、比喻的手段进行艺术创造，但又期待他们能通过综合分析、推理推论进行逻辑思考，以此能更好地构成人类的具象思维与抽象思维这两个方面。

洪堡认为,大学是高等学术机构,是学术机构的顶峰,"它总是把科学当作一个没有解决的难题来看待,它因此也总是处于研究探索之中。[1]"他的这种以科研为导向的办学观对研究型大学的发展具有重大的意义。洪堡不仅提出了大学改革的理想,并在创立柏林大学时,奠定了学术自由、教学自由、学习自由三原则的大学办学思想,这三个原则成为世界各大学所普遍遵循的基本价值和基本准则,确立了学术研究在大学的重要地位,强调学与教的学术自由,重视自由(博雅)教育。他从根本上打破了传统大学只传授已有知识的旧观念,树立了"传授知识与创造知识相统一"的现代大学新理念。柏林大学也成为德国新型大学的榜样,是德国近代高等教育近代化形成的标志。

洪堡认为,大学还要特别重视人文科学,应将大学办成培养人道主义精神的基地,强调大学应进行陶冶教育,而不是一般的知识传授和实用的职业教育。大学兼有双重任务,一是对科学的探求,二是个性与道德的修养。洪堡认为,在大学中,不但要通过科学活动让受教育者发现知识,增强受教育者的认识能力,更要培养受教育者,使其行为符合道德原则,成为有修养的公民个体。科学与修养作为大学的两项职能和目的,都是大学的目的而非手段,两者相互联系且密不可分。

洪堡的教育改革为德国的发展和强大提供了精神保证和智力支持,德国大学学术自由理念的形成还影响了包括美、日、中在内的许多国家高等教育近代化的进程,对世界高等教育改革发展做出了巨大的贡献,为全世界留下了一笔宝贵的教育遗产。学术自由主导下的德国大学制度和办学原则成为近代大学的典范,洪堡所确立的柏林大学模式为世界近代大学的创办提供了一个参考模式。美国的霍普金斯大学就是充分借鉴德国大学理念和模式建立起来的;日本明治维新中后期也一度以德国大学为蓝本;蔡元培也深受德国大学理念的影响,提倡思想自由,兼容并包,在北大实行了大刀阔斧的教育改革。德国大学模式在世界高等教育史上的重要价值和影响,吸引着其他国家高校的学习和借鉴,对正在建设高等教育强国的我国来说同样有学习和借鉴的价值和意义。

---

1 洪堡.陈洪捷译.论柏林高等学术机构的内部和外部组织.高等教育论坛,1987,1.

二、纽曼思想

另一个影响深远的教育思想是纽曼思想。

约翰·亨利·纽曼（John Henry Newman，1801—1890）是19世纪英国维多利亚时代著名的高等教育家，也是自由教育的伟大倡导者，他的高等教育思想主要体现在其教育名著《大学的理想》（《The idea of university》）中。

纽曼从词源学的角度认为，"大学（university）是传授普遍（universal）知识的地方"[1]。他认为，大学中各学派的人地位平等，他们可以完全服从真理的标准，全面地思考观点和探索问题。一所大学是"智慧的中心、世界的灯塔、信仰的代理人，以及正在成长的一代人的母校"[2]。纽曼主张，大学应平等、完整地传授各种知识。他认为，大学教育是理智的，目的是进行理智训练，发展人的理性；大学不能建设成智库，不是重在增扩知识，而是以知识的传播和推广、理性的培养为己任。

纽曼在大学的教育观中最为突出的就是他对大学的功能定位。他明确提出科学研究与教学相分离，教学为其惟一功能，这与他所提出的大学的概念中的"大学不是学术机构"的思想一脉相承。在纽曼眼里，"大学的存在既不是为了使人变得有学问（非研究性），也不是为了工作做准备（非专业性），也无法使人变得崇高神圣（非道德性），而是为获取知识做准备（为知识而知识的理性），即大学是教授知识的场所，是发展学生智力的场所。"[3]大学的目的基本可以分为三种：其一，大学通过文学和科学，使人们获得道德习惯和智力习惯；其二，大学的近期目标是训练学生的智力，最终对真理进行探索，对知识进行思考、推理及探究；其三是世俗的社会目的，就是面向全体学生，培养有良好社会修养的公民，使得整个群体获得发展，并随之带来社会的和谐发展。除了让学生学习知识、掌握技能，大学教育的重点是通过"博雅教育"（liberal arts education），建立一个完全独立的自我的意识，健全一个人的心智，培养具有优良品质的社会公民，从而提高一个社会的理智和心智水准。

纽曼认为大学教育应为自由教育而设。他所说的自由教育是人的心智、理智和反思的活动，重在对大学生人格层面的熏陶，具体体现是培养集智慧、勇敢、宽容、修养等于一

---

1 光晓燕，纽曼的大学理想对我国高等教育的启示.文教资料，2009，8.

2 余雪莲，大学智能观视角下的西方大学理念的演进.当代教育论坛，2008，9.

3 约翰·亨利·纽曼著，徐辉、顾建新、何曙荣译，大学的理想.浙江教育出版社，2001年12月.

第二章　两种高等教育思想与"工本位"

身的绅士。他反对在大学里进行狭隘的专业教育，坚守自由教育的理念和培养通才的传统，认为大学教育应以自由教育为模式，以通才培养为培养目标，并不承担某一特定职业人才的培养任务。他认为一个经过智力训练的人能够拥有在各行各业发展的潜力，而专业教育培养的人只能仅仅局限于自己狭窄的领域之中。自由教育是一种实用的教育，其培养的人有能力马上从事相关的科学和专业工作，这与专业教育的培养目标并不矛盾。纽曼所坚持的通才教育思想成为了现今一流大学培养学生的基础。

纽曼的大学学习观，强调注重学习氛围的形成，潜移默化地使学生形成一种智力习惯，帮助学生今后学习更多的知识。在学习方法上，提倡师生互动；在教学上，关注因材施教，采用问答式的方法，反对学生被动地接受知识。他主张学生"应真实主动地进入知识领域，拥抱它，掌握它。必须行动起来，全力迎接迎面而来的事实……你不是仅仅来听讲座或读书的，你是为了问答教学而来的。这种教学存在于你与教师之间的对话中。"他还主张对新旧知识进行分析、分类、对照、协调、匹配、整合，使新知识真正内化为学生整个知识体系的有机组成部分，真正实现学生的才智增长。

为了实现大学应提供普遍的与完整的知识的教学目标，让学生"攻读每一门向他开放的学科"，他主张使大学成为教育场所，而不仅仅是教学场所，强调让学生在一种洋溢着普遍知识的益智团体氛围中进行自我教育。

纽曼对大学的定义已成为现代大学的基本理念之一。他的思想在当时十分超前，奠定了现代高等教育理论体系的基础，具有丰富而深刻的内涵。甚至在一百多年后的今天，纽曼思想仍然对高等教育的发展有着积极的影响，对已经进入大众化阶段的我国高等教育也具有极其重要的指导作用。

三、浦江"工本位"的思考

近代大学改革中，洪堡和纽曼的理念促成了两大类型大学教育模式的形成，对现代高等教育有着深远影响。不管是德国，还是英国和美国，他们的高等教育均受这两种教育思想的影响，总体而言，德国的高等教育更多地受到洪堡思想的影响，英国的高等教育受纽曼思想的影响更大，美国的情况则比较复杂，美国东部大学和许多文理学院体现了纽曼的教育观，以斯坦福大学为代表的后起之秀则受到洪堡思想的深刻影响。

洪堡是德国"现代教育之父"，他强调专业能力培养。在德国高等教育体系中，职业教育、技能教育成为大学的中心任务，这样大学生在学校学到的就是真正有用的专业知识，一走出校园就马上能为社会服务。普鲁士得益于洪堡的高等教育体系，很快从欧洲一个小的农业国实现了工业化，并且一跃成为19世纪欧洲最强国家，保证了德国在全世界工业界和商业界的领先地位，它的高等教育也成为世界现代大学的楷模。洪堡的大学理念对德国乃至世界都产生了深刻的影响，除了德国的高等院校，美国的斯坦福大学也是贯彻洪堡教育理念的一个典型。

正大集团的蔡绪锋先生曾在德国企业工作过，德国企业员工的工作能力与素质让他深有感悟。蔡先生在泰国捐资创办大学，将德国的教育思想结合自己成功创办企业的感悟，提出了"工本位"的办学思想，经过多年的探索和实践，泰国正大管理学院已经成为泰国知名的大学，已经形成从本科、硕士到博士的完整人才培养体系。其独特的办学理论和校企合作模式受到泰国教育部的关注和推崇，所培养学生的质量引起企业界的关注和高度认可，毕业生供不应求。浦江学院（简称浦江）是蔡先生在国内捐资办的唯一一所大学，秉持蔡先生的"工本位"的办学思想，紧紧把握国家"一带一路"战略发展的契机，充分依托正大集团的优势，特别是集团在"一带一路"国家的影响力，努力把浦江学院建设成高层次、国际型的应用型人才培养基地。

根据应用型人才的特点，我们进一步贯彻和实践"工本位"，在第一篇第三章将详细阐述"工本位"的思想。首先，浦江学院强调以训练学生的"工科思维为本"，爱因斯坦曾经说过"教育不是要记住各种事实，而是要训练大脑如何思考。"一个高层次的人才必须具备好的思维方式，工科思维是应用型人才最重要最基本的思维方式，如何正确地思考是最重要的，我们在第二篇（即第四、五、六章）进行说明；其次，浦江学院提出以提高学生的"工程能力为本"，利用所学的专业知识去解决实际问题的能力是应用型人才的核心能力，我们在第三篇（即第七、八、九章）里进行解释；第三，浦江学院提出以培育学生的"工作素质为本"，通过实践，让学生在工作中积累经验，习得技巧，培养一丝不苟、尽善尽美的工匠精神。这方面的内容我们在第四篇（即第十、十一、十二章）里进行阐述。

纽曼对现代大学的定位是传授普遍知识，而非某一项专业的技能。通过博雅教育，培养具有优良品质的社会公民，提高一个社会的理智和心智水准。古希腊倡导的博雅教育旨在培养具有广博知识和优雅气质的人。因此，博雅教育就成为通识教育、文科教育、人文教育、通才教育、素质教育等的统称。在现代大学教育的语境中，博雅教育被认为是一种人文素质教育。在纽曼看来，大学教育的目的不是让学生学习知识，掌握技能，而是培养心智健全的人，从而提升整个社会的公共素质。纽曼思想对英美的大学教育产生了深刻影响，特别是以常青藤的哈佛、耶鲁和普林斯顿等大学为代表的美国东部大学，这些大学强调培养社会精英，在本科阶段，更加关注学生的人文教育和素质教育。

表面上看纽曼的思想与洪堡的思想似乎是对立的，其实不然，二者在本质上是辩证统一的。刘易斯在《失去灵魂的卓越》一书中说："大学通识教育的目标超越了学科的专业技能。通识教育旨在利用大学生的可塑性，鼓励年轻人认识自我，并发现自己的生活道路。通识教育的任务还在于提醒学生应对社会知恩图报，应该利用自己掌握的知识为人类谋福利，而不仅仅追求自身的经济富足。"

这些年来，国内大学对通识教育也有了越来越多的关注和实践，真正搞好通识教育就有必要深入了解通识教育的初衷和核心价值。浦江学院自办学以来，始终把学生的素质教育放在首要位置。例如把太极引入校园，让学生在强身健体、提高身体素质的同时，感悟中国文化的博大精深，提升学生的人文素养和个人修养；开设了马术、音乐、魔术等特色课程，营造浪漫积极的校园文化，同时也让学生专注于文化传承与国际交流，致力于培养学生的国际视野；开设了多门以满足兴趣爱好为目的的选修课程，让学生得到自由发展、个性化发展的空间；以"助人积福"为教育核心展开道德培养，努力将学生培养成人格完善、身心健康的社会人。本书将在第五篇（即第十三、十四、十五章）中详细阐述浦江学院在这方面的探索与实践。

第三章
"工本位"的办学思想

办学条件作为"器文化",是学校之躯;管理制度作为"制度文化",是学校之脉;而办学思想作为"精神文化",乃学校之魂。办学思想的定位对学校的整体发展具有决定性的意义,因为理念决定道路。

办学思想不是飞来之石,而是根植学校沃土的一株常青树。办学思想将学校的传统与现实结合起来,将学校精神和校园环境结合起来,具有精神与物质交融的有机性,不仅应提出对学校"人"的风骨要求,而且应涵盖对学校"景"的风格要求,以及对学校"行"的风范要求,以一个中心词来统摄时空、风情、人事,为学校这一品牌形象提供广袤深远的用武之地。

浦江学院作为一所民办本科院校,深入贯彻国家和江苏省中长期教育改革和发展规划纲要,在应用型人才培养模式上进行理论探索与实践尝试,主要目的在于摆脱母体大学人才培养在学科专业设置、课程体系构建、教学内容方法等方面的传统做法,提高人才培养质量,克服同质化现象,增强学校的竞争力,走出一条切合自身实际的民办本科教育应用型人才培养模式的特色之路。

由此,浦江学院提出"工本位"办学思想:以工科思维为本,训练学生的逻辑、计算和互联网思维;以工程能力为本,让学生熟练掌握职业技能;以工作素质为本,使学生具备优秀的工作经验和职业素养。通过三位一体的"工本位"人才培养模式的实施,将工科、商科、艺术类等各个专业毕业生培养成既掌握一定学术理论,又具备实践能力的本科应用型人才。

3.1 应用型人才的禀赋结构

我们认为人才特质是由其禀赋结构决定的。禀赋结构不仅是人才特质的内在结构，也是人才质量的外在反映。知识是培养人才的载体，不是人才特质本身。因此，人才的禀赋结构由思维要素、能力要素、素质要素等三个维度构成。培养应用型人才首先要研究应用型人才的特质，即分析应用型人才的禀赋结构。

应用型人才，相对于研究型人才而言，更突出"应用"，属于改造世界的人才类型，承担着将学术研究成果转化为社会生产实践、为人类社会创造具有使用价值的物质或非物质形态的重任。从知识层面看，应用型人才应具备扎实的专业基础知识；从能力层面看，应具备运用专业理论知识解决实际问题的综合能力和实践能力；从素质层面看，应具有较强的创新精神、协调沟通管理能力、操作性技能的娴熟程度、敬业精神和意志品质等。

应用型人才是中高级层次的人才，是知识、能力和素质相互协调发展的高素质人才，具备一定深度和广度的知识，拥有某种职业岗位的职业技能、技艺和运用能力，具有构建应用知识进行技术创新和技术二次开发的能力、科学研究能力，还具有很好的专业素质和良好的非专业素质。

针对应用型人才的特点，我们对三要素做了进一步细化，提出应用型人才的思维要素由逻辑思维、互联网思维和计算思维三个属性组成，应用型人才的能力要素由系统观、团队精神和解决问题的能力三个属性组成，应用型人才的素质要素由工作经验、专业技能和职业素养三个属性组成（图3-1）。

一、应用型人才的思维要素

本科应用型人才和高职高专培养的应用型人才是存在差异的，本科应用型人才对应的是职业群或者行业，而不是高职高专对应的职业或岗位。那么，在实际的人才培养过程中，对学生的能力素质要求就提高了不少。

"在知识方面，高素质应用型人才一方面要有一定的知识广度，同时还要有较强的理论技能；不仅要有扎实的专业基础知识，还需要有过硬的应用性知识，有一定的科学人文

图3-1 应用型人才的禀赋结构

知识和相关的财务、管理和人际交往方面的知识。另一方面，他们要有一定的知识深度，要从以'够用'和'实用'为限的要求逐步向'基础扎实、增强后劲'转变，从掌握职业岗位技能和技术的操作性要求的知识逐步向掌握完整、系统和科学性的专业知识体系方面转变。"[1]"在能力方面，高素质应用型人才不仅要有一定的操作实践能力，还要有较强的创新能力。在以成熟的技术和规范为基础，具有某种职业岗位的职业技能、技艺和运用能力的同时，更要具有较强的理论知识和技术的应用能力，要为学生构建应用知识进行技术创新和技术的二次开发的能力、科学研究的能力。"[2]

从知识层面的要求可以看出，本科应用型人才需要一种以文化知识为前提、专业知识为核心、相邻各学科知识为辅助的知识结构，这种知识结构需要极强的逻辑思维和计算能力来梳理构建包含各门具体科学知识及其理论的体系，并能在知识再生和迁移过程中，准确把握各种知识的渗透和更新。

从能力层面的要求来看，本科应用型人才要具有将理论知识转化为实际应用的能力，并要有强有力的分析能力支撑其将理论与实践打通，可以通过归纳、演绎、类比等逻辑方法实现创新，进而结合实际工作要求做出相应判断[3]。应用型人才不仅有能力就业，还能在

---

1 钱国英，王刚，徐立清.本科应用型人才的特点及其培养体系的构建.中国大学教学，2005，9.
2 钱国英，王刚，徐立清.本科应用型人才的特点及其培养体系的构建.中国大学教学，2005，9.
3 万惠琴，徐志坚.应用型本科人才培养中逻辑教育的思考.常熟理工学院学报（教育科学），2012，12.

就业形势不佳的环境下具备自我创业的能力。

总之，本科应用型人才的价值体现在理论－实践互动过程中的综合思维能力上，思维能力的提高从各科学习中都能得到，应用型人才的思维应该具备如下三个属性：逻辑思维、互联网思维和计算思维。

所谓思维是人类认知活动的高级形态，是人脑借助言语、表象或动作实现对客观现实的概括和间接的反映。它反映的是事物的本质特征和事物之间的内在联系，具有概括性和间接性两个基本特征[1]。思维的概括性表现在它对一类事物非本质属性的摒弃和对其共同本质特征的反映；对事物的间接反映，是指它通过其他媒介作用认识客观事物，及借助已有的知识和经验、已知的条件推测未知的事物。

逻辑思维是"纵观思维历史长河中已有的思维活动，并对其加以分析、总结、提炼、再使用已有的科学方法（如数学方法）等一系列加工活动的基础上形成并固定下来的，是伴随人类产生而产生的。"[2]它以抽象的概念、判断和推理作为思维的基本形式，以分析、综合、比较、抽象、概括和具体化作为思维的基本过程，从而揭露事物的本质特征和规律性联系。逻辑思维是互联网思维和计算思维的基础。

互联网思维产生于互联网、大数据、云计算等科技不断发展的时代，它是对市场、用户、产品、价值等整个商业生态链进行重新审视的思考方式。它不是简单地使用互联网、也不仅适用于与互联网相关的产业。它是一种民主、用户至上的思维。这种思维最大的特点就是互动，人与人的互动、人与产品的互动。它提倡换位思考、不断尝试、敢想敢干。它既不是单纯的技术思维、也不是简单的营销思维，而是一种系统的商业思维，是应用型人才必须具备的思维素质。

计算思维是美国卡内基·梅隆大学的周以真教授第一个提出的，她认为"计算思维"是运用计算机科学的基础概念进行问题求解、系统设计以及人类行为理解等涵盖计算机科学之广度的一系列思维活动[3]。计算思维在不久的将来，会成为每一个人的技能组合，而不仅限于科学家[4]。计算思维被冠以计算二字，并非狭义的只是跟计算机有关的思维，只因为计算机的发展促进了这种思维的研究和应用。计算思维是人类求解问题的一条途径，但绝

---

1 林崇德，杨治良，黄希庭. 心理学大辞典（2014）. 上海教育出版社.

2 罗翠莲. 逻辑思维与创造性思维. 2009年5月，http://www.doc88.com/p-959210877497.html.

3 Wing J M. computational Think [J]. Communication of the ACM, 2006, 49（3）.

4 周以真. 计算思维. 中国计算机学会通讯, 2007, 3（11）.

非要使人类像计算机那样思考。它是面向解决问题的系列观点和方法，通过它得出的结论应是构造性的、可操作性的、能行的[1]。随着计算机科学领域研究成果的不断丰富和完善，计算机技术已经应用于非常广泛的领域，并且与其他学科之间的交叉研究的广度和深度都不断增加。所以，培养能够快速地将计算机技术应用于某一领域、解决该领域具体计算问题的应用型人才就变得非常重要。这就要求应用型人才不仅应该具有知识的编程能力和计算学科基础，同时应该擅长抽象和分解问题的计算思维。

二、应用型人才的能力要素

现在很多学术型人才找不到工作，并不是因为缺乏工作机会，而是传统教学模式把教学与市场需求割裂开来，人才培养根本就没有与社会和市场相对接。所以要抓住高等教育改革机遇，把应用型人才培养体系作为高校的核心竞争力来开发。但应用型也不是单一化，需要一个具体明确的人才培养目标定位。应用型人才培养的途径将"以能力为中心"。

能力是指顺利完成某一活动所必需的主观条件，是直接影响活动效率并使活动顺利完成的个性心理特征。能力总是和人完成一定的实践相联系在一起的，离开了具体实践既不能表现人的能力，也不能发展人的能力。能力是在掌握一定知识基础上经过培养和实践锻炼而形成的，丰富的知识可以促进能力的增强，强的能力能促进知识的获取。

应用型人才的能力要素包括系统观、团队精神和解决实际问题的能力三个属性。

系统观是唯物主义思想的观念，它提出了系统和要素、结构与功能等新的范畴，揭示了自然界物质系统的整体性、关联性、层次性、开放性、动态性和组织性。人类经济已经进入后工业化阶段，经济增长的动力更多地来自于科技创新，而科技创新的最重要方式之一就是各学科交叉融合。第十一届全国人大常委会副委员长、中国科协名誉原主席韩启德谈到学科的交叉融合时说："我认为，当今科学技术发展的关键点就是交叉、融合。近代我国在科学技术方面落后于人，很大程度上是因为学科不能交叉，或者交叉得少。这跟创新人才的培养、基本人才的素质有关系，跟大学、科研机构的组织形式、政策导向等很多因素有关。"[2]

1　潘懋元，石慧霞.应用型人才培养的历史探源.江苏高教，2009，1.
2　科技发展关键在于学科交叉融合.科学时报，2009年8月28日，http://it.sohu.com/20090828/n266305926.shtml.

当前，学科之间的交叉、渗透、融合是学科发展的必然趋势，且在持续加强，各学科都朝着高度综合的方向发展。爱因斯坦曾说："物理给我知识，艺术给我想象力，知识是有限的，而艺术所开拓的想象力是无限的。"诺贝尔奖获得者李政道强调："追求科学与艺术、科技与人文之间的关联和均衡，是人的创造力的本能。如何将青年学生的这种潜在的本能发掘出来，是现代大学的重要任务……实现科学与艺术、科技与人文的完美结合，是现代大学成功的重要标志，也是培养能适应新世纪发展需要之人才的希望所在。"[1]

学科交叉、融合要求学生面对多层次的跨学科课程体系，需要运用不同学科的知识和技能去解决更复杂的问题，众多而又复杂的问题需要一套系统的解决方式。因此系统观在解决复杂问题方面的优势越发凸显，是应用型人才应对复杂的应用问题和工程问题的能力基础。

团队精神是指建立在团队的基础之上，通过互补互助以达到团队工作效率最大化的能力。对于团队的成员来说，不仅要有个人能力，更需要有在不同位置上各尽所能、与其他成员协调合作的能力[2]。团队精神不仅需要集体的讨论和决策，也强调成员的共同奉献。团队精神包括交流沟通能力、全局意识和奉献精神等内涵。随着科学技术的发展和社会分工的细化，以互联网为代表的现代信息技术和通信技术使得企业的分工合作突破了时空限制，因此现代企业越来越强调团队精神。

孔子指出："独学而无友，则孤陋寡闻。"高科技时代，许多举世瞩目的浩大工程的胜利完工，都是无数科技工作者和劳动者集体协作、联合攻关的结晶。科技越发达，越需要加强人与人之间的合作。合作意识、团队精神是人才必不可少的素质，对应用型人才同样重要。

在世界各国经济相互依赖和相互依存度不断加深的大环境下，我们对学生进行加强合作意识、团队精神的教育，使他们懂得如何同别人甚至别的团队进行合作，以应对日益激烈的市场竞争。

解决实际问题的能力是应用型人才能力要素的核心。潘懋元先生认为，应用型人才是在一定的理论规范指导下从事非学术研究性工作的专门人才，其任务是将抽象的理论符号转换成具体操作构思或产品构型，将知识应用于实践。[3]从本质上讲，就是解决问题的能力。这种能力体现在：当一个人在遇到问题时，能主动地谋求解决，有规划、有方法、有

1　引自http://baike.haosou.com/doc/5570694-5785906.html.

2　同上.

3　潘懋元，石慧霞.应用型人才培养的历史探源.江苏高教，2009，1.

步骤地处理，并能适宜地、合理地、有效地解决[1]。

研究创造力的学者发现，解决实际问题的能力几乎等于创造力。因为发现问题、确定问题、提出假说或形成策略、执行实现、整合成果及推广应用各个阶段都需要创造力，即在解决问题的过程中培养创造力。培养解决问题能力的最有效办法就是多多地负责工作，自行去解决问题。在工作过程中，学习者不断地发掘问题，不断地为解决问题而努力，不断地反思和提出新的策略来克服工作中的困难，在这个过程中不断地增长知识，增强能力。

三、应用型人才的素质要素

在市场经济环境下，用人单位主要从成本和利益出发，更多地考虑大学生是否能够带来更大的利益。在招聘现场经常见到，面对着设计精美、内容充实的一摞摞奖励证书，用人单位并不感兴趣。他们在面试现场向学生提问的往往是关于社会活动、实习、项目、科研成果等方面的问题，用人单位招聘人才，从过去看重学历转到学历、素质并重，甚至专以素质为重。

"素质"的内涵，比知识与能力的内涵更丰富。目前学术界较为认可素质是一种心理品质，是以人的先天禀赋为基质的，同时又是在后天环境影响下形成并发展起来的内在的、相对稳定的心理结构及其质量水平[2]。

根据应用型人才培养的要求，我们认为素质要素主要由工作经验、专业技能和职业素养三个属性构成。

"经验"在字典中的解释是实践中得到的知识或技能，是人亲身经历的。以此类推，工作经验就是人在工作实践中得到的知识和技能。我们通常基于工龄、资历等时间性指标来识别工作经验水平[3]，即指在某企业或岗位，从事某种工作经历的时间及他人的认可度。一般认为，时间越长、认可度越高，即是工作经验越多。

1　余林.问题解决能力的评价. http://www.doc88.com/p-2445513972102.html.

2　宋克慧，田圣会，彭庆文.应用型人才的知识、能力、素质结构及其培养.高等教育研究，2012，33（7）.

3　MCDANIEL M A, SCHMIDT F L, HUNTER J E. Job Experience Correlates of Performance. Journall of Applied Psychology, 1988.73（2）.

第三章 "工本位"的办学思想

专业技能是指为了完成工作所需的专门知识、方法、经验等的综合反映，这是应用型人才最突出的特质。德国的应用技术大学就是以社会发展变化为出发点，以未来就业岗位为导向，以培养专业技能为核心，因此学生具有很强的实践能力和操作技能，为德国制造业保持世界领先地位发挥了基础性的作用。

职业素养是从业者在职业活动中表现出来的综合品质，主要呈现为从业者遵循职业内在要求，在个人世界观、价值观、人生观和具有的专业知识、技能基础上表现出来的作风和行为习惯[1]。根据美国著名心理学家麦克利兰提出的"素质冰山模型[2]"，职业素养属于难以测量的"冰山以下部分"。往往"冰山以下的部分"对人的行为与表现起着关键性的作用，这种隐性的部分即是职业素养。

专业技能是应用型人才素质要素的中心，不仅通过课堂传授，还需要通过训练获得。工作经验和职业素养属于隐性知识，需要通过实习、实训、实践等方式才能获得。

3.2 "工本位"的涵义

依据上文提出的应用型人才的禀赋结构，浦江学院提出了"工本位"的应用型人才培养模式。具体而言，就是三位一体的"工本位"，即工科思维为本，工程能力为本，工作素质为本。

所谓"工科思维为本"就是强调学生思维能力的训练，包括逻辑思维、互联网思维、计算思维等；所谓"工程能力为本"就是重视提高学生的工程能力，尤其重视学生解决实际问题能力的培养，包括系统观、团队合作能力、解决问题的能力等；所谓"工作素质为本"就是突出学生工作素质的培育，包括工作经验、专业技能、职业素养等（图3-2）。

1　蒋乃平.职业素养训练.中国职业技术教育，2012，1.

2　美国著名心理学家麦克利兰于1973年提出了一个著名的素质冰山模型，所谓"冰山模型"，就是将人员个体素质的不同表现表式划分为"表面的冰山以上部分"和"深藏的冰山以下部分"。其中，"冰山以上部分"包括基本知识、基本技能，是外在表现，是容易了解与测量的部分，相对而言也比较容易通过培训来改变和发展。而"冰山以下部分"包括社会角色、自我形象、特质和动机，是人内在的、难以测量的部分。它们不太容易通过外界的影响而得到改变，但却对人员的行为与表现起着关键性的作用。

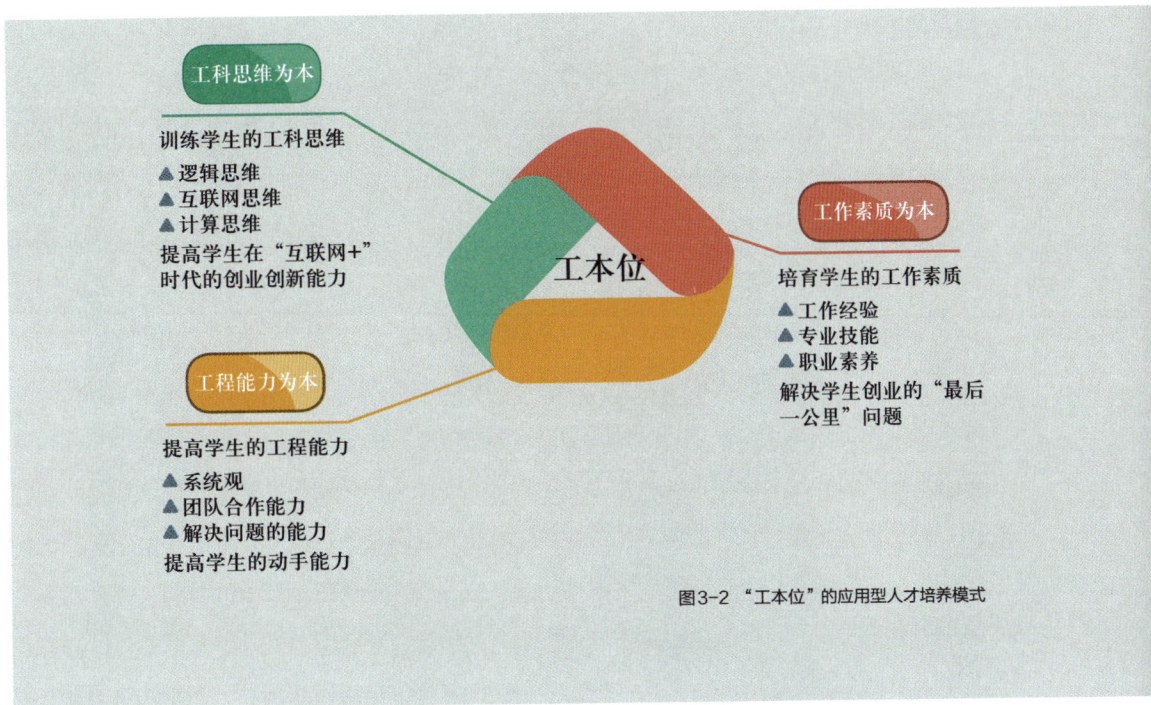

图3-2 "工本位"的应用型人才培养模式

一、工科思维为本：训练学生的工科思维

爱因斯坦曾经说过："教育就是忘记了在学校所学的一切之后剩下的东西"。所谓"剩下的东西"就是思维方式。对于应用型高层次人才而言，一种好的思维方式可以让学生受用一生。对应人才禀赋结构中的思维要素，我们认为应用型人才培养必须把"工科思维"培养贯穿教育的全过程。

所谓"工科思维"包含三个方面：第一是逻辑推理学习与训练；第二是互联网思维学习和训练；第三是计算思维学习与训练。

逻辑思维的训练与数学知识的学习是不可分割的[1]。浦江学院在数学教学中重视培养学生良好的思维习惯，由基础教学部面向全校所有专业统一制定教学计划，根据不同专业需求规定教学内容。学校开设了逻辑推理、数理逻辑等训练学生逻辑思维的课程，培养学生

---

[1] 郝乐，马乾凯，郝一凡，李忠海.数学教育与逻辑思维能力的培养.数学教育学报，2013, 12.

的逻辑思维能力。

此外，浦江还专门成立了围棋学院，打造围棋特色课程，鼓励全校师生学习围棋，寓教于乐，另辟蹊径。学习围棋有助于观察、注意、判断、应变、计算、记忆、独立思考这七大逻辑思维能力要素的发展。逻辑思维要用到概念、判断、推理等思维形式和比较、分析、综合、抽象、概括等思维方法，其中有六点在围棋中可以用到，因此浦江特增设围棋教学以培养学生的逻辑思维。

互联网思维是分享式思维，它是"互联网生产力、生产关系、生产方式和制度等客观变化在一般人思维中打下的烙印"[1]。这种思维的形成有利于学生创业创新能力的发展。国家行政学院教授周文彰认为，"互联网思维是互联网发明、发展和应用实践在人们思想当中的反应，这种反应经过沉淀转化为人们思考和解决问题的认识方式和思维结构"[2]。互联网思维是社会化思维，将会对传统行业产生冲击，是一种先进的商业意识和理念；根据互联网思维、互联网技术支持下的大数据思维，根据用户在网络上形成的信息、行为、关系三个层面的数据，可以制定出具有针对性的营销策略；互联网思维是跨界思维，传统的各行各业不再是孤立地存在，而是"利用互联网的平台，利用通信技术，把互联网和包括传统行业在内的各行各业结合起来，在新的领域创造一种新的业态"。[3]总之，互联网思维作为智慧式思维，拥有技术的支持，因此全社会中等智力的常人也可以通过学习来把握它。

为此，浦江学院将互联网概论等介绍互联网思维的课程和"电子商务""企业创业"等课程设置为全校选修课，帮助学生学会用互联网思维的方式思考问题，逐渐形成创新创业的意识。年轻的大学生伴随着互联网的发展而成长，互联网早就成为他们生活的一部分，大学生可以通过运用互联网思维扩大人际圈，同时享受互联网发展带来的大量信息及高新技术，分析生活中互联网与传统结合的新形态，为创业提供更多信息储备。

计算思维早已经渗透我们生活的方方面面，作为工科思维培养的一部分，计算思维的培养贯穿计算机教学的所有课程。计算机教学能培养学生的三种能力：计算机使用能力（computer literacy）、计算机系统认知能力（computer fluency）、计算思维能力

1　张建中.互联网思维.算法与数学之美，2016年3月30日.

2　如何利用互联网思维来创业创新.搜狐网，2016年5月6日，http://mt.sohu.com/20160506/n448061611.shtml.

3　马化腾."互联网+"战略应上升至国家层面.新浪科技，http://tech.sina.com.cn/i/2015-03-04/doc-iawzuney0462159.shtml.

（computational thinking）[1]。由于计算机使用能力是高中阶段熟悉的教学内容，而计算机系统知识能力又是研究型人才的主要学习内容，真正适宜本科阶段应用型人才的教学内容应是计算思维能力的培养。因此浦江学院在通识教育板块中开设了"简单程序设计""数据库设计""计算机实用技术"等一系列课程，旨在通过计算机基础教学培养学生的计算思维方法、表达形式和行为习惯，同时培养大学生的综合素质和创新能力。

二、工程能力为本：提高学生的工程能力

对应人才禀赋结构中的能力要素，浦江学院提出了"工程能力为本"的培养方式。所谓"工程能力为本"有两重含义：一方面，课程设置体现系统性、应用性、实践性等；另一方面，能力培养重视系统观、团队合作能力以及解决实际问题的能力。我们认为应用型人才在面对复杂的实际问题时（如一个大型的工程建设，一个复杂的管理现象等），必须具备系统分析和解决实际问题的能力，这是应用型人才培养的原点。正如20世纪90年代，美国出现的"回归工程运动"，前麻省理工学院院长莫尔认为，要使美国的工程教育回归其本来的含义，即更加重视工程实际及工程教育本身的系统性和完整性[2]。衡量一个合格的工程师的惟一标准就是看他能否解决实际问题，这就是工程教育的本质，也是我们提出的以工程为出发点的思想理念。

浦江在教学过程中引进完整的项目，培养学生做事情有始有终，并能从整体考虑合理安排身边可用资源，控制工作进度，协调人际关系以及应用理论知识解决实际问题的能力。例如，浦江公益慈善管理学院以实际的公益慈善项目为教学手段，培养既具备强烈社会责任感和爱心奉献精神，又能以项目为导向具有系统观的复合型管理人才。

浦江与企业合作，建立产学研合作基地，引进最先进的系统设备，让学生不再学习零散的操作技能，而是从系统中真实体验各个环节的工作需求，从而培养学生的系统观。同时，学生因为身临其境地操作行业前沿技术及主流设备，不断提高专业技能和综合素质，从而更快适应未来工作岗位的要求。例如：浦江移动网络学院与中兴通讯企业合作，共建最先进的实验室，让学生不出校门就能使用最好的设备，为提高学生的工程能力打下坚实的基础。

1　李波.计算思维与大学计算机基础.中国大学教学，2012，7.

2　王雪峰，曹荣.大工程观与高等工程教育.高等工程教育研究，2006，4.

浦江还与学校所处地方合作，结合当地特色，致力于培养文化创意产业人才队伍，让学生在此过程中学会团结合作，学会资源共享，学会设计凸显地方文化元素的作品，带动地方经济，从而培养学生结合实际情况解决实际问题的能力。例如：浦江艺术学院通过与旅游名镇汤山的地方合作，注重培养文化人才的实践能力和创新创造能力，在艺术的氛围下将自己的思想转变成实际作品。

　　此外，学校面对所有专业都开设了沟通技巧、商务礼仪、马术、魔术、专项球类等课程，旨在通过这些课程使学生具备系统观、团队精神，以及解决实际问题的能力。

　　沟通已是这个世界不可或缺的元素。人们通过沟通可以拓展个人关系的网络，发展人际关系中的支持系统；可以使对方迅速接受你，让他人自愿提供更多的协助，发展互惠互利的合作关系；还可以避免无谓的争论，减少因误解造成的压力，克服愤怒、恐惧、害羞等有害情绪，促进身体健康[1]。我们开设沟通与管理课程，教给学生沟通技巧，帮助学生明白沟通的重要性，掌握良好的沟通技巧，将这些技巧运用到日常生活中去，与别人建立起良好的人际关系。

　　商务礼仪是约束我们日常商务活动的一种行为准则，它能规范礼仪，确定自我形象，尊重他人；能传递信息，表达尊敬、友善、真诚等感情，获得对方的好感、信任，进而有助于自身的发展；能增进感情，建立和发展良好的人际关系，推进交往的深入；能树立形象，体现个人和组织良好的素质。商务礼仪的核心作用是为了体现人与人之间的相互尊重。我校的学生不管在学校学习，还是毕业后进入企业、公司、单位工作，都要注意自身形象的确立，体现良好的素质，学校开设商务礼仪课程，不仅是时代潮流，更是提升竞争力的现实所需。

　　马术课程的开设，有利于学生的身体健康，更能让学生在学习过程中唤起内心深处潜藏的自信，增强对复杂环境的应变能力，缓解和消除学习生活中的孤独、压抑的情绪，帮助释放压力、愉悦身心，有效地调整心态平衡。学生从事正常的学习、生活，需要健康的身体，心理健康不仅有助于学生的正常学习和生活，也有利于身体健康。

　　魔术选修课聘请台湾著名魔术师胡凯伦先生担任客座教授，让学生零距离接触魔术，培养观察与操作相结合的能力。在全国高校中，浦江率先开设这门课，旨在通过这样的课让大家更懂得以艺术角度看待魔术，并能通过这项技艺勇于表达自我，学习不依赖手机来

1　论沟通的重要性. 2010年2月22日，http://blog.sina.com.cn/s/blog_6453c86a0100h0g7.html.

与人面对面的正确交流方式。

不同的球类运动，对人体特定部位健康有不同好处，妥善安排运动项目能够全面调节身体状态。打乒乓球对眼睛有益，打羽毛球对颈椎有好处，打排球修塑腿型、体型的效果最好，打篮球锻炼最多的是身体协调力、脑力和领导力，踢足球对保护心肺功能的效果最明显。而且，球类运动都是团队活动，能帮助学生在活动中形成良好的团队精神。

三、工作素质为本：培育学生的工作素质

针对人才禀赋结构中的素质要素，浦江学院提出了"工作素质为本"的培养方式。"工作素质为本"在理念上强调以就业为导向，让学生在毕业前就能在接近真实的工作环境中积累工作经验，培养工作素质，即工作的经验、专业的技能、职业的素养等方面的素质，以此缓解高等教育大众化进程中面临的诸如毕业生缺乏工作经验、企业避免二次培训以降低成本、毕业与就业供需矛盾愈演愈烈等情况。

浦江学院开办不久就花巨资建设了教学酒店，为的就是让学生能够"沉浸"在真实的工作环境中，积累工作经验和技巧。我们认为，真正的工作经验和技巧是从工作实践中获得的。浦江通过建设校内教学酒店，建立校外校企合作实习基地及就业基地，为学生提供大量的实训实习的机会，让学生在实际运转的工作环境中积累经验、技能和素养，培养他们的实际工作能力。另外浦江校园内还设有教学品酒室、教学咖啡店、现代教学厨房、浦江公寓等配套实训中心，为学生们提供了各种模式的模拟课堂，在真实的工作环境中去运用所学知识、技能进行实践，并将这些实践转换为自己的原始经验积累。通过这种"做中学"的方式，学校为学生提供了国际高端品牌酒店就业的"敲门砖"。

浦江学院打造了多形式多层次的校企合作平台，并将其逐步发展成为每个专业后面都有若干企业做支撑的这一办学特色。校企合作平台的建设，推动了专业建设和课程改革，解决学校实训设备不足的问题，实现人才培养与企业需求的零距离对接，增加学生实训实习的机会，从而培养学生专业上的操作技巧，提升学生的就业竞争力，学生在进入社会后可以更快地适应工作岗位，迅速成为一线的管理人员、高层次技术人员。

浦江汽车服务与管理学院与保时捷合作共建，专职老师去企业实习，企业工程师到学校讲课，专职老师以理论教学为主，企业工程师侧重于实践教学，双方合作教学提高受教

学生的专业技能和职业素养。在校内，有高端仿真汽修工厂实验实训中心供学生学习；在校外，有企业一线岗位供学生实习实训。浦江学生在双师的指导下，熟练掌握生产技术与操作技能，成功积累宝贵真实的工作经验，迅速提升自己的工作素质，在未毕业时就成为有技术有经验的汽车后市场人才。

为帮助学生积累工作经验、提升职业素养，浦江学院设置了短学期制，即每学期缩短教学时间，在学期末和假期为学生开设为期两周的短学期，进行集中实践、实习。在短学期中，聘请各专业方向的专家学者开设专题课及讲座，开放实验室安排研究型实验、数学建模等竞赛培训，以及教学实习与社会实践等。这样不仅使教学资源得以充分应用，而且促使学生有更多的时间与空间自主学习，拓展知识面。短学期还有一个重要实践项目——金工实习，即包括特殊加工（线切割，激光加工）、砂型铸造等实践环节，以此培养学生的动手能力，提高学生综合职业素质。

浦江学院还成立了新能源新材料研究院，该研究院将先进科学技术与浦江现有的学科专业紧密结合，与多家企业和研究机构建立密切的合作关系，面向全校学生搭建特色鲜明的校内实践平台，并致力于研发新材料高新技术，培养优秀创新创业人才。每学期，学校都专门停课一周举办科技节，其间，新能源新材料研究院也借助讲座、现场体验、竞赛等形式，普及科技知识，传播科技文化。平时，研究院全天对外开放，全校学生不限专业都可随时参观。每个实验室配有志愿者进行现场讲解，介绍研究院研究方向和内容，充分调动学生对现代科技的兴趣，这些科研知识和经验将会对学生的未来产生不可估量的影响。

职业素质中还提到学生应具备相应的专业技能。2016年2月初，教育部公布了《教育部关于办好开放大学的意见》，要求建立个人终身学习电子档案，探索建立"学分银行"，将学习者的各类学习成果转换成学分进行存储，实现不同类型学习成果的转换[1]。我校也通过技能证书置换学分的方式，鼓励学生学习与职业发展相关的各类知识，参加各类职业资格证书考试提高学生就业的竞争力。

浦江学院在人才培养模式中贯彻"工本位"办学思想，培养和训练学生的思维能力，让学生熟练掌握职业技能，并具备优秀的职业素养，让学生能够基本达到用人单位的人才标准。我们对本科应用型人才培养的探索与做法，目前仍然处于初期阶段，其中肯定存在

---

1 教育部：建个人终身学习档案各类证书可换学分.财经网，2016年2月4日，http://money.163.com/16/0204/18/BF0IL8OB00253B0H.html.

不成熟的地方，但是我们正通过不断的改革和尝试，让"工本位"这一全新的办学模式不断走向成熟。

3.3 "工本位"培养应用型人才

一、课程体系是本科教育的核心

课程体系是高等学校人才培养的主要载体，是教育思想和教育观念付诸行动的桥梁，在很大程度上决定了受教育者所能呈现的知识、能力和素质结构。课程体系具有整体性、多样性、稳定性、开放性等特点，是相关学科知识的有机整合，但是并不是将几门相关学科的某一门课程或几门课程机械地叠加形成。同时，作为本科教育的核心，课程体系构建应以人才培养目标为基本依据和最终目的，并且贯穿于课程结构目标和各门课程分目标之中。

浦江学院的课程类别依据课程所属课程平台，分为通识教育（General Education Courses，简称GEC）、学科基础教育（Discipline Basic Courses，简称DBC）、专业教育（Professional Education Courses，简称PEC）、自主项目教育（Independent Project Courses，简称IPC）。

根据专业大类培养的指导思想，我校设置了四类平台课程和一个环节，即通识教育课程、学科基础课程、专业教育课程、自主项目课程和集中实践环节，其中自主项目课程分成兴趣类、专业类、留学类、考研类、创业类、公选类、第二课堂七个模块（图3-3）。

学校的通识教育基于全人发展的理念，打破了专业教育对人的狭隘定势，帮助学生形成基本的人文修养、思想视野和精神感悟，培养全面发展的高素质人才。学校根据人才培养方案，综观各学院各专业需求，统一设置通识教育课程。有别于其他高校的通识课程设置，浦江的通识课程由基本素质、人文素养、实用技能、科学素质四个模块构成，既有必修课程，又有选修课程，均占所有课程的1/4，面向全体学生。具体思路为：体育课程四年不间断，数学课程分类教学，外语课程分层教学，计算机课程实用化，思政课程适当延长，增加太极、围棋等特色课程（表3-1）。

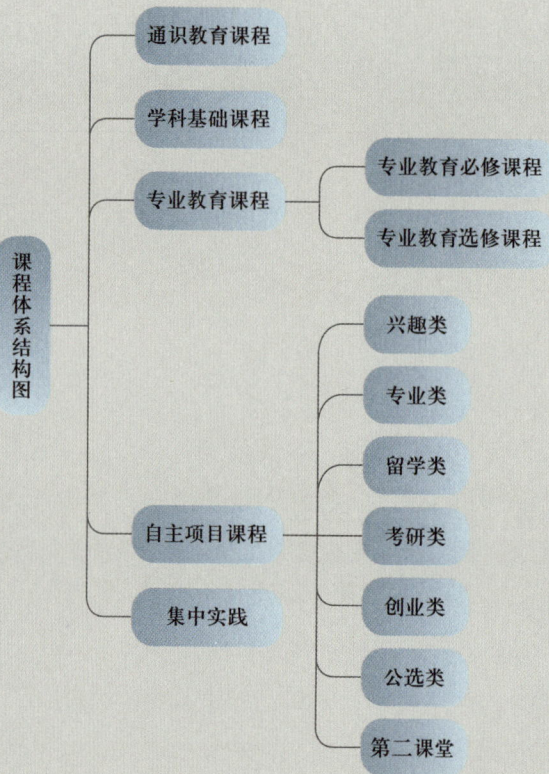

图3-3 课程体系结构图

学科基础课是帮助学生掌握本学科必备的基本知识、基本理论和基本技能的课程。同一大类的不同专业尽可能采用相同的学科基础课程。各二级学院根据专业特色、人才培养需求与相关开课单位共同协商，定好学分、学时、开课学期和教学大纲。

专业教育课程由专业教育必修课程和专业教育选修课程构成。各二级学院在充分体现人才培养目标和专业特点的基础上，根据"工作为本"的指导思想，结合本校实际及社会、行业需求，加大课程的整合力度，增加实践类课程的比例，将集中实践安排在短学期中，鼓励学生参考与专业相关的技能证书以置换学分。

选修课程也叫做自主项目课程，是基于"以学生为本"的理念，旨在提高学生学习的

表 3-1　通识教育课程

模块	课程名称	课程性质	学分	总学时	开课学期	备注
基本素质（37学分）	思想道德修养与法律基础	必	2+1	32+16	1	
	中国近现代史纲要	必	2	32	2	
	马克思主义基本原理	必	3	32+16	3	
	毛泽东思想、邓小平理论和"三个代表"重要思想概论	必	3+3	48+48	4	
	形势与政策	必	1	16	7	结合考研
	军事理论	必	2	32	1	
	大学生职业生涯规划与就业指导	必	1	16	1，6	讲座形式
	大学体育（太极拳）	必	1	32	1	
	大学体育	必	1×3	32×3	2—4	
	大学体育（俱乐部）	必	0		5—8	体质测试，太极拳，长跑，俱乐部形式
	大学生心理健康教育	必	1	16	1—4	讲座形式
	大学英语	必	4×3+2	64×3+32	1—4	实行分类教学三选一，英语实行分层教学
	德语	必	4×3+2	64×3+32	1—4	
	日语	必	4×3+2	64×3+32	1—4	
人文素养	沟通与管理	必	2	32	1/2/3/4	
	太极文化	选	1	16	1/2/3/4	
	华侨史	选	1	16	1/2/3/4	
	围棋	选	2	32	1/2/3/4	俱乐部形式
	音乐鉴赏	选	1	16	1/2/3/4	
	舞蹈鉴赏	选	1	16	1/2/3/4	
	旅游文化	选	1	16	1/2/3/4	

模块	课程名称	课程性质	学分	总学时	开课学期	备注
人文素养	泰国文化（交换生）	选	2	2周		针对去泰国正大管理学院的交换生
	⋯⋯					
实用技能	电子表格高级应用	必	2	32	1/2	
	Word 高级应用	必	1	16	1/2	
	网页制作技术	必	1	16	3/4	
	计算机图形图像制作技术	必	2	32	3/4	
	公文写作	必	2	32	1/2/3/4	
	商务礼仪	选	1	16	1/2/3/4	
	数据库开发与设计	选	2	32	1/2/3/4	
	信息安全与管理	选	1	16	1/2/3/4	
	计算机操作职业证书	选	1	0		获得证书奖励1学分
	⋯⋯					
科学素质	数学一（高等数学）	必	4+5	4×16+5×16	1—2	实行分类教学，三选一
	数学二（经济应用数学）	必	3.5+3.5	3.5×16+3.5×16	1—2	
	数学三（数理逻辑）	必	4	64	1	
	大学物理实验	选	1	16	1/2/3/4	
	金工实习	选	1	16	1/2/3/4	
	逻辑学导论	选	2	32	1/2/3/4	
	互联网概论	选	2	32	1/2/3/4	
	⋯⋯					
修读最低学分要求			58			

主动性和选择权，引导学生个性化发展，挖掘学生潜力和特长，促进复合型人才成长的各类课程（项目）。根据学生的兴趣和职业生涯规划，为促进学生的全面发展，设置了兴趣类、专业类、留学类、考研类、创业类、公选类、第二课堂七个模块（表3-2）。

学校设置的实践课程为集中实践，分为校内实践和校外实践（表3-3）。学校在校园里建设了多个实践实训基地，使学生无需踏出校门便能接触各类实操性课程；各二级学院积极与各企业签订合同，让学生跟随企业主管或技术人员实地工作，接受指导，培养实际工作能力。

我们始终遵循尊重规律、目标引领原则；通专融合、大类培养原则；素质教育、实践创新原则；以及结构优化、自主高效原则，努力构建浦江学院完整的课程体系。

表 3-2　自主项目课程

模块	课程名称	课程性质	学分	总学时	开课学期	备注
兴趣类		选				学生根据自身兴趣选修除通识课程和本专业以外的全校任意一门课程，跟班上课
专业类		选				学生可以在完成本专业选修课程规定学分的基础上，继续选修本专业的其他选修课程
留学类（赴泰）	商务管理	选	2	32	7	留学类课程为收费课程，仅供赴泰国正大管理学院读研究生的学生选修，当届前5%的学生可以免试入学
	财务会计	选	2	32	7	
	营销传播	选	2	32	7	
考研类	考研英语	选	2	32	6	
	考研数学	选	2	32	6	
创业类	电子商务	选	1	16		
	企业创业	选	1	16		
	税收实务	选	1	16		
	股票投资实务	选	1	16		
	创新与创业管理	选	1	16		

模块	课程名称	课程性质	学分	总学时	开课学期	备注
公选类	PPT 鉴赏与设计	选	1	16		
	英语晋级班（四级）	选	2	32	4/5/6/7	
	英语高级班（六级）	选	2	32	4/5/6/7	
	中国陶瓷文化	选	1	16		
	……					
第二课堂	比赛	选	0～3	0	1—8	参与各类比赛学分累计不超过3学分（国家级2学分，省部级1学分，市校级0.5学分）
	讲座	必	2～4	8～16次	1—8	讲座至少修满2学分，累计不超过4学分
	社会实践	选	1			安排在暑假，由各学院自行组织

注：自主项目课程必须修满14学分。

表3-3　集中实践环节

	课程名称	课程性质	学分	总学时	开课学期	备注
集中实践	军训	必	2	2周	1	
	课程设计/专业实训	必	6	6周	短	安排在大一到大三的3个短学期，由各学院根据专业特色安排
	社会实践	选	1			安排在暑假，学分在自主项目平台
	海外交流	选	2	2周		暑假赴泰国正大管理学院学习和泰国7-11连锁便利店实习，学分在通识课程平台
	生产实习	必	2	2周	8	安排在第八学期，需与毕业实习、毕业设计（论文）结合
	毕业设计（论文）	必	8	16周	8	

注：集中实践环节必须修满18学分。

二、校企合作是人才培养的重要模式

车尔尼雪夫斯基告诉我们"实践是思想的真理"。浦江学院不仅有"工本位"这样系统的办学思想，更有落地有声的系列实践。其中校企合作就是浦江学院办学实践的重要内容之一。

校企合作，顾名思义，是学校与企业建立的一种合作模式，是一种注重培养质量，注重在校学习与企业实践，注重学校与企业资源、信息共享的双赢模式。校企合作做到了应社会所需，与市场接轨，与企业合作，实践与理论相结合，有针对性地为企业培养人才，注重人才的实用性与实效性。

校企合作教育形式最早产生于19世纪末的德国，最初是中等职业教育领域的校企合作教育。20世纪60年代，德国校企合作教育开始向高等教育领域扩展。

"校企合作教育"一词最早出现于20世纪初的美国。1906年美国辛辛那提大学提出第一个合作教育计划，对27名技术系学生实施职业教育。自从1862年，美国国会先后通过了《摩雷尔法案》《农业扩张法案》《国防教育法案》等一系列法律，用立法支持校企合作。

英国校企合作办学的起步比德国和美国晚，最早可追溯到1903年桑德兰特技术学院的"三明治"教育模式。1944年，英国的《教育法》曾明确提出，用企业与职业教育机构合作的方式，对18岁以下的离校或在职青年实施职业培训。1973年颁布的《就业与训练法》，着重对学徒培训的内容、方法及监督评价作了详细规定，更加明确了企业与职业教育机构的合作关系。

20世纪50年代后，在德国和美国继续深化校企合作教育的同时，日本及苏联等国的校企合作教育计划也开始付诸实践[1]。

我国的校企合作教育相对于欧美发达国家稍显滞后。20世纪20年代，我国一些企业开设实习工场，形成一边工作一边学习的职业教育校企合作模式雏形。自工业革命的到来到20世纪末，职业教育校企合作形式发生了根本性转变，学校自成体系，主动地与企业合作。1991年10月17日，国务院《关于大力发展职业技术教育的决定》提出，要"提倡产教结合、工学结合"，职业院校纷纷采取措施将企业引进学校，参与学校的人才培养。随着经济的快速发展，在市场经济条件下，经济走向竞争与合作，校企合作教育发展到产

---

1 资料来源：国际校企合作起源与发展，2012年8月14日，http://blog.sina.com.cn/s/blog_ 921c131701016yks.html.

学研全面合作，建立校企合作机制。目前，从校企合作的形势看，学校与企业由原先浅层次的"合作"走向深层次的"一体化"[1]。

各国的校企合作教育的名称都不同，德国称之为"双元制"培训，美国称之为"合作教育"，澳大利亚称之为"TAFE"教育。由于各国在处理企业与学校关系上侧重点不同，校企合作教育呈现出以企业为主、以学校为主、企业与学校合股办学、企业独立创办职业学校等几种模式。[2]

德国的"双元制"培训是以企业为主的校企合作形式的典型代表，企业是办学主体，招收的新员工以学徒身份接受企业的实训或培训，学校对进入学校学习的学徒员工进行文化知识教育。学生是企业送进学校的，学生要学什么，学到什么程度，企业对此要求十分明确。学校为企业培养人才，专业设置、课程安排等都尽量考虑满足企业的要求。学生既是学校的学生，又是企业的员工，为了适应并胜任工作去学习，并将学习的内容运用到工作中去。

美国的"合作教育"、英国的"三明治"教育以及澳大利亚的"TAFE"教育是以学校为主的校企合作形式的典型代表。"合作教育"是利用学校和企业两种不同的教育环境和教育资源培养适合企业需要的应用型人才，工作训练是学校教学活动的重要组成部分。课堂上的学习和工作中的学习紧密结合，学生将理论应用于现实的实践中，然后将在工作中遇到的挑战和见识带回学校，促进学校的教与学。"三明治"教育是在教学过程中夹有工作训练的教育模式。

校企合作适应社会和市场需要。学校通过企业反馈与需要，有针对性培养人才，结合市场导向，注重学生实践技能，更能培养出社会需要的人才。学校与企业信息、资源共享，学校利用企业提供的设备，企业也不必担心培训场地的闲置，这样做实现了让学生在校所学与企业实践有机结合，让学校和企业的设备、技术实现优势互补，节约了学校与企业的教育成本，是一种双赢模式。

校企合作是实现高校应用型人才培养模式的有效手段。校企合作突破了学校到企业寻求实习场所、企业到学校获得廉价劳动力的浅层次合作方式，使企业参与学校人才培养计划和人才培养过程，有利于现代高校教育体制的改革和人才培养模式的改革，实现企业资源与学校资源的有机整合，优化资源配置。

---

1 徐建华.我国校企合作的历史变迁及发展趋势.职业技术教育，2009，7.

2 资料来源：发达国家校企合作办学对我国的借鉴意义.2012年7月10日，http://blog.sina.com.cn/s/blog_921c131701015wgt.html.

因此，浦江学院为切实落实"工本位"应用型人才培养模式，多方寻求校企合作。目前正在校园内运行的模式有以下几种：

第一种，"订单"式合作。校企实现招生与招工同步、教学与生产同步、实习与就业联体，学生是由学校选拔的学生和企业招收的员工组成，教育的实施由企业与学校共同完成，培训和考试内容来源于企业的需要，开设为本企业所需的专业技能和实习课程，企业在具体的职业培训中发挥着更为重要的作用。学生入学就有工作，毕业就能就业。浦江移动网络学院"嵌入式教学"就是这样的合作模式。

第二种，校企互动式模式。由企业提供实习基地、设备、原料，企业参与学校的教学计划制定，并指派专业人员参与学校的专业教学。企业优秀管理者或技术人员到学校授课，同时学校教师给企业员工培训，通过校企双方的互聘，使学生在教学中获得技能训练，既解决了实训材料紧缺的矛盾，又练就了学生过硬的本领，真正实现在育人中创收、在创收中育人。企业得到人才，学生得到技能，学校与企业"优势互补、资源共享、互惠互利、共同发展"。我校土木与建筑工程学院、公益慈善管理学院、艺术学院等学院与企业合作均属此类合作模式。

第三种，工学交替的实施方式（劳动和教学相结合）。该方式有工读轮换制和全日劳动、工余上课制两种。我校采取的是工读轮换制，即把同专业同年级的学生分为两半，一半在学校上课，一半去企业劳动或接受实际培训，按学期或学季轮换。通过这样的方式把学习和劳动的内容联系起来，学生在学校学习系统课程，到企业去提升技能。浦江国际酒店与饮食文化学院与洲际酒店集团、万豪集团、雅高集团等酒店行业国际知名企业签署战略合作协议，安排学生按学期轮换到合作企业集中实践，从而实现"工本位"人才培养。

第四种，学校引进企业生产线模式。这是指将企业的一部分生产线建在校园内，在校内实行"理论学习"和"顶岗实训"相结合，既可以解决企业场地不足的问题，同时也解决了学校实习实训设备不足的问题，真正做到企业与学校资源共享。例如：浦江汽车服务技术与管理学院与保时捷集团合作，将1:1仿真汽修工厂搬入校园；浦江国际酒店与饮食文化学院在校内斥巨资建造教学酒店、教学厨房、教学咖啡馆等，配备酒店专业所需的相应设备设施，为学生的实践教学、实习实训提供场地。

浦江学院充分利用正大集团农牧、零售、制药、机车、房地产、国际贸易、金融、传媒等领域的庞大产业集群网络，坚持开拓校企合作。学校积极与相关企业签订合同，让学生跟随企业主管或技术人员实地工作，接受指导，培养实际工作能力。目前学校已与卜蜂莲花企业合作成立了"上海易初莲花连锁超市有限公司零售连锁人才基地""南京工业大学浦江学院产学研合作基地""南京工业大学浦江学院实训就业基地",以实际项目带动教学和科研,打造产学研与职业发展一体化通道,为学生的集中实践实习提供充足的资源。学生可以利用暑假赴泰国7-11连锁便利店实习,实习学分计入总学分。学生在学习中工作,在工作中学习,既累积国外零售业工作经验,又拓宽国际视野和就业途径。

三、所有课为体育课让道

在浦江学院整个课程体系中,最受重视、最突出的当属体育课程的设置。重视大学生体育锻炼,意义远不止是强身健体那么简单。

毛泽东在1917年发表的《体育之研究》中说过,"体者,载知识之车而寓道德之舍也""无体是无德智也",也就是说没有强壮的体魄,就不可能有道德有智慧。蔡元培曾提出,完全人格首在体育。体育是塑造人格的重要手段,体育运动讲究遵守规则、讲究团队合作、讲究忠于职守、讲究崇尚荣誉,这些都是健康人格和社会化的重要指标。运动员出身的人,他们"有难以击垮的信心和号召力,他们懂得如何去竞争,懂得团队合作"[1]。具备这些特殊的心理素质的人,才能适应时代变化。"丧失运动精神,实际上是丧失人格精神"[2],丧失了社会化最有效的途径。

实际上很多欧美国家倡导"运动第一,学习第二"的教育宗旨,运动培养的绝对不是四肢发达头脑简单的学生,"运动第一"实质上是人格培养第一。要把学生培养成意志坚强、人格健全、抗挫折能力强、富有开拓精神的人,不通过体育锻炼难以完成。由此,运动精神对于应用型人才的重要性不言而喻。

其实,大学除了培养学生的职业技能,在很大程度上也是为了提升学生的综合素质。重视体育是关系到学生身体素质提高的大事,也是关系到国家民族振兴的大事。只要重视体育锻炼,学生的身体素质一定能保持良好的发展状态,民族身体素质一定会得到快速的改变与提升。

浦江重视体育精神在人才培养中的育人功能,在体育课程体系的构建上,没有遵循传

---

1 李稻葵.孩子最应该学好的课是体育.蓝橡树,2016年5月3日.

2 孙云晓.真正的危机在于体育精神的萎缩.麦可思研究,2016年5月3日.

统体育课程结构模式，而是提出"所有课为体育课让道"的理念，以加快对体育精神弘扬的推进力度，形成良好的运动氛围，将体育活动发展成全年常态化的格局。

我校大幅度改革课程设置，形成了课内"体育必修课＋体育选项课"、课外"体育活动＋体育赛事"，课内外相互衔接延伸的公共必修体育课程新模式。面向全体学生开设了体能锻炼课程、体育选项课程、体育训练课程、体质测试课程、体育选修课程及体育保健课程（表3-4）。

表3-4 体育课程内容

课程名称	开设学期	学分	内容	备注
太极课程	第一学期	1	武当九式太极拳	必修 全体学生
体育选项课程	第二至四学期	各1	开设篮球、足球、排球、网球、羽毛球、乒乓球、武术套路、武当剑、武术器械、太极散手、健美、健美操、啦啦操、体育舞蹈、瑜伽、跆拳道、舞龙、轮滑、健身气功共19门课程内容	必修 全体学生
体质测试课程	第五、七学期	0	体质测试项目及武当九式太极拳	必修 全体学生
太极推手	第六学期	1	太极推手	必修 全体学生
运动训练课程	第一至七学期	各1	专项训练	特殊群体
体育保健课程	第一至四学期	各1	围棋、桥牌及适量有氧运动	特殊群体
体育选修课程	第五至七学期	各1	专项运动	特殊群体

目前在我校，每位学生入学第一学期必须修满32学时的太极课程，主要是学习武当九式太极拳，进行身体素质锻炼，在这个过程中提高学生身体素质和身体控制能力，为后续的体育课程学习和大学体育生活奠定基础。

第二学期至第四学期，全校学生必修体育选项课程，共计96学时，课程内容包括各专项运动教学和专项体能。学生根据自身情况、兴趣爱好选择不同运动项目、班级层次和上课教师，配合学校各项运动比赛，达到学以致用的目的。

第五学期和第七学期各开设8学时体质测试课程，主要进行武术套路练习和身体素质练习，达到促进学生体能恢复的目标，课程结束后进行体质测试评定。体质测试课程是必修课程，作为学生参加体质测试活动前的准备课程，与体质测试成绩挂钩。

第六学期开设太极推手课程，共计16学时，以太极推手为学习内容，让学生体验太极文化，了解太极功夫的真谛，提升学生运用太极拳的能力。

第五学期到第七学期还开设体育选修课，以专项技能和专项体育欣赏为主要教学内容，树立学生"健康第一"的体育思想，提高学生学习体育的兴趣，培养其终身体育思想和运动精神，使得学生能终身受益。

运动训练课程的设置是为了满足体育特长生和学校体育发展的需要。学校每年都制定"年度体育活动计划"，固化常规体育活动，包括田径、篮球、排球、足球、乒乓球、羽毛球、网球、健美操、跆拳道等十多项体育竞赛，并建有以"体育文化周""体育运动会"等品牌的系列体育文化活动，实现体育技能、体育精神"全覆盖"。学校设置学生喜欢的竞赛项目，为培养学生的竞争拼搏意识搭建舞台、创造条件。通过竞赛展示学生精神风貌和体育运动能力，增强学生团队意识的培养和勇敢顽强的拼搏精神的养成，塑造积极进取、自强不息的人生风格。

校各类体育社团不断加强日常建设与管理，做到规范日常训练，根据相关比赛周期开设集训工作，强化赛前训练，不断荣获佳绩，以此推动校园体育文化水平的提升，促进群体活动的开展。学校注意发挥太极武术运动队、男子篮球运动队两个高水平运动项目的带动作用，组织队员参加各级各类比赛，力争在各类大赛中屡创佳绩，以促进全校体育水平进一步提升。

此外，学校还将公共体育课向课外和基层延伸，组织体育教学部专业教师参与学生体育社团组织和指导工作，邀请著名运动员深入学校、社团，参与指导体育活动的开展和体育精神的培养。

仅靠每周一次的体育课不足以提高学生的身体素质，由此学校不间断开设内容丰富的体育课程，将所有课程安排在每天的黄金时间段，将各类课程、各项活动推进落到实处，争取保证学生每日早操与每天下午1小时课外活动的运动量，让学生养成良好的作息习惯，保持运动的状态，蓄积旺盛的精力，以良好的身体素质为一生的奋斗打下健康的基础。

场馆设施是开展各项体育活动的保障，学校重视体育教学部建设与场馆设施的完善，为学生提供尽可能完备的运动场所和设备设施，健身房、跆拳道馆、羽毛球馆等场馆课余时间均对学生开放。

更值得一提地是，浦江学院对学生的人性化教育和人文关怀也体现在体育课的设置上。在大一、大二年级四个学期，学校为身体异常、病、残、弱等特殊学生群体开设体育保健课程。此类课程以围棋、桥牌等项目为主要教学内容，加以适量有氧运动，增强学生对体育运动的参与意识，增强学生体质、改善身体机能，提高对疾病的抵抗力，让他们康复健身，为学习和工作打好基础。

浦江学院高度重视人文素质教育，把体育工作视为人文素质教育的重要组成部分。我校通过体育课的教学活动，提高学生身体素质和身体控制能力，促进学生身心健康；培养学生健康快乐的体魄、吃苦耐劳的精神、坚强的毅力；培养学生的竞争意识、团队合作精神、过硬的心理素质；更培养学生适应社会的能力，用自身的体验去体悟运动的精彩、人生的精彩，最大限度地拓展他们的心智禀赋，使其成为意志坚强、人格健全、抗挫折能力强、富有开拓精神的人，为全身心地投入到理论和实践学习中打好坚实的基础。

思维是人类所具有的高级认识活动。按照信息论的观点，思维是对新输入信息与脑内储存知识经验进行一系列复杂的心智操作过程。学生的能力高低很大程度上取决于他（她）的思维方式，本科教育阶段是学生形成良好思维的最重要时期，好的思维方式的培养是本科教育的重中之重。

　　培养工科思维定义为培养学生的逻辑思维、互联网思维、计算思维等，我们认为不仅工科专业，商科和艺术专业学生也必须具备工科思维，所以应把这种工科思维训练在四年学习全过程中一以贯之。

　　思维是无形的，但又是无处不在的。无形的思维必须通过有形的方式去培养。因此，学校成立了围棋学院，寓教于乐，以棋会友，除了工科专业，更鼓励商科和艺术专业学生学习围棋，培养学生的逻辑思维；学校不仅重视商科学生的创新创业教育，也要求艺术和工科专业学生学习在信息社会中利用所学的专业知识进行创新创业，培养学生的互联网思维；学校提出所有专业学生必须掌握信息技术，培养计算思维，成为适应未来发展的复合型人才。

第二篇

一以贯之：

训练工科思维

第四章
以围棋为切入点培养逻辑思维

　　一种好的思维方式可以使人受用一生。浦江学院提出在本科教育阶段要培养学生的工科思维，主要包括逻辑思维、互联网思维和计算思维，将其贯穿于应用型人才培养的全过程，这在我校的办学目标、课程设置方面得到充分体现。而这三者之中，逻辑思维是互联网思维和计算思维的基础，具有着重要的地位。

　　一般来说，高校开设数学课程和逻辑课程来培养学生的逻辑思维，浦江学院在这方面力图走出一条创新的道路。除了面向全校各专业开设数学公共基础课程之外，还打造围棋特色通识课程，以另一种新的途径来锻炼、培养学生的逻辑思维。

4.1 逻辑思维的涵义

一、逻辑思维的起源

　　《韩非子·难一》："楚人有鬻盾与矛者，誉之曰：'吾盾之坚，莫之能陷也。'又誉其矛曰：'吾矛之利，于物无不陷也。'或曰：'以子之矛陷子之盾，何如？'其人勿能应也。"由此发展出一个成语：自相矛盾。自相矛盾讲的就是逻辑。

"逻辑"一词源自古典希腊语（logos），最初的意思是"词语"或"言语"，后来，引申出"思维"或"推理"的意思。1902年严复在翻译《穆勒名学》一书时，将其意译为"名学"，音译为"逻辑"；后由中国传入日本，在日语的正式汉语翻译词为"论理"。牟宗三[1]先生意译为"理则"，比早期的"逻辑"翻译更符合Logic的英文定义与拉丁词源。

传统上，逻辑被作为哲学的一个分支来研究。自19世纪中期以来，人们经常在数学和计算机科学中研究逻辑。逻辑的使用范围非常广阔，世间万事万物相互联系，除了那些直观、明显的关系外，有些复杂的关系，也需要借助逻辑这种思维工具进行研究。

所谓逻辑，从一般的定义来看，也就是我们所说的逻辑思维，即遵循传统形式逻辑规则的思维方式，我们常称它为"抽象思维"或"闭上眼睛的思维"。其特点是以抽象的概念、判断和推理作为思维的基本形式，以分析、综合、比较、抽象、概括和具体化作为思维的基本过程，从而揭露事物的本质特征和规律性联系。逻辑思维已摆脱了对感性材料的依赖，不同于以动作为支柱的动作思维，也不同于以表象为凭借的形象思维。逻辑思维是一种确定的，而不是模棱两可的思维；是前后一贯的，而不是自相矛盾的思维；是有条理、有根据的思维。

掌握和运用概念、判断、推理等思维形式和比较、分析、综合、抽象、概括等方法的程度，就是逻辑思维的能力。它是指对事物进行观察、比较、分析、综合、抽象、概括、判断、推理的能力，也就是一种准确而有条理地表达自己思维过程的能力。现在高校强调的"通识教育""素质教育"，其用意就在于提高学生的能力。这里的"能力"内容广泛，主要有学习能力、社会实践能力、创新能力等方面，在这诸多能力中，起基础作用的就是逻辑思维能力[2]。

我们可以把逻辑思维能力分为一维的逻辑推理能力和二维的结构化思维能力。

逻辑推理能力是一种根据周围环境和活动找出其内在的逻辑关系从而推理出符合逻辑关系的结论的能力。具备逻辑推理能力的人拥有敏锐的思考分析能力、快捷的反应，能迅速地掌握问题的核心，在最短时间内做出合理正确的选择，因此逻辑推理能力也是个人基本素质之一。大家也许听过这样一个事例：有一天，一个外国使者看见林肯在擦自己的靴

---

1 牟宗三：现代新儒家的重要代表人物之一，较多地着力于哲学理论方面的专研，谋求儒家哲学与康德哲学的融通，并力图重建儒家的"道德的形上学"。代表作有《心体与性体》《才性与玄理》《中国哲学十九讲》《中西哲学之汇通》《现象与物自身》《佛性与般若》等。

2 张志超，汪安平.浅析大学生逻辑思维能力培养.民营科技，2011，11.

子，于是讽刺道："啊，先生，您真伟大！您经常擦自己的靴子吗？""是呀，"林肯答道，"那么你是擦谁的靴子呢？"睿智的林肯聪明地运用逻辑化解了嘲讽。

而所谓的结构化思维能力，就是能够"将零散的思维、灵感、知识、信息、数据，还有其他种种用一种框架收拢起来，这样让繁复的问题简化，并获得一种分析的方法，甚至是量化的工具，使我们可以透过现象看事物的本质"[1]的一种能力。美国教育心理学家、教育学家、当代认知心理学派和结构主义教育思想的代表人物之一杰罗姆·西摩·布鲁纳（Jerome Seymour Bruner）指出，"掌握事物的结构，就是以允许许多别的东西与它有意义地联系起来的方式去理解它，简单的说，学习结构就是学习事物是怎样相互关联的。[2]"一个人在解决问题、面临选择及与人沟通的时候，能找到一个结构，将所有的碎片信息放进去，综观全局，充分利用已有的认知结构认识、分析问题，大大减轻大脑的负担，从而更全面完整地思考和解决问题，这就是结构化思维能力。在信息碎片化的大环境中，掌握结构化思维能力至关重要。

结构化思维本质上就是逻辑，其目的在于对问题的思考更完整、更有条理，帮助我们一个一个找到线头，理清思路，并不否认事物之间的相互联系。老子曰："一生二，二生三，三生万物"，这就是结构化思维的经典描述。

毛泽东手书的济南战斗指导中，开门见山地说：就目前局势看，关于济南的战斗，无非三种情况。第一种情况，我军先于敌军到达济南；第二种情况，我军与敌军同时到达济南；第三种情况，敌军先于我军到达济南。然后一一讲述每种情况下我军应如何开展战斗。此例堪称结构化思维的经典。

其实，每个人在日常生活中都有过结构化思维。比如说，喜欢做菜的人在做菜之前，一定会先想好要做什么菜，要备什么配料，用什么锅，开多大的火，以什么方式来烹饪，这也是一种结构化思维的过程。再比如，自驾出游的人在出行前，都会先设定好目的地，再设计出行路线，然后保养车辆、加满油，甚至设计好路上在什么地方休息，在什么地方吃饭，车上要带多少食物等等。这些都是结构化思维的重要体现。

对于有资深经验的人，结构化思维往往是大道无形，但是我们一般人，仍然需要进行结构化思维的锻炼，养成一种结构化思维的方法和习惯。

长期进行逻辑推理能力和结构化思维的训练，可以提高我们系统分析问题及统筹规划

1　邸正秀.JK活动与员工结构化思维的培养.梅山科技，2012，6.
2　杨丽.结构化思维模式在课程教学中的应用.安阳师范学院学报，2011，6.

工作的能力，使我们的思维及表达更加缜密、灵活和有条理。

二、逻辑思维能力的重要性

日本著名管理学家大前研一先生在《思考的技术》一书中这样写道：新时代是个会因思考力差异而造成极大差距的时代，这个思考力就是"逻辑思考"。

据联合国教科文组织的一项调查，在由50个国家500位教育家列出的162项最重要的教育目标中，绝大多数专家把发展逻辑思维能力列为第二位。当前的社会要求教育要培养富于开拓性、具有创造能力、能开创新局面、对社会发展做出创造性贡献的创新型人才，然而创新离不开思维创新，离不开很好的逻辑思维能力。逻辑思维的重要性不言而喻。

欧美一些国家及亚洲一些国家在中小学教育、大学教育中，都十分重视逻辑素质教育。他们认为加强逻辑教育和逻辑训练，可以提高受教育者的科学素质、思维素质、文化素质和思想素质。比如印度就要求从小学到大学，都要开设一定的与之相适宜的逻辑学课程或者附加有逻辑学知识的课程。

相较于西方教育，逻辑学在我国却始终没有受到重视。古代研究逻辑的名家学派不受人们重视，先秦之后就没有传人。纵观四书五经，也没有专门论述逻辑的文章。白话文运动以来，逻辑才作为一门专门的学科被引进我国。但是，在基础教育阶段，一些逻辑知识分散在高中语文课程中，并且只是作为选读的内容，就算在高等教育里，也只有哲学专业的学生才有逻辑课程[1]。正因如此，大学生的逻辑思维能力普遍不高。比如说，许多学生虽然掌握了专业知识，却无法用严谨的文字表达出来，这就说明大学生在语言能力方面缺乏逻辑综合能力。这种情形对中国的创新人才的培养是很不利的，也不利于国家综合国力的提高[2]。

大学生毕业后要就业，要参与社会竞争，或者参加招聘考试，或者参加求职面试。无论是考试还是面试，用人单位除了考察必须的专业知识外，他们还会考察求职者分析和解决问题的能力、语言表达能力和临场应变能力。归结起来，这也是对大学生逻辑思维能力的考察。

这就提醒了我们，现代大学生要想毕业后很快融入社会，适应工作岗位的需求，就必

1　新浪博客，http://blog.sina.com.cn/s/blog_61415a2d0100e7pw.html.

2　刘文芳.高校大学生逻辑思维能力培养的重要性及影响因素探析.长春教育学院学报,2011,27(10).

须在大学求学过程中努力把自己培养成高素质人才。高素质的人才具备较强的分析问题、解决问题的能力，会学习、会思考，能够很快地适应社会。因此，培养和提高大学生逻辑思维能力十分迫切，这是提高大学生综合素质的重要方法。较强的逻辑思维能力可以提高大学生运用专业知识的能力，促使大学生更好地提高自身的综合素质和能力，提高国际竞争力，使其成为国家和社会所需的高素质人才。因此，大学生在学习的过程中如果能够加强自身逻辑思维能力的培养，就既能够提高自己的逻辑思维能力，又可以提高大学生求职时的社会竞争力。

逻辑思维能力不仅是学好数学必备的能力，也是学好其他学科、处理日常生活问题所必须的能力。不同专业学生的逻辑思维能力不同，对逻辑学课程的掌握程度要求也不同，这就要求我们针对不同的需求设置相应的逻辑训练课程。一般来说，大多数高校都通过数学教学来培养和提高学生的逻辑思维能力，逻辑思维的训练与数学知识的学习是不可分割的[1]。其他学科也能对人的思维能力培养起到作用，比如，哲学、逻辑学、法学、社会学、经济学等人文社会学科，包括文学理论、美学理论等的学习都需要很强的逻辑思维能力，都能起到锻炼人思维的作用[2]。

思维能力的训练是一种有目的、有计划、有系统的教育活动，人的天性对思维能力具有影响力，但后天的教育与训练对思维能力的影响更久远更深刻。所以，我们应该在学校力所能及的范围内，以多种形式去进行学生的逻辑思维能力训练。

4.2 围棋与育人

一、围棋的起源

关于围棋，《现代汉语词典》这样解释："棋类运动的一种。棋盘上纵横19道线，交

---

1 郝乐，马乾凯，郝一凡，李忠海.数学教育与逻辑思维能力的培养.数学教育学报，2013，12.
2 数学更有利于培养逻辑思维能力吗?新浪博客，http://blog.sina.com.cn/s/blog_5ecbafc00100xeh9.html.

错成361个位，双方用黑白棋子对着，互相围攻，以占据数位多的为胜。"[1]这种解释只是粗略地对围棋加以说明。而《围棋词典》的解释要精细得多："围棋，也称'弈''弈棋'。中国传统棋种，多为两人对局，有对子棋和让子棋之分，现代对子棋出执黑子者先行，让子棋出执白子者先行。对局开始后，双方在棋盘的交叉点上轮流下子（已有子的交叉点不准下子），每次只能下一子，下定后不准再移动位置。通常分'布局'、'中盘'、'官子'等阶段进行，双方均可运用围、拆、对杀、做活、劫等多种战术占有地域、制胜对方。终局将实有空位和子数相加计算，多者为胜"[2]。

围棋发源于中国，在我国古代称为"弈"，在整个古代棋史中可以说是棋之鼻祖。史书里记载，围棋发明于四千多年前尧的时代。围棋，一传为尧作。"尧娶妻富宜氏，生下儿子丹朱。丹朱行为不好，尧至汾水之滨，见二仙对坐翠桧，划沙为道，以黑白行列如阵图。帝前问全丹朱之术，一仙曰：'丹朱善争而愚，当投其所好，以闲其情。'指沙道石子：'此谓弈枰，亦名围棋，局方而静，棋圆而动，以法天地，自立此戏，世无解者。'丹朱由尧处学了围棋，据说果真有了长进。"[3]"尧造围棋，丹朱善弈"指的就是这件事。英国、美国的百科辞典，也都有类似的说法。也有一传为舜作。"舜以子商均愚，故作围棋以教之。"[4]其他还有众多说法，但因溯及尧、舜，故围棋为尧舜作成为了围棋起源的正统说法。

春秋战国时期，围棋活动已成为当时社会上人们习见的事物，《左传·襄公二十五年》曾用"举棋不定"这类围棋中的术语来比喻政治上的优柔寡断。

秦灭六国一统天下，当时围棋的发展比较缓慢，文字资料中鲜少记载有关围棋的活动。到东汉初年，社会上还是广泛流行象棋而会围棋的人很少。直至东汉中晚期，围棋活动才又逐渐盛行。汉魏期间，围棋之战还是培养军人才能的重要工具，像三国时的曹操、孙策、陆逊等，不仅是棋枰上的佼佼者，也成为当时著名的军事家。魏晋前后，围棋的局制还未发生变化，与现在的棋局形制完全相同。

南北朝时期弈风更盛，下围棋被称为"手谈"。上层统治者以棋设官，建立了分为九品的棋品制度，授予棋手与其棋艺相当的品格等级。

1　资料来源：吕叔湘，丁声树主编，现代汉语词典（第六版）.商务印书馆，2012.

2　资料来源：赵之云，许宛云.围棋词典，上海辞书出版社，1989.

3　资料来源：《路史后记》.

4　资料来源：晋朝人张华，《博物志》.

唐宋时期，围棋得到长足的发展，围棋活动风靡全国。这时的围棋，是男女老少皆宜的游艺娱乐项目，能够陶冶情操、愉悦身心、增长智慧。唐代"棋待诏"制度的实行，扩大了围棋的影响，昌盛的围棋逐渐走出国门，日本、朝鲜半岛上的百济、高丽、新罗都与中国有围棋上的交流。

明清两代，围棋流派纷纷涌现。在永嘉派、新安派、京师派这三个著名的围棋流派的带动下，长期为士大夫所垄断的围棋，开始在市民阶层中发展起来，并涌现出了一批平民棋手。频繁的民间比赛活动，让围棋游艺得到进一步的普及。此时的围棋技艺及理论高度发展。

清代的围棋游艺活动空前繁盛，名手辈出。清初，已涌现一批名手。康熙末年到嘉庆初，围棋活动更加繁盛，棋坛涌现出了一大批名家[1]。

现代围棋由日本发展而来，围棋的变化更加复杂多变，因此被认为是世界上最复杂的棋盘游戏之一。

围棋作为我国传统文化的精髓之一，既凝聚了我国古人的聪慧和才智，又传承了古代博弈国粹，现已申请为世界非物质文化遗产。围棋源于生活，取于自然之道，浑圆的棋子与四方的棋盘寓意"天圆地方"。棋盘虽小，但是思维的天地却极为广阔，一句"千古无同局"更是说出了围棋创新的真谛。围棋艺术在历史发展过程中千变万化，具有经久不衰的魅力。

二、围棋是培养逻辑思维的重要方法

围棋，随着中国历史的兴衰而沉浮，是中华民族逻辑思维与形象思维融合的智慧结晶，代言中华民族哲理智慧与思辨意识，是独具韵味的历史文化和高雅的艺术，具有博大精深、奥妙无穷的魅力。

关于围棋的特殊作用，古今中外不少名人、学者作过精辟的评论。杨振宁教授称围棋是"人类最佳的智力游戏"。陈毅元帅曾题词："纹枰对坐，从容谈兵。棋虽小道，品德最尊"，描绘了围棋至高至雅的境界和博大精深的内涵。日本棋院，很早就把"五得"（得好

1　资料来源：围棋起源，互动百科，2006年4月11日，http://www.baike.com/wiki/围棋起源。

友、得人和、得教训、得心悟、得天寿）列为围棋的教育大纲。

围棋泰斗陈祖德从围棋的历史、围棋的现状、围棋本身的性质这几个方面，概括出围棋的六个特征："围棋是最古老的又是最年轻的，围棋是最中国的又是最世界的，围棋是最复杂的又是最简单的，围棋是最精确的又是最模糊的，围棋是最文雅的又是最激烈的，围棋是最狭窄的又是最广阔的"[1]。围棋的这些基本特征具有浓厚的民族文化渊源，集中体现了中华民族讲究善思多谋精算的思维特征，追求公平、平等、均衡的理念，注重集体、整体、全局的特点，培养冷静、坚忍、拼搏的精神品质。

对于高校的学生来说，学习围棋就是锻炼其思维的一种重要方法。处于青年时期的大学生，其思维特征往往是线性的、单一的，是以自己为中心的"我向思维[2]"，表现为"我觉得怎样就是怎样"，而很少从对方的立场、角度去换位思考。无疑，这种思维有较大的缺陷。而下棋过程中，在对方提出问题，我方解决问题，同时又向对方提出问题的一系列循环圈中，形成了一个全方位、多角度的思维过程，即形象思维–逻辑思维–形象思维。因此，学围棋能在弥补大学生的思维缺陷方面起到很大的作用。

尽管围棋的规则很简单，但是它的复杂性世界公认。北宋科学家沈括在他的科学巨著《梦溪笔谈》中准确计算出围棋的变化总数为3的361次方阶乘，下棋过程中的计算是复杂且严密的，判断也要非常精确。因此，变化多端的围棋，可以增强一个人的计算能力、记忆力、创意能力、判断能力和控制能力，并能够培养人独立思考的能力、专注深思的能力、抗风险能力、观察能力和全局观念，很能锻炼一个人的逻辑思维。

那么，围棋究竟是如何培养我们的逻辑思维的呢？具体有这样几个方面。

下围棋不但可以促进人类右脑的开发，同时它还能进行综合性的智力开发。下围棋时每一个棋子的安放、每一个布局的设置，都需要下围棋的人经过缜密的思考和预设，因此学习围棋有助于逻辑思维能力由形象向抽象的过渡、融合与发展。在围棋的学习过程中，不仅涉及数的运用和计算，还需要对棋局进行观察和思考，由表及里，学会透过现象看本质，并自主独立思考应对策略，而这些都是发展逻辑思维能力的关键要素。

学习围棋有助于观察、注意、判断、应变、计算、记忆、独立思考这七大逻辑思维能

1　资料来源：易网体育，http://sports.163.com/12/1101/21/8F8NVTHS00051CAQ.html#p=8F7RMF7701NA0005.

2　"我向思维"是1932年瑞士精神病学家布劳伊勒提出的概念，指的是专受个人的欲望和需要所支配的思维，即从自我出发、不顾现实的主观性极强而又不合逻辑的所谓"愿望思维"。其致命弱点是从自我愿望出发而不顾现实，被虚假的幻想和愿望掩盖了事实真相。

力要素的发展。逻辑思维要用到概念、判断、推理等思维形式和比较、分析、综合、抽象、概括等思维方法，其中有六点在围棋中可以用到。

比如，围棋在提高判断能力方面发挥着不可或缺的作用。在围棋里会遇到对比事件，两块棋同时要被对方吃掉了，但是只能救一块，这时候就要运用判断能力，做出一个选择。围棋的别名叫做手谈，意思就是说下棋的时候是不能用嘴巴来交流的，所有的语言都融入棋中，自己下的每一步棋，就相当于自己的语言，告诉对方自己现在要干什么。推理，就是根据对方上一步棋的语言，去推测出他下一步棋会下在哪里。比较、分析，与判断比较类似，都要去比较大小和分析局面，分析局面就是观看整个棋盘，现在到底对谁有利，从而决定自己的下一手棋该放在什么位置。围棋是一种图形的游戏，棋盘上的棋子不断增加，图形会不断地发生改变，可以通过观察来判断自己的下一手棋放在哪儿。可见，在下围棋的过程中，逻辑思维的运用是非常重要的。

围棋素有"大脑体操"的美称，围棋行棋的过程，如目数的清点、势地的取舍、时间的分配等，实际上就是严谨的逻辑思维过程。现代科学研究与实践证明，经常下棋能"促使中枢神经系统及其主导部分大脑皮层的兴奋增强、抑制加强，从而改善神经过程的灵活性，提高大脑逻辑思维能力和分析综合能力"[1]。大学生在对弈中，会培养多样性、活跃性、灵敏性的思维，大脑始终处于想象、演绎、推理、筛选的活动之中。"多想出智慧"，毛主席如是说。周恩来同志很有体会地说："思之、思之、神鬼通之。"[2]经常下棋，可以培养大学生发现问题、提出问题的能力，锻炼大学生的逻辑思维能力，包括分析问题和解决问题的能力。

围棋活动可以提升思维敏捷性。当学生的围棋文化积淀到一定量时，思维深处灵光一闪，妙着迭出，仿佛神来之笔，令人赏心悦目，这就是钱学森所说的"灵感思维"[3]。这种逻辑性、发散性思维，能够激发学生有效认识人生和社会，在主动参与和创造中展现他们的个性和创造才能，充分发挥其想象力和创造性思维。

围棋在校园的普及程度，反映出我校对学生逻辑思维培养的重视程度。此外，通过围棋的交流，我们可以传承中国传统优秀文化，教化育人，提高人才质量。

1　田俊涛.对普通高校开设围棋公选课的思考.文化建设，2006，9.

2　马建华.学习围棋是促进大学生潜能素质开发与培养的重要途径.六盘水师范高等专科学校学报，2006，18（1）.

3　灵感思维是指凭借直觉而进行的快速、顿悟性的思维。它不是一种简单逻辑或非逻辑的单向思维运动，而是逻辑性与非逻辑性相统一的理性思维整体过程。特点是：突发性和模糊性、独创性、非自觉性、思维灵活活动的意象性、思维高度灵活的互补综合性。

4.3 浦江对培养学生逻辑思维的改革

一、不同专业的逻辑思维能力培养

浦江学院在对不同的专业进行人才培养时都十分注意培养学生的逻辑思维能力，在这里，我们将浦江学院所有专业概括为商科、工科和艺术类三大类。

商科学生一般都需具备良好的数学基础及较强的逻辑思维能力，因为商科专业需要对很多案例进行分析，在案例分析的过程中，需培养较强的逻辑思维能力。浦江国际商学院普遍重视培养学生的数理分析能力，各专业设置的课程都紧紧围绕实际案例展开教学，在教学过程中培养学生的逻辑思维能力。

要培养理工科学生逻辑思维能力，不但要加强对其逻辑知识教育，还要提高其逻辑思维方法的应用能力。进行逻辑知识教育时，要选用高水准的教材，打造高水准的逻辑学科师资队伍，根据理工科学生的具体情况，开设多层次的逻辑学课程。提高逻辑思维方法的应用能力，就是要进行逻辑训练，还要学习科学史，在科学研究的探究活动中把握逻辑方法[1]。浦江学院在工科学生的专业课、基础课中开设作图识图相关课程，因为作图识图能力在培养逻辑推理能力的教学的作用是绝对不能忽视的。数学课是工科学生必修的专业课，数学是其他学科的基础和工具，同时在培养学生逻辑思维能力方面具有其他学科所无法比拟的优势。

艺术类大学生的数理化等理工科基础相对薄弱，导致其逻辑思维能力一般比较差，缺乏思维的严密性，学习接受理论知识能力不强，这会导致艺术创作过程中形象思维和逻辑思维混乱交错。而艺术类大学生的形象思维比较发达，这与其他专业学生的思维方式不太相同。因此，应积极引导艺术专业学生的逻辑思维与形象思维协同发展。浦江学院对艺术类大学生开展了有针对性的思维训练与教育，并开设相关的文化基础课进行基本知识训练，可以培养他们的学习能力及创造力。同时针对艺术类大学生的实际，通过艺术创作与欣赏实例，讲解形象思维和逻辑思维在其中的作用[2]。由此，浦江艺术学院的学生们不仅能

---

1 彭华厦，杜民献，贺迅宇.逻辑思维在理工科教学中的渗透与创新.长春工业大学学报（高教研究版），2014，35（1）.
2 孔庆茂.论艺术类大学生的思维训练.艺术教育，2008，7.

在课堂上接触到优秀的艺术作品，还能走进艺术展览中心，近距离接触艺术作品，在欣赏、学习艺术创作的同时提升逻辑思维能力。

为使全校各专业学生都真正具备逻辑思维能力，提高解决问题的能力，浦江学院在教育教学中还注重其他相关能力的培养。

首先，我们注重培养学生深刻理解与灵活运用基础知识的能力。因为逻辑推理需要雄厚的知识积累，这样才能为每一步推理提供充分的依据，理解与灵活运用基础知识的能力是培养逻辑推理能力的基础。浦江各专业开设的专业基础课、专业课都是紧密围绕专业知识和专业技能展开，并在实践教学中将理论知识运用到生产实践中去。

其次，想象能力的培养对逻辑思维能力的提高也有着十分重要的意义。因为逻辑思维有较强的灵活性和开发性，发挥想象对逻辑推理能力的提高有很大的促进作用。浦江学院开设了魔术选修课程，锻炼学生养成从多角度认识事物的习惯，全面地认识事物的内部与外部之间、某事物同其他事物之间的多种多样的联系，以此拓展自己的想象力。

最后，重视语言能力的培养。数学语言和几何语言的培养对逻辑推理能力的形成是不可或缺的关键一环。浦江学院不仅在数学教学中重视培养学生良好的思维习惯，还面对全校师生开设了逻辑推理、数理逻辑、逻辑学导论等公共基础必修课程，培养学生的逻辑思维能力。浦江学院十分重视数学课程的设置，针对各专业需求开设不同层次的数学课程，并对一、二年级学生的"高等数学"等课程试行分级教学，让不同基础的学生在不同起点的教学班学习，对基础较好的学生进行更高层次要求的教学，帮助学生形成较好的逻辑推理能力。同时，语言表述能力的好坏也直接影响想象力的发展，而且逻辑推理依赖于严谨的语言表述和正确的书面表达，因此浦江学院将公文写作课程设置成面向全校的通识课程，让学生通过严谨的公文写作锻炼逻辑思维。

除此之外，浦江学院还面向全校师生开设了围棋课程，培养学生的意志品质以及机动灵活的战略战术思想意识，在一次次博弈中提高学生的逻辑思维能力（图4-1）。

围棋课程的开设是浦江学院针对逻辑思维能力培养的独具匠心的课程改革创新。创建围棋学院、开设围棋课程等绝不是心血来潮，也不是突发奇想，而是来源于围棋与泰国正大集团的深厚关联。

图4-1 浦江"围棋坛"

二、浦江与围棋的渊源

作为世界最大华人企业之一，正大集团的管理思路别具一格，被称为"围棋管理"的管理思路已有近三十年的历史。正大集团在蔡绪锋副董事长的积极倡导下，以围棋作为企业文化的一大特色。蔡先生认为围棋是一种哲学，追求的是一种团队的力量。这种哲学被正大集团放在加强内部管理、提升自身的竞争力上，让每个团队更有力量。蔡先生还将围棋与父母、师长一起列为自己的恩师，他在《东方CEO》一书中写道："围棋这一中华传统文化的'魔方'，磨炼了我的思维与意志。"

1982年蔡先生将围棋引入泰国时，泰国只有正大集团中的二十多名员工会下围棋，目前已发展到全公司有一千五百多人成为围棋高手。1993年，泰国围棋协会成立，并在泰国体育部门注册，作为会长，蔡先生无偿举办各类围棋培训班。从泰国总理的儿子，到残疾人学校的孩童都曾接受过他的围棋教育。蔡先生依托正大集团的力量，踏上了"从娃娃抓起"的泰国围棋之路。泰国最早的学棋者大都是大学生，其中的佼佼者又成为普及围棋的重要力量。到2015年，泰国已有20多所大学开设围棋课并计入学分，拿到业余一段的大学毕业生，工作由正大集团及其兄弟企业提供。蔡先生在传播围棋方面不遗余力，把推广

图4-2　蔡先生在第十八届炎黄杯世界华人名人围棋邀请赛上致辞

围棋当作了一种事业的追求，在泰国产生了极大的社会影响，他被誉为"泰国围棋之父"。

　　而今，蔡先生不再局限于泰国，而是把眼光放在全球，积极促成了世界华人围棋联合会的成立并担任会长，致力于围棋的国际推广，举办一年一度的"炎黄杯"名人围棋邀请赛，为世界各地华人提供了一个围棋交流的舞台，并积极策划围棋申报世界文化遗产的活动（图4-2）。蔡先生著有以"围棋管理"思想为核心内容的《东方CEO》一书，与我国首位围棋博士何云波合著《围棋与东方管理智慧》，与前中国棋院院长陈祖德先生一起主编了《中国围棋文化研究丛书》（图4-3），为推进中国围棋文化的研究与传播做出了巨大的努力。蔡先生说："我喜欢围棋，是因为在围棋中我能悟出很多的道理，围棋能让人学到在社会上如何处事。棋盘和棋子，就像社会中的人。一个人，一群人，或是一股力量，人群和人群之间的力量对抗，这些都很微妙。棋盘是一个'人生的实验室'，棋盘会告诉人，为什么让一些人成功，会让一些人失败。你不必听历史老师说故事，你自己在棋盘上就能悟出道理来。"正大集团的围棋传统，蔡先生对围棋哲学与现代管理的完美融合，促发了中国第一个围棋学院在浦江的诞生，这也是浦江特色办学思路的产物。

　　2005年，中国教育部发文，明确一级运动员（在围棋领域，业余六段以上）、运动健将（围棋职业五段以上）可以免试进入教育部所属大学就读；其他如二级运动员等将在

图4-3 蔡先生的学术著作

考大学予以相应的加分等照顾。越来越多的职业和业余棋手进入大学，扩大了围棋在大学的影响[1]。围棋的推广也刺激了高校普通大学生的兴趣，校方纷纷开设面向围棋爱好者的围棋选修课。据不完全统计，中国国内开设围棋课程的大学有很多，在众多大学中，北京的清华大学、北京大学和上海的复旦大学等学府的围棋文化最为活跃。台湾体育大学设立围棋系则是以培育专业棋士和围棋教师为目的。国外，也有不少高校重视围棋教育的作用。韩国明知大学校[2]校艺体能大学1997年开设围棋系，培养目标定位在社会需要的各种围棋人才上，并非仅指专业棋手，同时也培养围棋专业研究生，其办学目的是以推广围棋活动为主。

我们认为，现在围棋发展处于一个最好的发展时期。在围棋逐渐走入世界人民视野之中的当下，围棋专业就业前景非常广阔。据了解，全国围棋学校教师缺口达万人以上。这给浦江围棋学院的成立和发展提供了优良的外部条件。

2016年4月，浦江正式创建了全国本科高校中的首个围棋学院，开办中国第一个真正意义上的围棋管理专业，这是围棋走进大学专业教育一个具有标志性意义的事件。正大

1　资料来源：围棋天地，中国体育报业总社，2005，5.

2　明知大学校，于1996年最早提出设立围棋系的建议和方案，站在世界围棋发展的潮头之上。其围棋系是世界上第一所设立本科、硕士、博士学位的围棋专业学院。围棋系在培养各种围棋人才的同时，还承担着围棋推广、围棋科研方面的任务。明知大学校围棋系经过12年的发展，已成为该校的一张特色名片，在业内享有极高的知名度和影响力。

图4-4　浦江围棋学院成立大会

集团副董事长蔡绪锋先生，中国围棋协会林建超副主席，国际围棋队际赛委员会谢骏主席，侨界领导和其他高校领导以及围棋界知名人士、专业棋手出席了浦江召开的围棋学院成立大会暨大学围棋教育研讨会（图4-4）。

三、浦江的围棋教育

此前教育部已批准了围棋专业作为正式专业招生，但围棋专业是在体育类招生，并且报考资格为二级运动员（业余五段及以上），招生范围受到很大限制，学生的培养也脱离不了竞技模式。

与体育学属下的围棋专业不同，浦江学院依托正大集团在管理学上的优势，在工商管理专业下设置围棋管理与教育专业，使围棋与管理、教育相结合，让围棋技能与文化并重，致力于打造中国最具特色与影响力的围棋管理与教育专业。

浦江学院的围棋管理与教育专业培养的不是竞技棋手，而是懂围棋文化、具有围棋思维的专业管理人才。他们是适应经济和社会发展需要，具有较高的围棋技能与围棋文化素养，掌握现代工商管理核心知识与技巧的围棋产业管理与围棋教学人才，以及懂围棋经营管理的应用型人才。因此浦江学院的围棋专业算得上是全国第一个也是惟一一个真正意义上的围棋管理专业。现在中国的围棋产业化尚处于起步阶段，未来将会有一个大的发展，所以会需要大量的围棋经营和管理人才，还有当下供不应求的围棋专业教师，以及具有围棋思维的经营管理人才等。所以总体看来，围棋管理与教育专业的就业前景已被社会广泛看好。[1]

浦江围棋学院在组织架构上包含两个机构——围棋学院和围棋文化研究院，在创建围棋专业的同时，在围棋文化与产业研究上实现国际一流的目标。围棋学院主要负责教学，围棋文化研究院主要负责科研，下设围棋产业研究中心、围棋历史文化研究中心等。我们希望以此在棋艺教育上办出特色，加强科学研究，通过各种措施激发教师的科研积极性，奠定围棋学院在国内外的地位，扩大浦江在学术界和社会上的影响。

本科院校开展围棋教育，是为了更好地发挥高校的育人价值。为此，浦江学院从教学模式、教材编写、师资建构等方面进行了一系列准备工作。

浦江围棋学院遵循大学生的年龄特点和认识特点的教育规律与原则，在确定促进学生素质全面和谐发展的围棋教学基本思路，确定围棋教学的基本目标、教学要求、教学内容、教学方法、教学组织形式的同时，汇聚国内棋文化研究的专家、棋手，计划在两到三年的时间里，通过进行大量的文献检索、专家访谈，集思广益，反复讨论，编写完成富有操作性、适合我校实际的围棋教材。这套教材将是大学围棋专业教育的一项基础性工程，具有填补空白的意义。这些教材包括《围棋学概论》《世界围棋简史》《围棋产业学》《大学围棋初级教程》《大学围棋中级教程》《大学围棋高级教程》，充分体现以人为本的理念，强调实践性，呈现开放性，淡化课程的学科性。

有好的老师才会有好的专业。教师是课程开发和实施的主体，是保证围棋教学质量不断提高的重要条件。围棋学院现在的教师结构主要分为三部分：专职教师，其中既有进行围棋文化教学的教师，也有以技术见长的教师，包括职业棋手；客座教授，学院聘请了包括中国围棋协会林建超副主席（图4-5），棋文化研究专家、队际赛创始人谢骏，华蓝集团董事长雷翔，山西人民出版社总编辑姚军，职业七段棋手王海钧、丁波等为客座教授，之后还会陆续聘请围棋界的其他著名人士担任客座教授；兼职教师，已聘请了包括职业棋

1　谁能打造围棋黄埔军校：何云波教授一席谈.中国旗牌网，2016年6月14日.

图4-5　蔡先生为中国围棋协会林建超副主席颁发客座教授聘书

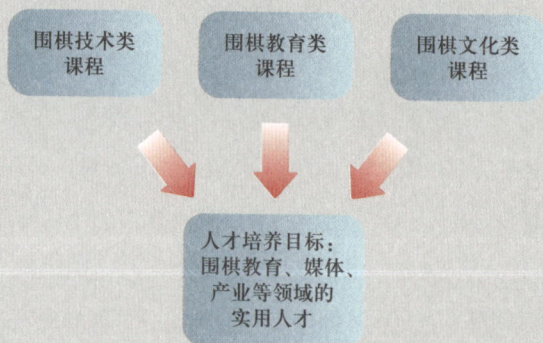

图4-6　围棋学院课程设置与人才培养目标

手李喆、孙远、王香如，以及"业余棋王"胡煜清等为兼职教师。专职教师、客座教授和兼职教师构成了一个阵容强大的围棋学院师资队伍。

　　浦江围棋学院承担全校围棋课程的教学，每学期开设围棋技术类、围棋教育类、围棋文化等三大类多门课程（图4-6），有目的、有计划、有组织地进行围棋教学活动。浦江学院以学生为主体，以实践性、自主性、创造性、趣味性为主要特征，使学生在围棋活动中发展智力、陶冶性情，提高学生的综合素质。

围棋选修课开课后，有学生说："虽然刚刚学了一个多月，但我觉得下围棋是一件很有意思的事情，考验的是耐心和智慧，也让我学会了换位思考。对于没有基础的我们，老师把围棋如何提子、逃子、打吃与被打吃等知识讲得详尽易懂，我们对围棋有了很浓厚的兴趣和认识。虽然目前阶段我们水平还不高，但在老师的指导下，我们也能两个人对坐在一起，在实践中学习更多的技巧，我很想在未来可以来一场真正的'厮杀'。"

四、千童教围棋

2016年12月，浦江"双龙之会、文武兼修——千童教围棋、千生传太极"大型文体活动在校园盛大开幕。浦江学院的1000名大学生与南京清源围棋学校选派的500名少年儿童携手共襄此盛举。如此大规模的跨年龄段不同门类传统文化之间的互相交流在国内尚属首例。

在精心准备的特别"棋室"大厅里，一千名大学生在指定位置入座，围棋学校的少年们向浦江学生讲解围棋入门基础知识，耐心地一对一讲解着围棋技巧。他们一起进入了围棋的世界，进行着一场场棋手间的博弈。平时活泼好动的小朋友们，在这一刻正襟危坐，化身为一名名严肃认真的小老师，展示围棋为他们带来的淡定、智慧和严谨。大学生虚心求教，少年们滔滔不绝，围棋文化的魅力让所有人沉浸其中（图4-7）。

央视一套晚间新闻、央视五套、江苏公共新闻频道新闻360现场直播了此次盛会，学

图4-7 "千童教围棋"活动现场

校相关领导、参与活动的大学生和围棋少年们在采访中纷纷表达了对此次活动的支持和赞赏。中国教育在线、南京日报、金陵晚报、扬子晚报、网易新闻、新浪网等媒体也报道了此次活动详情。

学校认识到与围棋教育机构的合作对学生学习围棋的促进作用，因此加强了此方面的联系合作，积极为学生创造学习交流的机会。

2016年12月15日，"浦江围棋论坛"第三讲暨"丹朱奖学金"校企合作签约仪式隆重举行。论坛伊始，浦江围棋学院何院长与丹朱棋艺刘董事长共同签订了"丹朱奖学金"校企合作协议，何院长向刘董事长颁发围棋基地铜牌。刘董事长给围棋学院的同学们设立"丹朱棋艺奖学金"，以此激励同学们在大学期间认真学习，打好围棋基础，为未来走向围棋行业的工作岗位做好准备。

刘董事长给同学们带来了主题为"棋道与商道"的演讲和围棋培训行业分析报告。他提到了数十年来围棋培训行业成功与失败的案例，并着重介绍了丹朱棋艺成功的经验。刘董事长认为当前围棋行业重竞技、轻文化的现象非常严重，评价体系也过于单一。同时，他反复强调目前国内围棋行业缺乏管理方面的人才，并勉励同学们自信面对未来国内围棋行业的产业化转型。之后的座谈会上，刘董事长与同学们就未来就业创业和当前围棋培训市场所面临的问题进行了深入的讨论。他从一个地方培训机构的案例入手，引导同学们分析其发展过程中存在的问题。随后，他又以东方创始人俞敏洪为原型的电影《中国合伙人》为出发点，启发合伙人的重要性。刘董事长还与大家共同探讨了创业的几点要素。

我校已将围棋课程建设成为面向全校所有专业开设的必修课，同时，学校将组建高水平的教工和学生围棋运动队，将寓教于乐贯穿围棋教育过程，在教育中普及，在普及中提高。我们通过围棋教育，让学生在学习中利用这一稀缺资源取得最大效益、选择合适策略达到理想结果；培养学生善于思考的习惯，提高耐挫折的能力，增强意志力；培养学生的计算力、判断力、平衡力和良好的围棋文化素养；同时通过学习围棋还力求使学生能更有效地运用才智，学会举一反三的思考及准确判断、逻辑推理，在失败中感受挫折，在对抗中提升信念，在博弈中获得快乐。

第五章
以创新创业为视角培养互联网思维

俗话说"思路决定出路",互联网思维是一种思维模式,是对传统思维模式的颠覆,面对环境日益不确定性的增加,互联网思维更有生命力。借助"互联网+"的强大跳板,"双创"进入了一个高峰期。浦江学院开展校企之间的创新创业教育合作,为大学生搭建一个创新创业项目和行业企业对接的平台,并不断丰富合作形式,深化合作内涵,学生、学校、企业多方受益,真正实现互利共赢。

5.1 什么是互联网思维

一、互联网思维的产生

20世纪60年代初,美国国防部国防前沿研究项目署(ARPA)建立的ARPA网,引发了技术进步,并使其成为互联网发展的中心。几年后,美国国防部为了开发能够抵抗核打击的计算机网络,资助建立了一个基于分组交换的网络,名为ARPANET,就是今天互联网(Internet)的雏形。

1973年，ARPA网扩展成互联网，第一批接入的有英国和挪威计算机。次年，参与互联网的早期开发与建设的温顿·瑟夫（Vinton G. Cerf）博士，和互联网雏形Arpanet网络系统设计者、"信息高速公路"概念创立人罗伯特·卡恩（Robert Elliot Kahn）合作发明互联网基础协议——TCP/IP协议和互联网架构。20世纪80年代初，ARPA网将其网络核心协议由NCP改变为TCP/IP协议。1986年，美国国家科学基金会建立了大学之间互联的骨干网络NSFnet，这是因特网历史上重要的一步。20世纪90年代，NSFnet转为商业运营。

1991年，蒂姆·伯纳斯·李（Tim Berners-Lee）爵士正式提出万维网的设想。紧接着，他在日内瓦的欧洲粒子物理实验室里开发出了世界上第一个网页浏览器。他是关注万维网发展的万维网联盟的创始人，并获得世界多国授予的多个荣誉。他最杰出的成就，是免费把万维网的构想推广到全世界，让万维网科技获得迅速的发展。

1996年，"Internet"（因特网）一词被广泛使用，这时因特网的含义是指几乎整个的万维网，整个网络向公众开放。其间，经过一个10年，因特网成功地容纳了原有的计算机网络中的大多数。

因特网正式在中国大陆地区运行始于1987年9月20日，钱天白教授从北京向德国卡尔斯鲁厄大学发出第一封电子邮件。

互联网的发明是一个伟大的创举，它给人们的现实生活带来极大的便利。人们通过互联网互相交流、传达信息；通过网络，拉近人与人之间的距离；通过网络进行国与国之间的交流、企业与企业间的沟通、亲情的关爱传递、朋友间的相互给予、对生命的救助、对陌生人的祝福与帮助等等，我们生活中的一些烦琐事情也都离不开互联网的参与和支持，互联网已经成为现代生活中不可或缺的交流工具。如今互联网迅猛发展，已经渗透人们生活各个方面。

互联网正加快向传统行业的渗透和融合，虽然对传统行业提出严峻的挑战，但是运用互联网思维的确为企业发展注入更大的活力和更强的竞争力。《第三次工业革命》一书的作者杰里米·里夫金（Jeremy Rifkin）说过："在第三次工业革命时期，决定生产力的因素中，机器资本和工人绩效这两个因素只占14%的比例，剩下的86%实际上来自效率。而颠覆传统工业化思维的互联网思维正是效率的一个重要来源。[1]"他指出，移动互联网时

1　资料来源：http://blog.sina.com.cn/s/blog_4dbfef410101io8i.html.

代的到来将使这种互联网思维方式集中爆发。

互联网思维最早起源于互联网业界，指用互联网时代的新型理念来改造传统产业。

2007年，百度公司创始人、董事长兼CEO李彦宏率先提出："以一个互联网人的角度去看传统产业，会发现太多的事情可以做。"他预言，"未来不会再有专门的互联网公司，所有的公司都要用互联网做生意"。四年后，他正式提出"互联网思维"概念，明确其含义为"基于互联网特征来思考问题"。紧接着，小米科技董事长兼CEO雷军、阿里巴巴集团董事局主席马云、腾讯公司董事会主席兼CEO马化腾、360公司董事长周鸿祎等互联网产业巨头陆续提及"互联网思维"。[1]

2013年，人民日报人民论坛率先做出"互联网思维带来什么"的专题报道，接着，中央电视台《新闻联播》也播出这条新闻，使"互联网思维"这一概念逐渐进入公众视野。

随着网络技术的兴盛，人们发现这种思维模式在各行业各领域的发展中具有巨大的应用价值，这一概念从一种产业思潮逐步演变为全民共识。

2014年8月，习近平总书记在主持召开中央全面深化改革小组第四次会议时，提出要推进传统媒体和新兴媒体融合发展，其中强调要"强化互联网思维"，将互联网思维的重要性提升到前所未有的高度[2]。

二、互联网思维的涵义

什么是互联网思维？从商业理念来说，互联网思维是在互联网技术的推动下不断对传统商业进行冲击，进而形成的一种先进的商业意识和理念；从方法论方面说，互联网思维是充分利用互联网的精神、价值、技术、方法、规则、机会来指导、处理、创新、工作的思想；从思考方式方面说，互联网思维是一种全新的思考方式，即对市场、对用户、对产品、对企业价值乃至整个商业生态进行重新审视的全新思考方式。[3]

现在，一种较为流行的观点认为，互联网思维就是在（移动）互联网＋、大数据、云

1　资料来源：http://mt.sohu.com/20160506/n448061611.shtml.

2　资料来源：吴礼明.如何运用互联网思维来创业创新.人民论坛网，2016年2月20日.

3　互联网思维与大学生创新创业.新教育时代教师版，2015年8月6日，http://www.dooland.com/magazine/article_719385.html.

计算等科技不断创新和发展的背景下，基于互联网的特征，对市场、用户、产品、企业价值链乃至对整个商业生态进行重新审视的思考方式。

通俗点儿说，互联网思维就是一种用户思维、社会化思维、大数据思维、跨界思维。

互联网思维最重要的，就是用户思维，即强调用户参与、体验至上。互联网思维是一种社会化思维，所谓公关第一，广告第二，说的就是社会化思维。在产品开发中，能够考虑到让用户自然往外传播，最后让用户主动帮助产品推广，这是社会化思维的结构。无论是微博、微信都是在用这样的思维开发产品，其中小米是其中最典型的例子。小米品牌所有的营销都是在社交媒体上完成的。比如T-Watch智能手表品牌，小米通过10条群发的微信，形成近100个微群讨论、3千多人转发，最终11小时预订售出18 698只手表，订单金额达900多万元。

互联网思维是一种大数据思维。小企业也可以构建自己的大数据平台，根据用户在网络上形成的信息、行为、关系三个层面的数据，进行预测和决议，针对个性化用户做精准营销。

互联网思维更是一种跨界思维。互联网使各行各业的界限已经变得模糊，比如阿里巴巴、腾讯相继申办银行，小米做手机、做电视等。零售、图书、金融、电信、娱乐、交通、媒体等互联网企业，一方面掌握用户数据，另一方面又具备用户思维，自然能让用户支持其发展。

三、掌握互联网思维才能掌握未来

在互联网思维的引导下，我们可以利用信息技术平台，把互联网和各行各业结合起来。这就是所说的"互联网+"，通俗来说，就是"互联网+各个传统行业"，但这并不是简单的两者相加，而是利用信息通信技术及互联网平台，让互联网与传统行业进行深度融合，创造新的发展业态。

传统的广告加上互联网成就了百度，传统集市加上互联网成就了淘宝，传统百货卖场加上互联网成就了京东，传统银行加上互联网成就了支付宝，传统的安保服务加上互联网成就了360……当今社会已发展到哪个行业跟互联网沾边后，整体估值都会翻倍。我们可以看到，每一个行业都有转变为"互联网+"的机会。不管是工业企业、金融行业、零售行业、电子商务，还是网络通信、医疗、教育，与互联网相结合，都能带来极大的利润，同时给人们带来极大的便利。互联网思维已经成为一切商业行为的起点，传统商业转型互联网企业已成为共识，其核心关键是互联网的思维体系。因此，任何一个要在当今社会立足的人，都有必要建立互联网化的思维。

互联网加传统制造业，就是运用互联网、云计算、大数据、物联网等信息通信技术，连接机器等生产设施，使各生产设备能够自动交换信息、触发动作和实施控制，改造原有产品及研发生产方式。最先开启互联网转型的家电业代表海尔，在其沈阳冰箱工厂用上了"智能交互制造平台"，关联研发环节和用户需求，实现用户、产品、机器、生产线之间的实时互联，让消费者在家就能通过互联网定制自家的冰箱。

互联网加上金融产生了在线理财、支付、电商小贷、P2P、众筹等新金融模式，这种新模式从2013年以来已然成为一个新金融行业，为普通大众提供了更多元化的投资理财选择。阿里金融是国内互联网金融发展最为典型的案例。阿里金融即阿里巴巴的小额信贷业务，是通过互联网数据化运营模式，为阿里巴巴、淘宝网、天猫商城等电子商务平台上的小微企业、个人创业者提供便捷的金融服务。

互联网与零售、电子商务等领域相结合，以客户的需求为核心，或打造实体店、网上商城、移动端的全渠道经营模式，或利用客户在线的大数据分析进行精准化营销，或与第三方平台共同开发线上线下项目。比如，银泰网上线后，打通了线下实体店和线上的会员账号，在百货和购物中心铺设免费WiFi。会员进入实体店后，手机会连接上WiFi，所有与银泰的互动记录都会在后台呈现，银泰就能据此判别消费者的购物喜好，最终实现商品和库存的可视化，并达到与用户之间的沟通[1]。再比如，2015年5月沃尔玛中国公司启动O2O电商项目"速购"，消费者可以通过"沃尔玛"手机APP快捷地购买上万种商品，同时顾客可到"速购服务中心"自提货物。而华润万家2015年6月初正式推出电商"e万家"，同时推出配备"电商中转站"和"货品自提柜"的"乐购express"新业态便利超市，打造线上线下融合的一站式购物[2]。

互联网加通信催生了即时通信的出现，微信、QQ成为了目前最常用的通信方式，很多人都在用即时通信APP进行语音、文字甚至视频交流，数据流量业务收入大增，互联

1　资料来源：http://blog.sina.com.cn/s/blog_60fc543a0101qvlj.html.

2　资料来源：从个性化定制到个性化生产——"互联网＋"助力传统零售业加快转型，新华网，2015年7月5日，http://news.xinhuanet.com/fortune/2015-07/05/c_1115820072.htm.

网的出现促进了运营商进行相关业务的变革升级。

互联网和传统的交通出行相结合，催生了一批打车、拼车、专车软件，从国外的 Uber、Lyft 到国内的滴滴打车、快的打车，大幅度改变了人们出行的方式。2016 年下半年以来，以摩拜、ofo 为代表的"共享单车"火遍大江南北，共享单车的运营方式也是"互联网＋交通工具"。交通运输部部长李小鹏称，"共享单车是城市慢行系统的模式创新，也是互联网＋交通运输的交通方式，对解决人民群众最后一公里的方式特别见效"[1]。摩拜单车、ofo、小鸣单车、优拜单车、永安行等在内的多家共享单车平台，带动了传统自行车产业链的复苏，助推了传统行业的转型升级。以摩拜单车为例，仅单车零配件供应商之一的深圳镁航科技公司，2016 年的税收收入就增长了 50 倍。

互联网还被应用到了政府服务行业。《2016 政务指数·微博影响力报告》显示，截至 2016 年底，我国已开通认证的政务微博已达到 164522 个，较 2015 年底增长 8.0%，其中政府机构官方微博 125098 个，较上一年增长 5%。互联网的加入让国家治理手段多样化、高效化，比如广州率先实现微信城市入口接入，人们可以在政府的公众账号享受服务。

互联网在医疗方面也产生了巨大的影响。百度、阿里、腾讯均进军互联网医疗产业，通过不同途径改变传统的医疗行业模式。互联网用户可以通过移动互联网平台和医疗部门进行沟通，辨认一些疾病的情况，了解了这个疾病的相关情况。我们还可以通过互联网来实现人工干预的自动化，用户在智能手机上下载一些应用，利用这些应用监测每天食物摄入的水平，及时提醒病人用药，调整药量等等。

"互联网＋教育"的结果，就是一切教与学的活动都围绕互联网进行，老师在互联网上教，学生在互联网上学，比如慕课、翻转课堂的出现扭转了传统教育模式的劣势。像 MOOC 这样的大规模开放在线课程，学生通过网络的形式进行课程学习，由课程团队提供过程管理，有学习的时间节奏、经常性的小测验、预习阅读、课后作业等教学活动，可以自由共享信息、知识、观点和思想。

"互联网＋教育"还给就业者、创业者提供更多的平台和空间，李克强总理提出的"大众创业、万众创新"对于教育而言有深远的影响。对于当今的大学生，建立互联网思维对他们日后创新创业很重要，他们可以运用互联网思维扩大人际圈，同时，也可以享受

---

1 推动传统制造业升级摩拜等共享单车获肯定，中国新闻网，2017 年 03 月 09 日，http://www.chinanews.com/business/2017/03-09/8169434.shtml.

互联网所带来的大量信息以及高新技术[1]。

在我们身边，就有很多大学生运用互联网思维自主创业的例子。

毕业于湖北工业大学的黄磊进入软件开发领域，经过十多年积累，事业小有所成，却发觉自己的方向需要调整。对互联网领域的已有经验和市场认知，让黄磊下定决心，开始了自己的创业——向互联网领域进军，做让人放心的原生态美食专业平台——味道网。因为"互联网+"和"双创"，以及政府在人才、金融等各个方面给予的扶持，一年的时间，他的平台由开始的两三个人发展到100多人，并拥有了1700平方米的办公楼。味道网入驻北京市大兴区华商创意中心，同时享受"中关村+北京经济技术开发区"双重政策优惠。对味道网的发展，黄磊很满意，却也保持着强烈的危机意识，继续努力[2]。

90后研究生岳海静趁大四闲暇时，拿出两千多元试水微商，挣点零花钱，没想到"试"大了，还没毕业就已经拥有了自己的生物科技公司[3]。

互联网思维让许多年轻人实现自己的创业创新梦想。以上这些都是典型的互联网创业模式。许多像黄磊、岳海静等一样的新知识青年，正将全新的思维运用到各行各业的发展中。由此可见，高校对互联网思维的培养，对创新创业教育的大力推进，具有重大的现实意义和长远的战略意义。

5.2 互联网思维助推创新创业

一、对实体零售业的影响

因为浦江国际商学院有零售连锁专业，互联网思维对传统零售业的影响受到我们极大的关注。作为受互联网冲击最大的行业之一，2015年的传统零售行业还在摸索中前行。

1　魏勃.互联网思维与大学生创新创业.新教育时代电子杂志（教师版），2015, 22.

2　贺勇.创新创业踏上"互联网＋"跳板.人民日报，2015年12月10日，http://news.xinhuanet.com/tech/2015-12/10/c_128516512.htm.

3　贺勇.创新创业踏上"互联网＋"跳板.人民日报，2015年12月10日，http://news.xinhuanet.com/tech/2015-12/10/c_128516512.htm.

据《互联网对中国百货零售行业的机遇挑战与应对策略专项咨询报告》数据显示，2015年9月份5000家重点零售企业销售额同比增长仅为4.6%。截至2015年11月17日统计的76家零售业上市公司2015年三季报显示，六成上市公司的营业收入和净利润双双下滑[1]。

传统的实体店与网店相比，房租、水电费、员工工资等都在逐年上涨，而网店的大规模出现更加使得实体店铺客流量大量减少，随之而来的就是业绩下滑、利润低迷等问题。其实，所有的实体零售企业都可以互联网化，实体企业互联网化并不难。目前，很多传统零售业已经意识到与互联网融合的重要性，正在用自媒体运营、移动支付、网上商城、体验式消费等各种方式尝试网络销售渠道。货币电子化，支付手段多样化，便捷、快速的支付比折扣、优惠活动更吸引消费群体。

这两年，微信、支付宝支付成为热门词汇，支付市场被微信和支付宝瓜分近九成，线下超市的消费族群正在成为移动支付的目标。微信和支付宝在零售业移动支付领域的争夺很激烈，超市、卖场成为这些互联网支付巨头抢夺的重点。支付宝曾选择每月28日作为"支付宝日"，单人单日最多可减免15元。这一天，全国有一万多家超市、便利店参与活动，最高立减10元，部分商品5折。付款方式也很简单，店员提供商品二维码，用支付宝付款码扫描一下就可以结账[2]。

线下收单、移动支付市场不断被阿里、腾讯、百度蚕食，中国银联也开始努力在消费者中刷存在感。华润万家和沃尔玛两家超市对外宣布，与银联合作向全国消费者发放48万张62折优惠券，每张最高优惠50元。2015年5月30日至6月2日，中国银联联合商业银行、商户等合作机构在全国范围开展"银联62儿童日"，共计投入超过3亿元，覆盖全国500多个商户品牌上万家门店，这也是银联成立以来最大规模和最多投入的持卡人回馈活动[3]。

此外，中国电信旗下的翼支付等也开始大力推广移动支付，成为继微信、支付宝之后超市移动支付的新秀。

互联网的精准化、精细化运营以及以数字管理为核心模式，和传统零售企业的线下采购、供应能力以及客户关系管理等每一个环节，正在渐进式的融合中，互联网＋零售业的

1　数据来源：余水工.互联网对零售行业影响分析.前瞻网，2016年1月20日，http://www.qianzhan.com/analyst/detail/329/160119-01cae6ca.html?_t_t_t=0.6307506568264216.

2　资料来源：传统零售业的"互联网+"，北京晨报，2015年6月4日，http://news.xinhuanet.com/info/2015-06/04/c_134295616.htm.

3　资料来源：传统零售业的"互联网+"，北京晨报，2015年6月4日，http://news.xinhuanet.com/info/2015-06/04/c_134295616.htm.

形成过程就是实体零售业自动进行再造的过程。

浦江国际商学院的零售连锁专业重视在人才培养中与互联网的结合，注重互联网思维的培养，由此邀请了优秀的企业行业领军人物来校担当学生的精英导师，指导学业、提供最新企业行业咨询、灌输互联网思维的教育，学生也有很多机会深入到与学校创建合作的零售业、连锁业的一线去实际体验互联网在其中的重要作用，为以后进入零售行业打好基础。

二、对医疗习惯的革新

互联网对于医疗习惯的革新不容忽视，医疗知识、信息技术与管理学知识的融合让我们意识到对医疗行业职业管理人才的培养具有现实意义，我校紧跟时代步伐成立了口腔智能管理学院。

随着我国人口老龄化程度的加深，医疗健康一直是与我们切身利益密切相关的热门话题。我国人口多，医疗资源紧张，挂到一个号很难，"看病难、看病贵"的难题依然普遍存在。互联网普及后，跨界涉足传统医疗行业，人们可以登录挂号网，根据客服人员提示对症选择科室，自主选择医生进行预约挂号，免去了排队挂号的拥挤，节省了时间。即使需要去医院现场挂号，大多数医院都配备了充足的自助挂号机，通过触摸屏等硬件技术的运用，实现与医院现有信息系统的对接，满足病人自助挂号、自助预约、自助充值、自助收费等需求，提升医院日常营运效率和服务质量，有效缓解挂号队伍长、等待时间久的问题。

传统就医模式也开始向新的问诊模式转变，远程医疗的实践和政策不断出台，将原来医院与医院之间、医生与医生之间、医生与居民之间的信息有效地连接起来，提升医疗资源的利用效率。现如今，身体不适，先点手机，针对常见病和慢性病，网络医院提供远程医疗全国三甲医院的上千名大夫在手机的另一端提供在线诊疗。远程终端先在后台初步分诊，患者可选择对应的科室和医生，通过视频直接向在线专家求医问诊，在家就可享受到三甲医院的专家服务。

如今，人们对医疗健康的需求更趋向于使用移动终端设备随时随地监控自身健康状态，互联网创新医疗APP已经开始呈现高速增长状态，比如"掌上药店""杏树林""春雨掌上医生""就医160""春雨心境"等，囊括了预约挂号、问诊咨询、医药服务、资讯文献、慢病辅助、医疗信息化等功能，为老百姓提供更为便捷的医疗资讯和诊疗服务。移动医疗行业正由线上咨询向线上问诊、医药电商、预约挂号等O2O模式转变。

社会对医疗健康的需求日益凸显，互联网医疗也已经发展到一定阶段，但是人们还没有完全习惯使用互联网医疗服务。根据中国互联网络信息中心CNNIC最新发布的《第37次中国互联网络发展状况统计报告》数据，截至2015年12月，我国互联网医疗用户规模为1.52亿，占网民的22.1%。其中，诊前环节的互联网医疗使用率最高，在线医疗保健信息查询、在线预约挂号和在线咨询问诊总使用率为18.4%；在医药电商和互联网健康管理等领域，使用率分别占到网民的4.6%和3.9%，而在慢病管理、预约体检、健康保健等O2O医疗健康领域，使用互联网服务的用户比例还不到网民的1%[1]。（图5-1）。

互联网医疗领域自然少不了支付宝、微信等互联网企业和科技巨头的加入。如支付宝与华侨医院联合推出首个支持支付宝医保结算的"未来医院"；微信推出"广州健康通"公众号，并且微信与广州市卫生局启动"支付一分钱"的挂号活动；谷歌公司专门设立

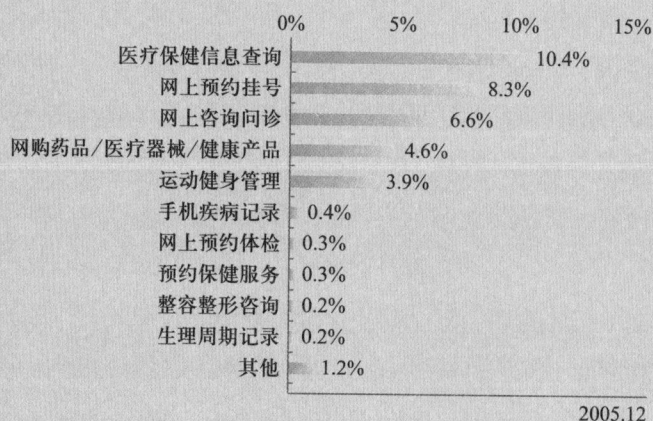

图5-1　2015年互联网医疗用户使用率[2]

1　第37次中国互联网络发展状况统计报告.CNNIC, 2016年1月22日, http://www.cnnic.cn/hlwfzyj/hlwxzbg/hlwtjbg/201601/P020160122444930951954.pdf.

2　图片来源：CNNIC.

cente项目，投资了基因诊断、远程诊断、医疗保健等公司；苹果公司推出名为Healthkit的移动应用平台，用来收集和分析用户的健康数据[1]。互联网与医疗领域的"联姻"，极大地促进了医疗习惯的革新。

口腔医疗机构只是医疗部门的一个小分支，但也受互联网的影响产生了巨大的变革，社会急需一批兼具口腔医疗知识、信息技术能力和管理学知识的职业管理人才。浦江目前是全国首家也是唯一一家成立口腔智能管理学院的高校。学校引进了希亿欧医疗软件网络科技有限公司独家研发的口腔医疗连锁电子商务ERP管理系统作为特定的教学软件，将信息技术、医疗知识和管理学知识有效融合，培养具备全面的口腔医疗机构管理业务知识和能力，掌握现代化管理核心知识与技巧，熟知口腔医疗机构质量管理、服务管理、营销管理、行政管理等运营流程的职业管理人才，以适应口腔医疗机构智慧化管理的发展趋势。

5.3 浦江对引导学生创新创业的探索

互联网的迅猛发展，为当代的大学生提供了更便捷、容量更大的信息平台。大学生通过运用互联网思维扩大人际圈，同时也享受到了互联网发展所带来的大量信息以及高新技术，这为勇于创新且思维活跃的大学生创业提供了强大的后盾。

一、浦江教学咖啡馆

浦江学院鼓励学生抓住机遇进行创新创业，例如由学生定期轮流争取教学咖啡馆的自主经营权、管理权，管理者必须以互联网思维来经营咖啡馆，重点关注品质突出的产品和多渠道的便捷支付手段。

咖啡馆主要面向学生经营，价位适中，让学生以中等价位享受到高质量的咖啡、甜品

---

1 资料来源："互联网＋医疗"云医院大势所趋，新华网，2015年3月28日，http://news.xinhuanet.com/info/2015-03/28/c_134103378.htm.

以及贴心的服务。在这里，支付手段多样化，可以付现金，可以支付宝转账支付，可以扫码加微信支付，支付方式安全便捷。

咖啡馆与微信支付进行合作，每年8月8日的中国"无现金日"当日，学生用微信支付消费，即可随机获得一次立减机会。另外，此前一周积累的"鼓励金"也可一次性抵扣现金使用。

咖啡馆定期推出优惠活动，如购买套餐送饮品、节日优惠打折活动等，以吸引更多的学生来消费。今年的国际酒店与饮食文化学院开放日，咖啡馆还提供各种优惠券、代金券作为抽奖环节的奖品，扩大宣传。

咖啡馆时常承接接待来校参观交流的领导和老师们的任务，提前布置环境，安装投影仪，准备点心、茶饮，为来访者提供周到的服务（图5-2）。

学生管理者还在计划进一步加强互联网在咖啡馆经营中的运用，通过线上订餐、线下外卖送餐的形式将咖啡馆的经营面扩大。他们始终把教学咖啡馆的经营当作自己的创业启程，多形式植入互联网模式，让咖啡馆经营从一开始就有生命力。

图5-2　教学咖啡馆

二、浦江精英导师制度

浦江培养的是高素质、强能力、实用型的社会急需的中高级管理人才，为此学校引进泰国正大管理学院已相对成熟的"精英导师制度"教学模式，邀请社会上知名的企业家、实业家、金融家、社会活动家等各领域的成功人士为学生的"精英导师"。精英导师不仅是学生的良师，也是学生的益友；不仅要培养学生"成才"，更要培养学生"成人"。精英导师指导学生学习、社会实践和人生规划，这是浦江学院教学改革、创新的一个重要尝试。

从2014年9月开始，我校以主题讲座、交流活动、结对互动、社会实践指导和认知学习相结合等形式开展活动。通过这些活动，学生的综合素质、职业素质和就业竞争力得到明显提升。

2014年年底，精英导师团队给浦江学子带来一场生动幽默的讲座——"连锁魔法师，浦江收弟子"，让师生们了解怎样应对互联网的挑战，并将挑战变成机遇。

2015年初，企业家团队再次来到浦江，延续精英导师计划。他们围绕连锁经营、电子商务等新型交易方式之类的话题开展生动形象的演讲，让同学们了解了O2O电子商务等新商业模式，即把线下商务的机会与互联网结合在一起，让互联网成为线下交易的前台，线下服务可以用线上来揽客，消费者可以线上来筛选服务，成交可以在线结算。互联网的加入，让传统的商务模式更简便快捷。

企业家们和学生们聚集在第一报告厅进行深入交流，回答学生对电子商务方面的各种疑问。目前，我校已经形成精英导师、企业教练、辅导老师和学生共创"互联网＋"思维的良性循环。

三、浦江与易初莲花的实训合作

我校还利用正大集团旗下众多处于世界领先水平的优秀企业作为实习基地，以实现理论与实践培养的有效结合，在实践中培养学生创新创业的意识和能力。

2016年3月份，易初莲花企业与我校就上海易初莲花高校实训基地、浦江校企等项目签署了合作协议。浦江学院领导团队成员、正大集团副总裁兼易初莲花执行董事长、正

图5-3　与易初莲花正式签署校企合作协议

图5-4　实训基地揭牌仪式

大企业大学校长李闻海先生，易初莲花资深副总裁、正大企业大学执行校长兼副校长俞中德先生等参加了签约仪式（图5-3）。

　　"上海易初莲花连锁超市有限公司零售连锁人才基地""南京工业大学浦江学院产学研合作基地""南京工业大学浦江学院实训就业基地"项目正式成立，为市场营销、财务管理、国际经济与贸易等专业学生实训培训创造了良好的条件，为提高学生实践能力与工作创新能力提供了坚实的基础（图5-4）。

学生进入易初莲花实习期间，能够学习并掌握易初莲花连锁超市强大而先进的计算机配货系统。例如，易初莲花的商品采购采取网上发布和电脑自动传真订单两种形式，各地供应商收到订单后只需将易初莲花订货的商品就近送到上述任一个配货中心，该商品就能在1至7天内迅速进入全国各地的易初莲花门店销售。先进高效的物流系统既大大降低了供应商的运输成本，又保证了供应商能在极其短暂的时间内迅速打开国内庞大的消费市场，有效降低了供应商的经营风险和营运成本。

学生还可以学习运营"莲花GO"APP。"莲花GO"APP是国内大型零售卖场卜蜂莲花连锁超市有限公司全新打造的购物APP，在卖场内实现自助扫码商品、快捷手机支付、自助打印小票，以轻松完成提货的购物流程；在超市内，顾客可以第一时间查看到商品的相关信息，保质期、含量、超市的批次订货时间等等；顾客通过手机扫描，可以查看到商品的相关信息、商品的大类销售情况，筛选出自己最需要的商品，有针对性地选择人气最高的商品和销量最高的商品。用APP自助购物，享受与线下一样的促销和优惠，因为在APP上就可以查看门店最新的促销活动资讯。易初莲花的网上电子商务平台在线发布每周优惠活动、礼品换购、抽奖等活动，发布电子促销海报推送商品知识介绍，发放电子优惠券，发布门店信息，消费者可以利用微信、微博关注易初莲花最新消息。

易初莲花植入互联网的基因为传统连锁超市实现线上线下的升级，借助这种创新性为终端消费者打造出了一家互联网连锁便利超市，也最终成就自己O2O电商的重要地位。

易初莲花作为浦江学生电子商务实训基地，各专业学生可以根据自己所学专业直接进入其各个对应的部门进行实习，关注了解如何用互联网来改造传统的连锁超市经营模式。

浦江学院为大学生创造条件和机遇，鼓励他们充分利用互联网，将信息技术方面的优势转化为创新创业优势，以"互联网＋"思维带动成功创业，坚持就业优先，以创业带动就业，解决大学生就业的难题。

第六章
以信息技术为核心培养计算思维

随着计算机的普及，其应用领域的爆炸性发展，计算思维逐渐普及开来，它不再仅仅是计算机科学家的思维，而是已经或正在渗透到各个学科、各个领域，先是成为理工科大学生的必备技能，进一步拓展为所有大学生的基础素质。计算思维代表着人们的一种普遍的认识和一类普适的能力，在人们对于知识运用的深化和延续过程中，计算思维起到了重要的作用。计算思维改变着人们传统的思维方式，潜移默化地影响和推动着各领域的发展。

浦江学院在教学过程中，面向所有的专业加强计算思维能力的培养，计算思维教学贯穿在计算机基础课程中，这些基础课程引导学生应用计算思维解决各种专业的问题，同时各专业的专业课程和实训也同样引导学生将无意识的思维变成有意识的计算思维，并用计算思维去解决实际问题。

6.1 计算思维的发现

一、计算思维的涵义

不管是探索宇宙的奥秘，还是控制肌肉，我们都在有意识或无意识地进行思考，这种思考就是一种计算。计算被人们用来问题求解、日常生活管理以及与他人进行交流和互动，只是我们在日常生活中进行的计算与计算机的计算不是一回事。计算机按照严格的规则进行演绎，而人脑更倾向于归纳，且相对于计算机的程序计算来说，人脑更能处理复杂多变的情况。可以说，人类求解问题的途径之一就是计算思维，计算思维是人的思想，当它融入人类生活整个过程中，就成为一个解决问题的有效工具。

计算思维不是今天才有的，它在人类思维的早期就已经萌芽，并且一直是人类思维的重要组成部分。它早就存在于中国的古代数学之中，中国古代学者认为，当一个问题能够在算盘上解算的时候，这个问题就是可解的，这就是中国的"算法化"思想。在很长的一段时间里，人们把计算思维作为数学思维的一部分进行研究，但相应的手段和工具的研究进展缓慢，制约了计算思维的发展。

计算思维这一概念最早是由麻省理工学院的 Seymour Papert 教授在 1996 年提出的[1]，但是把这一概念提到前台来，成为现在受到广泛关注的代表人物是周以真教授。周以真教授认为"计算思维"是运用计算机科学的基础概念进行问题求解、系统设计以及人类行为理解等涵盖计算机科学之广度的一系列思维活动[2]。我们应当使每个孩子不仅掌握阅读、写作和算术，还要学会计算思维，以此培养其解析能力。周教授认为，这种思维在不久的将来，会成为每一个人的技能组合，而不仅限于科学家[3]。她特别强调：计算思维是"人的，不是计算机的思维"，而且，"计算思维是人类求解问题的一条途径，但决非试图使人类像计算机那样去思考"。

计算思维的核心是算法思维。为解决一个问题而采取的方法和步骤，称为算法。例如，一个农夫带着一只狼、一只羊和一棵白菜，身处河南岸，要把东西全部运到北岸，约

---

1 Seymour Papert. An Exploration in the Space of Mathematics Educations.International Journal of Computers for Mathematical Learning, 1996, 1（1）.

2 Jeannette M. Wing. Computational Thinking. Communications of the ACM, 2006, 49（3）.

3 周以真.计算思维.中国计算机学会通讯, 2007, 3（11）.

103　　　　　　第六章　以信息技术为核心培养计算思维

束条件是只有一条能容下他和一件物品的小船，且只有农夫能撑船，不能单独留下羊和白菜，也不能单独留下羊和狼。按照这样的条件，农夫过河的算法有两种，一种是带羊到对岸，空手回本岸，带狼到对岸，带羊回本岸，带菜到对岸，空手回本岸，带羊到对岸；另一种是带羊到对岸，空手回本岸，带菜到对岸，带羊回本岸，带狼到对岸，空手回本岸，带羊到对岸。算法思维的最后一个步骤是实现算法，算法的实现是需要进行一定步骤的思维的。

人类在求解数学问题或者完成涉及智能的任务时，必定存在思维过程，从而得出解决问题的方法和过程步骤。那么这个求解的过程能否由机器实现，机器能否思维呢？计算机科学人工智能之父阿兰·麦席森·图灵（Alan Mathison Turing）从观察人的行为出发，发现性别的差异让人的思考方式有所差异，进而提出人类和机器对话的测试模式，以此来判定机器是否具有智能。他认为，测试主持者通过电传打字机（避免外形和声音的差异）使用测试对象都能理解的语言去询问两个他不能看见的对象（计算机和人）任意一串问题，双方分别做答，并要充分表现出"人类思维"。如果在测试中不能区分对话者是人还是机器，那么就说明机器具备了思维的能力。从第一台计算机问世以来，人们就梦想造出一种可以完美模拟甚至超越人脑的计算机系统，使其通过图灵测试。

图灵奖获得者艾兹赫尔·戴克斯特拉（Edsger Dijkstra）说："我们所使用的工具影响着我们的思维方式和思维习惯，从而也将深刻地影响着我们的思维能力。[1]"不同计算工具的发明与使用，都会约束这个时期的思维活动能力。计算思维建立在计算过程的能力和限制上，整个过程由人和机器协同配合执行，个人是完全无法独自完成的。

我们必须清楚现有计算工具处理信息的原理、模式和方法，以及它所存在的局限和能力缺陷，在此基础上进行发明创造、科技创新、寻求突破。人类未来科技的发展靠计算机，而计算机的发展靠计算思维，因此培养和具备计算思维成为实现这一切的重要前提和必备条件。

二、从"深蓝"到 AlphaGo

"深蓝"（Deep Blue）超级计算机是美国IBM公司生产的一台超级国际象棋电脑，重

1　何秉娇.基于计算思维自觉培养专业素质.软件导刊（教育技术），2014，9.

1270公斤，有32个大脑（微处理器），它的运算能力在当时全球超级计算机中居第259位，每秒可运算2亿步，计算能力为每秒113.8亿次浮点运算，而且IBM研制小组向"深蓝"输入了100年来所有国际特级大师开局和残局的下法两百多万局。它就是依靠如此强大的计算能力，穷举所有路数来选择最佳策略，以2胜1负3平战胜了当时世界排名第一的国际象棋大师卡斯帕罗夫。"深蓝"是人工智能发展史上的一个里程碑。

"浪潮杯"首届中国象棋人机大战中，超级计算机浪潮天梭同时迎战柳大华、张强、汪洋、徐天红、朴风波5位大师，以平均每步棋27秒的速度，每步66万亿次的棋位分析与检索能力，最终以2分的差距获胜。这项充满东方智慧的模拟战争游戏，被中国超级计算机独占鳌头。几位象棋大师认为电脑取胜的关键在于其稳定性和持久性。

由IBM公司和美国德克萨斯大学联合打造的超级电脑"沃森"在美国老牌智力问答节目《危险边缘》中凭借2亿页的数据储存、3秒内检索数百万条信息的速度、分析题目要求和比赛进程的优势，轻松战胜两位全能冠军选手詹宁斯和鲁特。

美国谷歌公司旗下的人工智能公司"深度思维"研发的"阿尔法围棋"（AlphaGo）人工智能程序以5：0战胜欧洲围棋冠军樊麾，以3比0完胜围棋韩国国手李世石（图6-1）。AlphaGo的核心系统模拟人脑神经网络，通过大量数据分析学习了3000万步

图6-1　AlphaGo3：0完胜围棋韩国国手李世石

的职业棋手棋谱，再通过增强学习的方法自我博弈，寻找比基础棋谱更多的打点来击败人类。其实AlphaGo只是模仿人类高手对局面进行选择性的部分计算，通过策略网络和价值网络来决定棋路的[1]。

　　随着芯片计算机能力的增强以及先进算法的提出，人工智能的应用以突破性速度得到发展，为人类文化生活提供了新的模式。它随着时代的变化而发展，一方面不断获得新的进展，另一方面又转向更有意义、更加困难的目标。经过了硬件的10年、互联网的10年，现在是移动互联网的10年，人工智能是未来10年产业的核心。

　　人工智能是人类运用计算思维创造的产物，但是人们现在过分地依赖人工智能，惊叹人工智能的超速发展，却忽略了人类计算思维的发展，使之被埋没、被忽略，这个现象值得我们深思。

6.2 计算思维的发展前景

一、机电专业与工业4.0

　　2013年4月，德国政府在汉诺威工业博览会上正式提出"工业4.0"战略，人类迎来以赛博物理系统（Cyber-Physical System，简称CPS）为基础，以生产高度数字化、网络化、机器自组织为标志的第四次工业革命。"工业4.0"就是利用赛博物理系统CPS将生产中的供应、制造、销售信息数据化、智慧化，最后达到快速、有效、个性化的产品供应[2]。这样看来，未来制造业的商业模式就是以解决顾客问题为主，通过提供售后服务和其他后续服务获取更多的附加价值，满足消费者的个性化需求，亦即个性化定制。

　　"工业4.0"是大数据革命、云计算、移动互联时代背景下，对企业进行智能化、工业化相结合的改进升级，是中国企业更好的提升和发展的一条重要途径。我国制造业的自主

1　资料来源：从"深蓝"到AlphaGo，人机大战中我们输多赢少.新华社，2016年3月8日，http://www.ithome.com/html/discovery/210442.htm.

2　资料来源：职能制造、工业4.0和数字化制造的异同，搜狐科技，2017年1月10日，http://www.robot-china.com/news/201701/10/38559.html.

创新能力和产业核心竞争力不强，多数制造企业处在没有总体完成工业2.0（大规模制造机械化）和工业3.0（工业自动化）阶段，因此我国工业制造业的发展，应该是走"工业2.0补课、工业3.0普及、工业4.0示范"并联发展的道路。[1]

2014年，李克强总理访问德国期间，中德双方发表《中德合作行动纲要》。一个多月后，中国首套工业4.0流水线在第十六届中国国际工业博览会上亮相。2015年初，由德国"工业4.0"研究机构、中国相关院所和中德两国企业组成的青岛中德"工业4.0"推动联盟成立，成为中国首个"工业4.0"联盟。

2015年，李克强总理在全国两会上作政府工作报告时，首次提出"中国制造2025"计划。在国务院常务会议上，李克强总理部署加快推进实施"中国制造2025"，实现制造业升级，并审议通过了《中国制造2025》。2015年5月8日，国务院正式印发《中国制造2025》。同年10月份，德国总理默克尔访华时，中德两国宣布，将推进"中国制造2025"和德国"工业4.0"战略对接，共同推动新工业革命和业态。[2]

当前我国制造业正处于结构调整和转换的重要时期，传统的"中国制造"正在转变为先进的"中国智造"。

比如说，青岛海尔集团以生产线、机器、产品、工人等高度互联的智能工厂为依托，推出可以按需定制颜色、材质、功能等要素，具有面料颜色智能识别、体感感应和自动开盖等智能洗衣机生产模式。[3]工业4.0让海尔的客户从被动买产品，发展为可参与产品前端设计的个性化专属定制，产品可根据客户个性化要求进行专属定制，实现了产品的独一无二。定制化服务延伸到使用过程之中，产品由保修期转变为保证期，在保证期内不出问题而达到用户最佳体验。同时，家电产品的近程控制改变为远程智能控制，给用户带来便捷服务。生产流水线由以往的大规模生产模式向大规模个性化定制转型。[4]生产过程的智能化，工厂设备的智能化以及所生产产品的智能化，都在提醒着我们制造行业的人才培养需要计算思维。

1　全球视野下的工业4.0和中国制造2025，新华科技，2015年10月22日，http://news.xinhuanet.com/tech/2015-10/22/c_128347356.htm.

2　"中国制造2025"与"工业4.0"战略对接，21世纪经济报道，2015年12月4日，http://epaper.21jingji.com/html/2015-12/04/content_27143.htm.

3　资料来源："互联网＋制造业"：六大特点三大问题.中国智能制造网，2015年12月23日，http://www.gkzhan.com/news/Detail/79916.html.

4　资料来源：中德"工业4.0"推动联盟成立将改变普通人生活.半岛网－半岛都市报，2015年11月13日，http://news.bandao.cn/news_html/201511/20151113/news_20151113_2584833.shtml.

然而思维一般必须通过载体，遵循一定的表达规则，才能被别人理解。因此我们认为计算能力是可被衡量的计算思维的具体体现。目前，学者们并没有对计算能力有一个清晰的界定，国内外学者更多地聚焦在计算思维的研究和计算方法的更新上。而很多相关文献是从计算机学科的角度来分析计算思维的，并没有对普遍的工科学生的计算能力培养问题进行探讨。

结合目前的研究基础，可以认为工科学生计算能力构造的要素可具体概括为计算机软硬件应用能力、计算思维的运用能力、仿真建模能力、算法设计及使用能力、程序设计及实现能力、分析能力及数据可视化能力。我校充分重视计算思维和计算能力的培养。浦江机电学院在专业设置方面力争走在时代潮流的前端，联合了机械、电子、计算机三个领域的知识进行课程设置，从多个角度解读专业性，在信息化盛行的当下，机电学院的课程设置与计算思维的培养目标相辅相成，共同促进。

浦江机械工程专业为计算机软硬件应用能力的培养开设了"计算机应用基础"和"测绘与计算机绘图"课程，学生可以掌握计算机技术的基本知识和基本技能，从而为较系统地掌握机械专业领域宽广的技术理论基础知识打下良好的基础。

机械工业中许多产品的面貌正在发生根本性的变化，例如门锁原本是一种典型的机械产品，后来信息技术发展了，就出现了各种代码锁：从机械码到光学码到磁条码等等，之后模式识别、图像识别技术发展了，又出现了指纹锁、图像锁。机械工业中产品的智能化发展推动了人才培养的革新，要求专业人才具有本专业所必需的运算、试验、测试、计算机应用等技能，以及具有一定的基本工艺操作技能。

机械工程专业设置了"控制工程基础""电气控制与PLC""快速成型""检测与传感技术"等课程，重点培养学生仿真建模的能力。仿真建模主要通过学习Pr/E三维设计软件，设计机械结构图形，在其中涉及很多零件之间的配合和连接，针对不同的情况选择间隙配合或是过盈配合，这都需要学生拥有很强的计算思维能力。

除了课程的学习，机械工程专业学生还要进行数控技术的综合实训。数控技术综合实训主要是通过实际操作方式，让学生掌握相关制造技术，了解该专业最前沿的工具，同时学会对精度概念的把握。毫无疑问，这里也涉及到学生的计算能力。

在算法设计及使用能力的培养上，机械工程专业专门设置了"机器人基础""物联网智能电动汽车应用""智能交通"等课程，从而拓展学生视野，使他们较系统地掌握本专业所必需的自然科学和专业技术知识，对本专业学科范围内的科学技术新发展及其动向有一般性的了解。

课程之外，机电学院师生积极参加各项比赛，比如全国大学生工程训练综合能力竞赛——无碳小车设计，通过这样的比赛，学生了解了宏观科学技术的发展方向，同时切实掌握相关的计算制造能力。

浦江轨道交通信号与控制专业学生针对性地学习轨道交通自动检测技术、自动控制、基础通信和信息处理以及计算机应用等方面的基础理论知识。同时将电子信息技术、通信技术、计算机技术、自动控制技术有机结合，培养具有地铁信号自动控制设备、列车运行控制系统设备的操作、维护、检修、管理及工程施工能力和智能化电子仪表维护能力的高端技能型人才，以从容应对我国城市轨道交通以地铁为主、高架轻轨为辅的发展趋势。

计算能力中还有一项重要能力即分析能力及数据的可视化能力，在机械制图、机械设计、计算机辅助设计、计算机辅助制造等过程中得到充分训练。计算思维的培养贯穿浦江学院的人才培养当中，计算思维能力培养的重要性已随处可见。

二、酒店管理专业与智慧酒店

在信息化高度发展的今天，酒店不再只为客人解决住宿问题，还要提供娱乐、商务等功能。酒店产业发展的方向就是酒店国际化和智能化。其中，酒店的智能化是酒店内部管理、客服管理、对外宣传的智能化的统一整合，从而满足消费者个性化的需要，为消费者提供周到便捷、舒适称心的服务。酒店智能化的发展需要大量懂得智能化管理的人才，在这些智能管理学习过程中，学生潜移默化地接受了计算思维的强化训练。

酒店智能化管理对计算思维的运用能力要求非常高。

酒店内部管理的智能化强调程序的运用能力，这往往体现在酒店管理系统这个软件平台的处理能力上。现代化的酒店依托智能酒店管理系统，集智能灯光管理、空调管理、呼叫管理与信息服务管理功能于一体，通过物联网技术将酒店的各种软、硬件更好地连接起来，提升酒店管理水平，降低酒店运营成本，提高客人入住酒店满意度。

喜达屋集团在旗下雅乐轩、源宿和W品牌中首批推出"SPG智能入住"，除使用智能手机办理登记并入住客房外，还首次真正实现以手机等移动设备取代房卡入住酒店客房。在喜达屋旗下雅乐轩酒店，更有服务机器人，它可以帮助雅乐轩员工将物品送到相应客房。

如家酒店集团推出机器人"微客小如"，即通过微信平台为宾客提供客服咨询应用的解决方案，涉及会员权益、酒店及客房服务、售后服务等90%以上的常见业务问题，"微客小如"都能快速给出回答。

酒店客服管理的智能化是指通过自助系统对客人入住酒店的过程中享有的一切服务进行统一管理。在未来，各种机械、软件将代替人工，客服管理更加高效。远程订房系统完成对预订房间的定时预留，客人的身份证或者会员卡可以保证入住，房间根据客人喜好提供灯光、电视、沐浴等各方面需求，还可以自动扣除费用，让客人的酒店入住过程便捷又舒适。

门卡具有智能导航功能，指引房客找到房间；电视门禁系统让房间外的情形一目了然；客房内随手可触的按钮提供从电灯控制、温湿度调节到灯光效果、背景音乐选择等不同的智能服务；智能马桶和按摩浴缸可根据客人指令实现各种功能；智能互动媒体平台，让你通过电视就可以上网、玩游戏，做任何事情[1]。除此之外，用二维码开酒店房门，在开门二维码中捆绑其他商家的餐饮券、电影票或景区票，用手机客户端下载酒店官方APP自助办理入住、退房等，这些技术在国内外酒店集团都已逐步使用。例如，华住酒店集团APP推出包括自助选房、自助续住、预约发票、0秒退房等功能。

酒店对外宣传的智能化，体现在除了传统的印刷广告、电视广告、媒体宣传外，可以建立自己的网站，通过酒店图片设计、网页页面设计来宣传和推广自己，吸引大量的顾客，让客人通过网页的浏览选择心仪的酒店入住，而这个过程也是分析能力及数据可视化能力的体现。

智慧酒店的智能化发展带来了酒店人才需求的变化，产生了对酒店管理人员的新要求。浦江国际酒店与饮食文化学院瞅准时机，与洲际酒店管理集团共同建设"酒店人才培养实践合作基地"，在基地中培养酒店管理专业学生，使得学生掌握酒店管理与服务的知识技能，学会使用应用计算机软件，使用酒店智能化系统，懂得VOD点播系统、灯光音响系统等设备设施的使用管理维护，同时集综合布线系统、通讯自动化系统、消防安保自动化系统等知识技能于一身，努力把每一位酒店管理专业学生都培养成为适应现代酒店业发展需要的复合型人才。培养期间，计算思维教育贯穿始终。图6-2为"洲际带我成长带我飞——校园洲际行"活动。

我校国际酒店与饮食文化学院的学生不仅有扎实的专业课理论知识，还具有与时俱进

1　资料来源：第一旅游网，http://www.toptour.cn/special/znjd/.

图6-2 "洲际带我成长带我飞——校园洲际行"活动

的计算机信息化操作能力，并力争成为这方面的技术人才，让智能系统充分发挥作用。计算机信息技术是酒店管理专业学生必须具备的能力之一。为此，学校在课程设计上颇费一番心思，开设了新媒体与电子商务、企业战略管理、酒店运营与管理、现代厨艺、酒店管理信息系统、酒店财务管理、酒店市场营销、酒店人力资源管理、酒店收益管理等核心课程和特色课程，让学生通过系统的学习，能够熟练地使用智能化的酒店管理系统，适应酒店智能化趋势；在实践课程中安排各种酒店管理软件的教学，让学生通过反复的操作练习，熟练掌握当前应用广泛的各种酒店管理软件，如国际品牌Opera酒店管理软件，FIDELIO酒店管理软件，国内西软、中软、千里马、泰能、罗盘五大品牌酒店管理软件，还有适合中小型酒店的金天鹅酒店管理软件。我校教学酒店配有INFOR公司推出的酒店管理信息系统，学生在实践环节中通过熟练操作，真正掌握这些针对酒店行业研发的企业级应用软件，在让酒店管理更加系统化、智能化的同时，也提高了学生的计算思维能力。

国际酒店与饮食文化学院将教学过程的每一个环节都延伸到酒店管理中，通过信息化教学手段的使用，把酒店行业管理的工作流程融合到教学中，通过软件模拟、"沉浸式"教学等手段，让学生更加有身临其境的体验。不但组织学生利用计算机软件进行实际操作模拟，还在教学中开展相关的操作模拟训练，比如实训时让学生进行前厅接待练习，餐饮实训时进行点菜操作服务训练，让学生在实训中提升专业技能（图6-3）。

此外，酒店管理专业的学生还在课程学习中努力掌握相关的计算机基础知识，学会利用计算机检索相关信息，学会对客户的信息进行分类管理，能随时调出相关客户的登记信

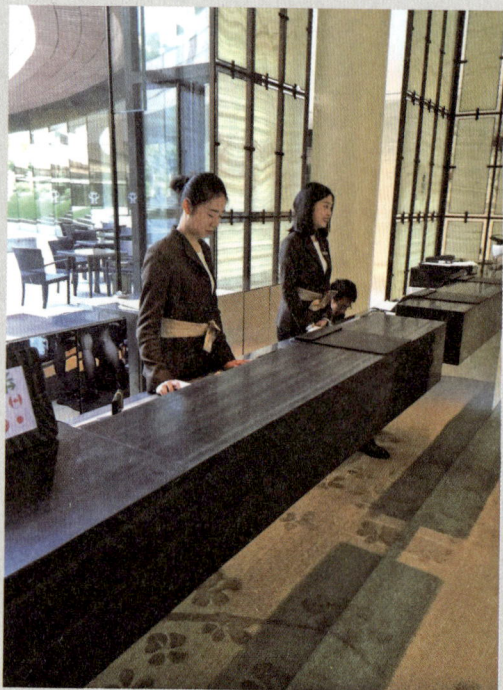

图6-3　学生在实习酒店前台操作酒店管理信息系统

息，这样提高了学生的工作能力，更能为今后快速适应酒店管理工作奠定基础，从而以积极、自信的心态面对激烈的岗位竞争。

三、建筑类专业与虚拟设计

浦江除了培养机电专业和酒店管理专业学生计算机软硬件使用能力之外，还对土木与建筑工程学院相关专业的学生加强这种能力的培养，主要体现在虚拟设计过程中的计算机软硬件应用训练。

近年来，越来越多的人们从事相关行业的产品设计、制造，也造就了创业的高潮。就"设计"而言，传统设计的所有设计工作都是针对物理原型（或概念模型）展开的，而虚拟设计所有的设计工作都是围绕虚拟原型展开的，只要虚拟原型能达到设计要求，则实际产品必定能达到设计要求。就"虚拟"而言，传统设计的设计者是在图纸上用线条、线框勾勒出概念设计，而虚拟设计的设计者在沉浸或非沉浸环境中可实时交互，可视化地对原型进行反复改进，并能马上看到修改结果。信息化时代的虚拟设计，需要设计师熟练使用一定的软件，比如工业造型 Rhino、Photoshop、CorelDraw 及 Hyper Shot、Key Shot 渲染等设计软件。

信息化时代带给人们生产、生活很大变化，设计领域也不例外。计算机技术的发展与设计的关系是非常广泛而深刻的，计算机的应用极大地改变了设计的技术手段，改变了设计的程序与方法。与此相适应，设计师的观念和思维方式也得到了大幅度转变。

数字化的设计工具在虚拟设计过程中运用十分广泛，大大提高了设计师的工作效率和工作质量。设计师凭借先进的数字化工具进行概念设计，并使用自动数字工具完成各种仿真分析，利用虚拟原型进行市场调研和推广，重新赢得了对产品开发过程的控制，也为大规模定制生产模式的发展奠定了坚实的基础。数字化设计工具中大量简单易用、功能强大的建模工具，让设计师不再需要将时间和精力花在美术技能的提高上，CAD、CAID 等软件系统中的工具，帮助设计师缩短制图时间，快速完成效果图，生成精确美观的模型。利用数字化的设计工具可以改变传统的设计流程，设计师在开始时就可以借助计算机仿真分析工具进行分析设计，实现基于仿真分析的设计，最大程度地减少重复工作。

浦江土木与建筑工程学院的学生在平时的学习、实习过程中需要使用 CAD、3D 等制图软件绘制、阅读施工图纸，以及运用 PKPM、MATLAB 等专业结构软件，这些数字化设计工具的使用除了培养学生的结构设计能力，也在潜移默化中培养他们的计算思维能力。

艺术学院的学生要利用计算机新的媒体设计工具进行艺术作品的设计和创作，需要掌握的计算能力包括计算机辅助设计及实现能力，利用相关的软件，独立进行平面广告创意设计与制作，包装装潢设计与制作，进行企业形象设计与制作等计算机应用能力，因此我校开设相关课程，让学生能运用 Photoshop、CorelDraw、illustrator 等设计软件进行电脑设计制作。图 6-4 为我校艺术学院学生的电脑设计作品。

为了拓宽我校此类学生的就业面，浦江重视与相关企业合作，让学生学习到最先进的设计技能，以适应未来工作岗位的需求。比如，浦江土木建筑工程学院与杭州万霆科技有限公司就学院专业和 BIM 技术的教学及应用开展合作，构建与各专业相适应的 BIM 培训课程，开展符合各专业学生的技能培训，让学生真正做到理论结合实践，能够熟练使用一

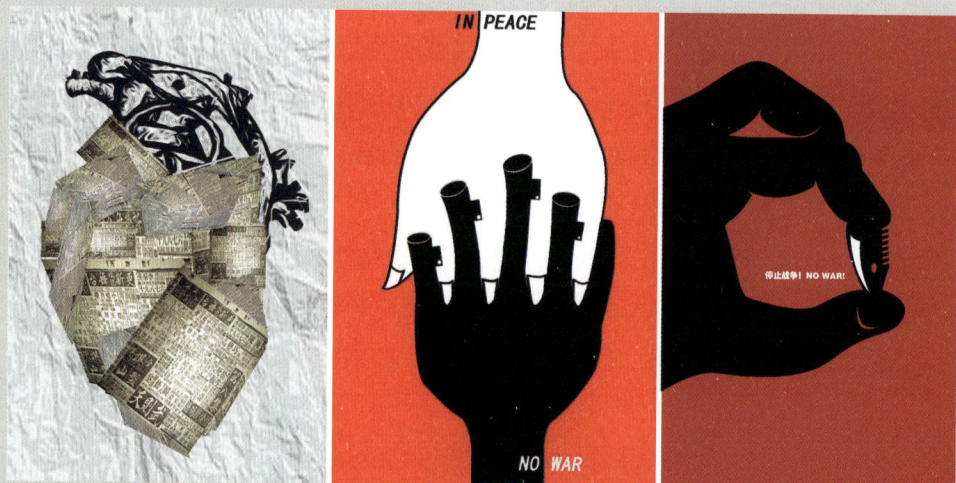

图6-4　浦江学生设计的作品

定的软件，凭借先进的数字化工具进行概念设计，利用虚拟原型进行市场调研和推广，为中国建筑行业培养高素质人才。

6.3 浦江对培养学生计算思维的实践

　　目前，计算思维培养的课程载体——计算机类课程教育很受重视。在大学计算机基础教学中，几乎每一种概念都对应着一种计算思维方法，每一个项目、每一个课程都是多种计算思维方法的集合。高校应当在教学过程中着重加强计算思维能力的培养，将无意识的思维变成有意识的计算思维，并用计算思维去解决问题，只有这样，才能促进我国计算机行业的发展。计算机给了人类强大的计算能力，人类应该好好利用这种力量去解决各种需要大量计算的问题。

计算思维包含的内容不是一门课程所能承担的，培养计算思维能力需要有一系列的计算机应用课程作支撑和拓展，如数据技术与应用、多媒体技术与应用等课程。所以计算思维教学需要贯穿在所有的大学计算机基础课程之中，这些课程引导学生应用计算思维解决各种专业的问题[1]。

浦江计算机科学与技术专业的学生需要掌握计算机科学与技术的基本知识、基本理论和基本技能，为此浦江开设了计算机导论、程序设计、汇编语言程序设计、数据结构、计算机组成与体系结构等学科基础必修课程。学生在校期间能系统全面地掌握计算机科学领域的专业知识和操作技能，具备较强的计算机理论水平和计算机软件设计、开发及应用能力，熟悉DIV+CSS和W3C标准、HTML5、IOS及Android开发主流工具和技术，熟悉Hadoop/MapReduce开发框架以及Hive、Hbase、Pig等大数据主流工具和技术，熟悉Struts/Spring开发框架以及Oracle/Linux等主流数据库与系统。此外，浦江还开设了软件工程、操作系统、JAVA程序设计、编译原理、计算机网络、数据库原理与应用等专业必修课程，Oracle数据安全、Linux操作系统与应用、XML语言、计算机网络高级实验、网络安全实验、UML基础与Rose建模、HTML5技术、软件过程与管理、IOS开发基础等专业选修课。

通信工程专业的学生需要系统全面地掌握各类通信系统的基本原理和实践能力，具备相当的计算机网络专业知识，具备移动互联产品软件开发所需的理论基础和实践能力，熟练掌握通信工程领域的专业知识，熟悉物联网产业链中标识、感知、处理和信息传送四个环节，同时精通无线传感器网络技术，掌握移动互联网软件设计、开发、测试、维护方法，浦江开设通信原理、数字信号处理、微机原理与接口技术、现代交换技术、移动通信技术、无线通信技术、通信技术前沿、RFID开发技术及实践、无线传感器网络设计、M2M通信技术传感器原理及应用、嵌入式系统编程、物联网应用编程（QT）、Linux-c编程核心技术、嵌入式Linux驱动开发、3G项目实战等核心课程。

信息管理与信息系统专业的学生需要具备良好的数理基础、信息技术知识及应用能力，掌握信息系统的规划、分析、设计、开发、实施与维护技能以及大数据分析能力，因此浦江学院开设了数据库原理与应用、计算机网络、信息系统分析与设计、应用数据分析、ERP原理与应用、面向对象程序设计、Oracle数据库应用等核心课程。

1　龚沛曾，杨志强.大学计算机基础教学中的计算思维培养.中国大学教学，2012，5.

图6-5 浦江学院首届程序设计大赛

　　除了针对移动网络学院各专业学生着重培养计算思维能力和运用计算思维解决专业问题的能力之外，浦江也重视对其它各二级学院学生的相关能力培养，全校性地开设了相应的计算机基础课程。在通识课程中开设电子表格高级应用、Word高级应用、网页制作技术、计算机图形图像制作技术等必修课程，数据库开发与设计、信息安全与管理、互联网概论等选修课程，做到计算机课程实用化，让学生掌握基本的计算机相关理论知识和操作技能，并通过实践教学环节进行实验和实践操作训练。

　　在众多的课程中，"程序设计基础"是一门关于计算思维方法的课程，是典型的计算思维课程。该课程所涉及大量的算法，枚举、递归、回溯等都是典型的计算思维案例；面向过程和面向对象程序设计也都属计算思维。各种应用课程的教学目标是创作一个系统或一个作品，这也是计算思维的终极目标。[1]为此，除课堂教学外，浦江学院还通过竞赛的形式激发学生学习并掌握程序设计技能的兴趣和积极性（图6-5）。

　　计算机基本技能是计算思维能力培养的基础，是以培养计算思维能力为核心的计算机基础教学过程的一个环节。但是如过度强调基本技能，那样会导致学生不会自主探索、独立思考，而掌握不好基础技能又无法让学生在实践操作中认知和领会计算机科学的核心。所以要把握好计算思维能力和基本技能的有机结合，将计算思维融入到基本技能的教学中

1　孙恒五，张宏达.数字化工具在工业设计中的重要作业.太原理工大学学报（社会科学报），2002，20（1）.

去，逐步培养学生的计算思维。[1]

除了全校性的计算机基础课程，我校各二级学院也都开设了相关计算机理论与实践课程，在课程教学的过程中潜移默化地培养学生的计算思维。

我校汽车服务与管理学院各专业的学生需要具备识读零件图和装配图的基本能力，同时也需要掌握机械制图基本知识和应用型高等汽车专业技术人才所需的实际零件的读图、绘图能力及空间想象能力，以适应实际工作的需要，因此浦江为该学院学生开设了机械制图与AutoCAD、机械设计（基础）等课程，加强学生的基本功训练，为学习其他相关课程和专业知识以及毕业后从事相关工作打下坚实的理论与实践基础。比如，机械制图与AutoCAD课程包括绘制简单形体的三视图，绘制组合体的三视图，用各种表达方法表达形体结构，绘制标准件与常用件的视图，识读机械图样，用AutoCAD绘制图样。

不同类型的计算机课程的开设，追根究底最根本的目的还是在潜移默化中培养学生的计算思维，以成为学生学习和工作中的一种习惯。

---

1 刘道文.高校非计算机专业计算思维能力培养策略研究与实践.计算机教育，2013, 13.

现代社会面临的问题常常是复杂的、综合的，反映在社会经济、文化、艺术、管理、道德、环境等多个方面，针对目前教育过度学术化的现象，麻省理工学院院长乔尔·莫西斯提出了"大工程观"的概念，即以工程为本培养学生的能力，培养学生的系统观、团队合作能力、解决实际问题的能力，换句话说，就是以工程为本将冗杂生硬的学术知识融入具体的行动中，充分体现知行合一的教育观。

　　面向国际，我们不难发现，德国和日本高等教育都非常注重大学生工程能力的培养，为其战后经济复苏提供了大量高素质的应用型人才。当前中国经济处在转型升级的阶段，市场需要大量的高层次的应用型人才，浦江学院以工程能力为本的办学理念恰逢其时。

　　当前，"公益"二字成为社会热点话题，浦江学院首设省内第一个公益慈善专业，虽然不属于工科专业，但是浦江学院将实际的公益慈善项目融入教学，努力将学生培养成为以项目为导向具有系统观的复合型管理人才。同时，浦江学院积极与IT企业合作，共建最先进的实验室，让学生不出校门就能使用最好的设备，为提高学生的工程能力提供了坚实的物质条件。文化创意是应用型艺术人才大有作为的地方，浦江学院在培养应用型艺术人才方面特别重视培养学生的工程能力，即结合艺术功底与本地文化产业，设计研发文化创意产品的能力。

第三篇

知行合一：

提高工程能力

第七章

围绕项目，培养公益慈善人才

当前中国正处于公益慈善行业发展的关键期和转型期，中国的公益慈善行业正从计划慈善走向组织化、民间化和专业化。从现在开始到未来的若干年，中国的公益慈善行业在薪酬、评估、策划、管理等方面将会有质的改变，需要大批的公益慈善专业从业人员。洞察未来的市场需求，浦江与中国华侨公益基金会合作签订了公益慈善管理学院项目战略合作协议，打造江苏省首家四年制公益慈善管理方向本科专业，以项目为导向培养学生资金筹集、项目管理、公关传播、行政管理等方面的工程能力，将学生打造成既具有强烈社会责任感和爱心奉献精神，又能以项目为导向具有系统观的复合型管理人才，以适应和满足公益慈善事业蓬勃发展的市场需求，共同把中国公益慈善事业推向健康、快速发展的轨道。

7.1 公益慈善事业发展呼唤高端人才

一、为什么要发展公益慈善事业

在我们的社会中，为了让人们的生活更美好，利益受损降到最低，一些真诚、热情而又充满爱心的人，超越自身的利益，把目光投向社会大众，勇敢地采取了行动，愿意以自己多余的私产帮助贫困人群，出现了各种公益组织。

公益（Istislah）是伊斯兰教法专用语，阿拉伯语"伊斯提斯拉赫"的意译，原意为"公共利益"或"福利"，亦称"麦斯莱哈"（Maslahah），马立克教法学派辅助立法、司法原则。"公益"这个词是舶来品，是日本人用汉字创造出了这个词，又输送到我国。我国五四运动后才出现"公益"一词，其意是"公共利益"，"公益"是它的缩写。五四运动前，没有或者很少有"公共利益"这个概念。鲁迅在《准风月谈·外国也有》一文中最早使用"公益"一词："只有外国人说我们不问公益，只知自利，爱金钱，却还是没法辩解。"

早先的公益组织主要起源于慈善机构。为了区别于政府组织和企业组织等，我国学者把公益组织称作第三部门或非营利机构。中国古代倡导日行一善，就是每天做一件我们力所能及的事情，帮助更多的人，让社会变得更加美好和谐。现代的公益是人人参与的公益，个人或者集体结合信息化技术，通过公益基金、公益网站等途径，以捐赠、公益广告、公益歌曲等方式，参与到公益活动中。

那我们为什么要发展公益慈善事业呢？原因不外乎几点。

首先，公益是人的一种本能，孟子说过："人有恻隐之心"，恻隐之心就是指当别人遇到困难时，旁观者害怕自己也会遇到相同的困难，于是主动给予帮助，以渴求当自己遇到困难时也会得到别人帮助的心理。所以说帮助弱势群体是公益活动参与者的真心，是本能。帮助他人也是人的一种生理需要。斯坦福大学的政治学教授罗勃·赖克（Rob Reich）认为，给公益组织捐款也是一种消费行为，而且是奢侈消费行为，捐赠者得到的是在商店消费中根本买不到的心理满足感，也许还外加社会地位和朋友的羡慕等等[1]。

其次，做公益就是行善，真诚地、不求回报地帮助他人。世上有再多的善也不嫌多，随手做一点公益，公益促进人们自我反省，改变社会，可以让人们的生活变得更好，共同幸福。

目前，世界上有很多公益组织在默默地工作着，他们的工作涉及环保、扶贫、妇女儿童权益、动物保护等方方面面。比如，世界绿色和平组织这个非营利组织，致力于阻止任何威胁地球环境和生物多样性的活动，并发起了一系列的环保运动，如制止气候变暖、保护原始森林、反对基因工程、减少有毒物质和促进可持续贸易等，所有费用全依赖

---

1 廖立远.我们为什么要做公益?凤凰博报，2013年9月6日，http://hunan.ifeng.com/gongyi/detail_2013_09/06/1196633_0.shtml.

于热心民众和独立基金的直接捐助，以维持独立性。再比如，世界自然基金会，它是世界最大的、经验最丰富的，在全球拥有470万支持者的一个独立性非政府环境保护机构，从1961年成立以来，在6大洲的153个国家发起或完成了12 000个环保项目。另外，还有世界自然保护联盟，它是世界上规模最大、历史最悠久的全球性环保组织，利用科学途径促进自然资源的利用和保护。[1]

再看国内，在我们身边也有着各种各样的公益组织。比如，1981年7月底成立的中国儿童少年基金会，是我国第一个以募集资金的形式，为儿童少年教育福利事业服务的全国性社会团体，通过抚育、培养、教育儿童少年，辅助国家发展儿童少年教育福利事业，特别是贫困地区少数民族地区的儿童少年教育福利事业。1989年3月由共青团中央、中华全国青年联合会、中华全国学生联合会和全国少先队工作委员会联合创办的中国青少年发展基金会，以开展群众性环境教育、倡导绿色文明、建立和传播具有中国特色的绿色文化、促进中国的环保事业为宗旨，打造"自然之友"项目。国外、国内的公益事业都在蓬勃发展着，为社会做出一份贡献。

我校的投资方正大集团也为我国公益事业做出了巨大的贡献。正大集团在我国投资企业的同时，重视参与社会公益事业，多年来倾力支持我国教育、公益、医疗卫生事业发展，慷慨扶贫救灾。"非典"期间，正大集团向中国政府捐赠1000万元人民币；2008年汶川大地震，向四川地震灾区累计捐赠3000余万人民币；2013年四川芦山地震，向四川芦山地震灾区捐款2000万元人民币。此外，正大集团还无偿捐助国内外教育事业，多次捐助了我国各大学和其他教育研究机构。2015年，正大慈善基金会正式成立，至2016年，已开展10多项社会公益项目，捐赠额累计超过540万元人民币。多年来，正大集团为中国社会公益事业累计捐款金额超5亿元人民币。

不管社会如何发展与变迁，总是有需要得到特殊关怀和照顾的弱势群体存在，如弃婴、孤儿、独居老人、重病患者、残疾人，以及各种自然灾害的受害者等，因此，公益慈善事业有其存在的必然性。公益慈善组织通过动员社会各界力量，采用捐赠、慈善事业、志愿者服务等各种社会救助形式，让困难群体、弱势群体得到救助。

占社会组织总数半数的公益慈善组织的存在，与其他社会组织一样具有社会自我调节和管理的职能，实施社会管理、提供公共服务，也是一种社会资源的重新调整和开发。社

---

1 资料来源：慈善公益组织，360百科.

会组织的存在，让我们这个社会有了向前发展的驱动力，因此，作为社会组织的一个重要组成部分，公益慈善组织的存在和发展，能够在调节社会分配中有所作为。这也是要发展公益慈善事业的原因。

二、西方公益慈善事业的发展

作为西方老牌资本主义国家，英国在发展社会公益组织方面具有较为悠久的历史，形成了比较成熟的社会公益组织体系和服务机制[1]。

13世纪的英国就有了公益性事业，并陆续出现了五百多家民间志愿性的公益慈善组织，成为世界最早出现民办公益性事业的国家。英国也是最早制定慈善法的国家，早在1601年，英国女王伊丽莎白一世就颁布了《慈善法》，鼓励发展从事慈善救济等社会公益活动的非营利组织。《慈善法》是世界上第一个有关民间公益组织的法规，确定了慈善组织的法律地位，明确了慈善组织的行为范畴。

18世纪以后，成功的工厂主或企业家、知识分子、政治家等都纷纷成立慈善组织，英国慈善组织数量越来越多，对整个社会生活的各个方面的影响也越来越深。

19世纪的英国，教会和工人阶级自己组织的自助互助团体，替代国家承担起解决严重的社会贫困问题的责任，承担了救济贫困任务。据统计，单是在伦敦一地，1861年就有640个慈善机构。与此同时，友谊社之类的互助组织大量涌现，到19世纪70年代，参加这种组织的人已经达到400万之多，工人们自己出资建立基金，在陷入困难时可从中获得帮助[2]。

第二次世界大战以后，英国工党政府将原来由许多慈善组织提供的社会公益服务接管成为政府公共服务。20世纪70年代，英国保守党撒切尔政府又将许多原来由政府公共部门提供的公共服务以委托等方式转交给民间慈善组织。1995年，重新上台的英国工党布莱尔政府强调建立一个强大的、积极活动的民间公益部门，并促使政府和民间公益部门积极合作。

目前，英国有19万个登记注册的社会公益组织，资产总量约700亿英镑，公益慈善

---

1 张婷婷.英国社会公益组织扫描.联合时报，http://shszx.eastday.com/node2/node4810/node4851/dcsj/u1ai76285.html.

2 李琮.西欧社会保障制度.中国社会科学出版社，1989.

事业已成为英国社会的重要组成部分。

英国还成立了很多相关部门对公益组织进行管理监督。英国慈善委员会对社会公益组织进行登记注册和监督管理，并与其他相关的政府部门密切配合进行相关调查和联合执法，并有权撤销出现违规操作或腐败行为的托管人理事会，限期组建新的托管人理事会。

在英国，社会公益组织以社区为依托，服务内容广泛，分工精细，具备良好的自我发展机制和管理体制，积极发展多方面的良好协作关系。英国的社会企业针对社区的具体问题，就会建立对应的社会企业或公益组织。比如，Water-house Restaurant就是为社区内的年轻无业游民，从烹饪到食材供应商的服务沟通，甚至给学员一整天的餐厅综合管理权利，给无业的年轻人提供餐饮业的学习机会。此外，还为Food Bank、老年人关爱活动、小学生课堂等各项社区活动提供便利。[1]

英国社会公益组织形式丰富。其中，志愿者组织和非政府公共机构这两种形式和我国相关组织机构类似，此外还有慈善商店、志愿者组织孵化器、社会企业等。英国有9000多家慈善商店，大机构如乐施会和英国红十字会，各自有600至700家店，遍布英国每个角落，公众只要直接去自己家或学校附近的慈善商店，即可与相关机构取得联系以举办筹款活动。

英国的民间公益组织的主要活动领域包括扶贫救济、教育援助、宗教慈善、卫生健康、社会及社区福利、历史文化艺术遗产的保护、环境保护和生态改善、动物保护及福利、业余体育运动、促进人权与和解、针对无家可归者提供住处、科学研究及普及。[2]

除了英国以外，美国是当今世界上公益慈善事业最发达的国家。在美国，各式各样的民间慈善组织可谓多如牛毛，似乎无所不能。美国已经形成的一整套良性制度促进和保障美国公益慈善事业不断发展。

从富兰克林开始，美国公益事业经历了个人慈善事业向团体公益事业的转变。公益事业发展初期，美国还未进入政府主导的福利社会，政府无暇顾及全部的社会需求，于是公益基金会产生了。

美国公益慈善事业以非营利机构为主，这些非营利机构不受命或依赖于政府和企业，具备与生俱来的自我治理与自我监督机制，有很高的荣誉感和自律意识，非常重视自身信

---

1 青基会"激励行动"英国公益组织参观分享.人人网，2013年3月17日，http://page.renren.com/601065604/note/898091531..

2 英国民间公益组织的发展及对我国的启示.新浪博客，2014年1月27日，http://www.360doc.com/content/14/0127/13/12356554_348309611.shtml.

誉和公众形象。董事会是机构治理的主体，捐赠者也是重要的监督方。联邦政府对其监管主要由国税局来执行，州政府主要依靠司法和行政系统来监管。慈善组织有着严格的财务制度，他们向公众公开财务状况。除了政府之外，独立的新闻媒体、民间行业组织都起到了重要的第三方监督作用[1]。

在美国，慈善捐赠的主体是个人，而不是企业。全国的捐赠构成中，来自个人的占82%。美国的钢铁巨头、慈善事业的奠基人安德鲁·卡耐基（Andrew Carnegie，1835—1919）有一句名言："人死富有，死而蒙羞（或译'带着这么多的钱进棺材是不光彩的'）。"这句话对后世影响很大，在社会上形成一种"罪富心理"。美国人并不敬慕富人，而是景仰对社会有贡献的人[2]。美国人自发自愿参与慈善捐款，他们认为捐款是一件非常快乐的事情，除此之外，美国人还积极热情做义工，18岁以上的人平均每周志愿服务3.5小时。参与慈善捐款和志愿服务是他们生活方式的一个组成部分。

相对于事业，美国人更爱公益。从总统到华尔街精英、商界大佬，这些曾在美国政治、商业领域呼风唤雨的人，也大多在美国公益组织中任职。无论这些人的事业有多辉煌精彩，他们更重视的却是在公益领域里发光发热，似乎唯有公益才是其安放灵魂的最终处所。美国前总统克林顿在位期间，就已在谋划成立克林顿基金会，而且他不是唯一一位参与公益慈善事业的总统。比尔·盖茨（Bill Gates）将自己的余生和财富都投入到盖茨基金会中。

美国的公益组织可以成为世界各国慈善行业学习的典范。比如，著名的公益组织——联合之路（United Way），因其强大的资源动员能力和执行效率而闻名。联合之路最为主要的资金，是通过动员企业员工开展工作场所募捐和公司捐赠所得。其中，工作场所募捐占到了其资金来源的70%，公司捐赠占到了其资金来源的30%。在120多年的发展历程中，联合之路成功的核心是基于"社区"这一战略定位。通过解决当地社区的问题，动员社区的精英人士参与联合之路的运营、募款战略的制定，社区的公众参与志愿活动，同时，公众了解了联合之路做的项目，为社区解决的问题，也可以加强公众对联合之路的信任[3]。

此外，还有消除美国饥饿组织（Feeding America）、环球健康行动组织（Task

1 美国公益事业的发展：历史、现状及启示.新华日报，2012年9月27日，http://gongyi.hexun.com/2012-09-27/146300947.html.

2 宋遂良.盘点美国慈善事业兴旺发达的原因.齐鲁晚报，2014年2月26日，http://www.qlwb.com.cn/2014/0226/91651.shtml.

3 联合劝募路在何方？中国论文网，2013年11月24日，http://www.xzbu.com/1/view-4445483.htm.

Force for Global Health）、美国红十字会（American National Red Cross ）、粮食济贫组织（Food for the Poor ）、善意实业国际（Goodwill Industries International ）等公益组织，这些组织大多数都是社会在管理经营，并且用公众的力量解决社会各方面的问题，在各个领域做出了极大的贡献。

三、中国公益慈善事业发展之路

我国有悠久的慈善文化传统。孔子主张"仁爱"，墨子提出"兼爱"，孟子强调"恻隐之心"，这些都是我国慈善思想的渊源。中国可以说是世界上最早提倡与发展慈善事业的国家，其发展之路源远流长。

通过古代神话传说以及相关考古资料，我们可以得知早在原始社会时期，就产生了有关人类社会福利和保障措施。原始社会，氏族成员共同承担老、弱、病、残的供养。

先秦时期出现了最早的社会慈善活动的思想，为历代慈善事业起到奠基作用。西周时期，社会慈善和保障逐渐形成规模，并初步形成了一种制度。春秋战国时期，慈善事业有了进一步的发展，不仅救灾减害，还恤老慈幼。

两汉时期，慈善事业得到了较大的发展，官方和民间的荒政措施、医疗救济事业、恤幼养老等方面都获得了较大的发展。

东汉以后，许多地方出现了救济灾民贫民的"义田""义仓"。隋唐时期，义仓非常兴盛。唐朝中后期，民间社会的慈善活动救济范围有了新的扩大，"义渡""义井""义浆"等纷纷出现。宋朝非常重视风俗教化的功能，官方慈善事业和民间慈善活动都很兴盛，出现了一批著名的慈善家，比如蔡京、真德秀、黄震、范仲淹、苏轼等，把宋代的慈善事业推向兴盛。范仲淹兴办"范氏义庄"并传承了数百年。

明清时期，前朝的一些官办慈善机构得到恢复和发展，而且产生了一些新的官办慈善机构。明朝中叶，民间慈善事业的迅速崛起，成为在官方之外兴办慈善事业的又一重要力量；清代的民间慈善事业在明朝的基础上更加兴盛，数量进一步增加，功能比较齐全，经费相对充裕，参与的社会阶层也比较广泛，开展的善举活动非常频繁。明清时期，地方士绅和商贾逐渐成为大灾期间赈济和灾后重建的重要力量。江南各地出现"善堂""善会"，商人在地方社会赈济活动中发挥着不可估量的作用。

近代中国公益慈善事业始于晚清光绪初年民间社会兴起的大规模的义赈，由此时开始，传统的慈善事业开始向近代公益慈善事业转化。戊戌期间，出现了真正具有近代意义上的慈善事业。在这一时期，具有公益性质的慈善事业也得到了初步的扩展。一些传统的善堂、善会广泛地开展了一系列社会公益慈善活动，同时还涌现出了众多的公益慈善团体。在自治运动和新政的推动下，旧式的善堂、善会开始转变为近代新型的慈善团体。

进入民国以后，公益慈善事业开始向制度化、法制化转变。政府设置了专门的慈善机构来管理慈善救济，还制定了相关制度和一系列有关民间慈善团体的法规。

抗日战争爆发后，救济难民成了这一时期公益慈善事业最重要的内容。国民政府和民间各慈善团体对难民，特别是难童给予了相当多的救济和帮助。抗战胜利后，国民政府成立行政院善后救济总署，接受联合国善后救济总署无偿提供的各类食品、棉花、运输器材等物质援助，以重建和平家园。

而到了近代，中国的公益慈善事业，一方面继续重视传统型的慈善活动；另一方面，则将范围拓展到文化教育、医疗卫生、工商经济等方面，不断设立慈善医院、慈善学校、慈善工厂或习艺所等，同时实施了许多以工代赈的工程，让实物救济和劳务谋食相结合。

1949年中华人民共和国成立后，政府对旧有的慈善机构进行了接受和改造，并新建了一些社会福利机构，颁布了《劳保条例》和《劳保条例实施细则修正案》等相关法规，实现慈善福利的国家化。

1994年中华慈善总会创立后，民间慈善机构（包括省级慈善机构和地方性慈善机构）纷纷建立，慈善活动也频频开展起来。内地的慈善事业进入到了一个新的发展期，并逐步迈向非政府化、法制化、专业化、普及化。

伴随着经济的迅猛发展，我国的公益慈善事业也迅速发展壮大，已经从传统的救灾救援、扶贫助残、尊老爱幼逐渐延伸到教育、科技、文化、卫生、环保、体育等社会生活的各个领域，在改善民生、促进社会和谐等方面发挥日趋重要的作用，推动着社会的发展和进步。目前，我国公益慈善事业在诸多方面均蓬勃发展，逐渐从起步阶段开始向跨越式发展的新阶段迈进。

首先，社会捐赠额增长速度迅猛。《慈善蓝皮书：中国慈善发展报告（2016）》显示，2015年，我国慈善公益事业社会捐赠总量接近千亿元，全国基金会数量超过了4800家。

同时，志愿者人数与志愿者捐赠率总体呈现逐年增长的趋势。[1]

其次，公益慈善组织发展速度迅猛。截至2014年，民政部登记的社会组织总数已达到60.6万个，其中社团31万个，民营非营利性组织29.2万个，基金会4116个。[2]

此外，志愿服务和社会工作得到迅速发展和极大普及，企业社会责任从无到有，成倍增长，公益创新层出不穷以及公益研究学术阵营的形成，都是我国公益慈善事业蓬勃发展的具体体现。

尽管我国公益慈善事业近期取得了丰硕成果，呈现蓬勃发展的格局，但是我们还是不得不承认，我国公益慈善事业不管从个人参与公益慈善事业，还是从全国开展公益慈善活动的角度来看，在总体规模、发展水平、能力建设与运行管理的体制机制等诸多方面，与世界发达国家及地区相比仍有很大差距。比如，近年来我国社会捐赠占GDP比重大幅度提高，从2006年的0.05%提升到2014年的0.16%，已超过日本和德国。但是与以色列、英国、美国、瑞典、荷兰这些发达国家相比还有很大差距。人均慈善捐款、慈善机构数量、从业人员的数量也都很少，远远落后于欧美国家。像美国，个人和企业参与公益慈善活动的积极性和主动性值得我们深思。美国施惠基金会（Giving USA Foundation）最新报告显示，2014年美国人慈善捐款总额达到创纪录的3580亿美元，其中72%的慈善捐款来自个人，5%来自企业，15%来自基金，8%来自遗赠。[3]

这表明，一方面，我国的公益慈善事业现阶段仍存在公益资源严重不足与配置不合理、多数企业被动参与、公众知识缺乏与信任危机、公益宣传中的毁誉并存、相关法规的缺乏、专业人才缺乏等问题，公益慈善事业的发展面临很多困难和挑战。另一方面，我国公益慈善事业具有很大的发展潜力。

正因如此，我们更要致力于公益慈善事业，将其发展壮大。而要想发展我国的公益慈善事业，我们可以学习借鉴英国和美国等国家的社会公益组织的一些建设经验。英、美国家早就把公益慈善事业的实施交到了社会的手上，政府只是发挥组织作用，社会公众是公益慈善事业的发起者、参与者、资金来源、管理与经营者，公众的力量推动着公益慈善事业向前发展着。只是我国和英、美国家的政治经济制度、社会文化背景都有很大的不同，

1　何源.2016年中国慈善捐款近千亿，彩票公益金340亿.腾讯财经，2016年5月29日，http://finance.qq.com/a/20160529/011169.html.

2　数据来源：中国社会组织网，民政部.

3　资料来源：美国去年慈善捐款3580亿美元创历史新高.新浪财经，2015年6月17日，http://finance.sina.com.cn/world/20150617/011322448853.shtml.

直接照搬他们的模式对于我国社会公益组织的发展并非有效，但我们可以借鉴发达国家的经验，如欧洲国家政府大量购买社会组织的服务、美国的遗产税制度、日本多项政策鼓励民间组织和志愿者行为等，努力探索中国社会公益慈善事业发展的道路。

7.2 全省首个公益慈善管理专业

一、市场导向设置专业

20世纪80年代提出的"小政府大社会"是20世纪中国重要改革理念之一，2008年中央政府推进大部制改革之后又再次被提出。2012年8月下旬，时任国务院总理的温家宝同志主持召开的国务院常务会议，把"小政府大社会"的概念推至前台。

所谓"小政府大社会"就是政府下放权力，以扩大社会的权力来实现企业、个人、社会组织的自我管理。通俗地来讲，就是在社会活动中，政府给予社会组织更多的权力、地位和自由，充分发挥市场、社会组织的自我调节能力，使其独立地或在政府的协助下进行自我管理，为政府和人民提供更多的便利。社区、慈善机构及公众有权力和自由来解决群众关心的公共问题、利益问题。

根据民政部统计，截至2016年三季度末，全国依法登记的社会组织已达67.5万个。社会组织是做好"小政府大社会"的载体，兴旺发达的社会组织，能为我国的社会发展发挥积极的作用。

其中，活跃在公益慈善领域的社会组织积极地推动了我国改革开放进程中公平社会和和谐社会的建设。同时，社会主义现代化建设的实践也为我国公益慈善组织的发展创造了广阔的发展空间。当前我国公益慈善事业拥有难得的发展机遇，一是国家治理体系与治理能力现代化的战略部署，为公益慈善组织的发展提供了广阔的空间；二是政府职能转变，为公益慈善组织的发展提供了充分的政策和物质资源；三是公益慈善事业蓬勃发展对专业化人才提出了紧迫需求。

我国公益慈善事业正在面临重大转型，新机遇带来新挑战，这就需要我国公益慈善组织的管理水平及时跟进提升。社会和市场的人才需求对公益组织从业人员也提出了转型的要求，需要的是具有创新思维、创新技术、创新的解决方案，能协助政府解决社会问题的高级复合型专业运作人才。

日益壮大的公益慈善事业对公益组织管理人才的需求量增加了，对人才的基本素质要求也提高了，对项目管理、资金筹集和公关传播等专业人才的需求尤其旺盛。当前，公益慈善队伍中的很多人是在一定的经济基础上为了实现理想和梦想来做公益，但是公益慈善事业的支撑与发展仍需要专业的职业管理人才。而目前的问题就是此行业很难吸引专业的人才，管理人才的专业性有待提高。

公益慈善行业在我国一直是人才缺失的"重灾区"。《2014中国公益行业人才发展现状》调查发现，71.7%的公益组织在次年有人才引入计划，平均每家计划引进8.5人，但是80.3%的公益组织管理者认为招募到满意员工的难度很大。项目管理、筹资、公关传播等职位缺口较大，且50.5%需求指向为具备一定公益组织工作经验的员工，应届生、无经验基层员工的需求率为2.8%。在岗的筹资、公关和人力岗表现与管理者需求差距较大，公关传播和筹资岗位重要性高、满意度低，相关人员素质亟待提升。[1]

公益慈善管理专业是一个实践性、外向性很强的专业，以市场需求为导向的公益慈善管理专业人才培养模式，才符合社会对公益慈善人才的需要及学生就业现实的需要。公益慈善管理人才是应用型人才，高校教育在其中可以发挥主导作用。大力推动公益慈善专业人才培养，就能加快高校公益慈善智库建设，促进我国公益慈善事业的健康发展。

我国高校里的公益慈善管理专业于2012年起步，如今全国各地已经有多所高校开设此专业。2016年，公益慈善大专课程被列入教育部学科专业目录。从目前的就业情况来看，与慈善相关专业的毕业生普遍不担心就业，绝大多数毕业生选择在非营利组织自主创业，也有不少学生选择到国内外知名大学相关专业继续深造，一些学生已能在大型基金会中独立运作上千万元的项目。这些毕业生不光有理论知识，而且能熟练掌握项目运作的专业知识，最可贵的是学生选择这个职业是出于对公益慈善事业的真心喜爱和执着。只是目前，有限的公益慈善教育多依托传统的方式拓展办学资源，一时还难以满足公益慈善领域旺盛的专业人才需求。我们寄希望于高校与行业组织、大型慈善机构协同合作，按照公益慈善组织对目标人才的要求，跨界培养，以此推动公益慈善行业向职业化、专业化方向转

---

1 2014中国公益行业人才发展现状.零点研究咨询集团，2014年9月，http://www.docin.com/p-1093921529.html.

变，解决公益慈善人才紧缺的瓶颈问题。

浦江学院以社会需求和行业需求为导向，依托广泛的社会优质资源，创设了江苏省首家四年制公益慈善管理方向本科专业，积极开展产学合作，坚持理论联系实际，把传授知识与提升能力紧密结合，致力于用创新的思路和"工本位"的理念打造这一特色品牌专业，培养在资金筹集、项目管理、公关传播、行政管理等方面有专长的复合型、应用型专门人才。

市场需求是人才培养的指路标，因此浦江公益慈善管理学院与企业建立了良好的合作关系，通过职能部门的走访，加强与用人单位的联系，以便于对人才需求信息和人才需求趋势做出正确的判断，弄明白当前社会需要什么层次的公益慈善管理人才。在了解市场需求后，学校依据这些信息调整办学理念，明确专业管理人才的培养目标和模式。在进一步培养学生扎实的专业素质的基础上，加大纵深方向的培养，纵向加强知识的培养，加深对专业技能的训练和积累，增强学生的核心竞争力。在基础课程的学习上尽可能地拓宽学生的横向知识面，让学生了解这个专业的发展趋势和社会未来需求，同时也让学生了解自己适合什么专业方向。

学校建立了科学合理的专业课程体系，提高专业管理人才就业率。借鉴MBA和MPA的做法，设计课程体系；汲取国际上的先进经验和做法，让课程内容更具有科学性和前瞻性。以就业为导向，以目标岗位职业能力为本位，进行课程体系的改革，以满足学生职业生涯和社会经济发展的需要。专业课程被分为筹资、传播、项目管理与评估、综合管理四大模块，突出做好筹资理论与技巧、项目管理、公关传播、文案写作等重点课程的教学工作，以增加学生专业基础知识的厚度，拓宽学生的专业知识面。与此同时，为培养学生创新创业的意识和能力，加大案例教学的力度，学校定期邀请具有丰富实践经验的社会组织负责人、政府部门负责人和专家学者举办专题讲座，同时举办各种主题活动，以项目教学的形式，构建模拟或者现实的职业情景，让学生在"管理中学习管理"，在学习中培养管理能力，提升就业竞争力。

学校非常重视实践性教学环节，坚持"工本位"的教学方针，用慈善的办法办慈善专业，让更多的社会资源进入学校，把教学活动和公益组织的活动对接起来，让学生参与到公益活动的策划和实施中去，以寻求更多的社会实践机会。一方面将增加实践课数量和加大实践课课时相结合，在教学计划中安排每学期最后两周为专业实践短学期，由教师带学生到相关组织各部门锻炼。同时安排集体实习、自主实习，在实习中让学生形成"观摩实践－模拟实践－顶岗实习－社会实践"的链接,从内容上满足不同单位和岗位的就业需求。另一方面,学校尽可能地加大专业实习基地的投资,引进高素质的实践环节授课老师,让有社会责任感的社会成功人士成为学生的社会导师,推行精英导师制,努力使学校的硬件条件与专业需求相匹配,比如建立了校内实训基地——慈善商店等。另外,学校还加强了实践性教学环节对学生的培养,将课堂讲授与案例分析、实地参观考察、问题调研、项目实施等方式相结合,形成全方位的教学方式组合。

公益慈善领域的人才缺乏,尤其是专业的管理人才严重缺失,造成相应岗位出现缺口,一方面会制约公益慈善事业的发展;但从另一方面讲,这也为浦江学院即将走上工作岗位公益慈善专业的大学生们提供了就业机会。

二、公益人才培养定位

2014年12月21日,浦江学院召开了公益慈善管理专业学科建设研讨会,民政部社会福利和慈善事业促进司慈善处、江苏省民政厅社会福利和慈善事业促进处、基金会中心网、中国宋庆龄基金会、江苏省华侨公益基金会、上海市宋庆龄基金会、南京大学、上海大学、上海师范大学、中央民族大学等政府部门、社会组织和高校的50余位领导、专家出席了会议。与会领导和专家就公益慈善管理学历教育问题,从宏观与微观、理论与实务、通才与专才、素质和能力等不同层次、不同视角做了专题发言和经验分享。

从人才的素质要求看,要培养具有"公益灵魂"的人才,就要塑造学生具有爱心、善心和同情心这种公益人格;从人才的能力要求来看,要培养复合型、应用型人才,要具有与政府、市场进行有效沟通的能力,要具有创意策划、公益营销、项目实施、文字写作和公关传播的能力,要具备与最富的人和最穷的人打交道的能力。

1. 公益慈善人才需要具备健康的人格

在公益活动中,大学生是最活跃、最积极、最有生机的群体,他们可以利用课余时间及节假日自发组织进行社会活动,自愿以做好事、行善举的方式开展联合行动。而且他们数量庞大,人力物力资源丰富,初入社会充满激情和热情,能用丰富的想象力为公益慈善事业带来创新。[1]

大学生处在人格发展与完善的重要时期，健全人格的塑造不仅关系到大学生自身的健康和成长，也关系到社会的发展和进步。人格是指一个人与社会环境相互作用表现出的一种独特的行为模式、思想模式和情绪反应的特征，也是一个人区别于他人的特征之一。具有健全人格的人才是健康的人。

美国人格心理学家奥尔波特（Gordon W. Allport）认为，健康的人格具有自我扩展的能力，他们愿意广泛地参加各种活动；有密切的人际交往能力，富有同情心，无占有感和嫉妒心，能接受自己与别人在价值观与道德心上的差异，与他人的关系是亲密的；情绪上有安全感和自我认可，能忍受生活中不可避免的冲突和挫折，经得起一切不幸遭遇，还具有一个积极的自我形象；体现知觉的现实性，根据事物的实在情况看待事物，而不是根据自己希望的那样来看待事物；对自己的所有和所缺都十分清楚和准确，理解真实自我与理想自我之间的差异，体现自我客观化；定位一致，为一定的目的而生活，有一种主要的愿望，拥有定位一致的人生观。

其实，健康的人格就是和谐、全面、健康发展的人格，具体表现为能够正确认识自己、悦纳自己，有良好的社会适应能力，有积极向上的精神面貌和良好的情绪控制能力，人际关系和谐。[2]

蔡元培先生曾说过："盖国民而无完全人格，欲国家之兴隆，非但不可得，且有衰亡之虑焉。造就完全人格，使国家隆盛而不衰亡，真所谓爱国矣。完全人格，男女一也。"蔡先生还说："教育者，养成人格之事业也。使仅为灌输知识、练习技能之作用，而不贯之以思想，则是机械之教育，非所以施于人类也。"[3]大学生人格健康发展，不仅关系到他们自身的身心健康成长和全面发展，也与我国高等教育的成功、国家的兴盛密切相关。

对于参加公益活动的大学生来说，具备健康的人格是一个首要条件。参与公益活动是自愿性的、无偿性的，这是一种自觉行为。参与其中的大学生们需要有正确的人生观和价值观，有强烈的社会责任感和道德情怀，通过自己的所见所闻、所思所为去观察社会、了解国情，了解普通人生活的艰苦，站在现实的角度去思考问题，分析问题。参与公益活动的大学生们能自觉投身于社会服务活动中，在期间创造性地开展活动，不断升华自己对人

---

1 王颖之.大学生公益精神的培养.安徽工业大学学报（社会科学版），2013, 30（2）.

2 徐广荣.大学生健全人格培养研究.濮阳职业技术学院学报，2009, 22（1）.

3 赵丽.青年志愿服务——拓宽大学生健康人格培养途径，科教导刊（上旬刊），2012, 1.

生和世界的认识，审视自己现有的价值观念，发展和完善自身。

公益活动是无偿性的，是一项需要倾注感情和精力的事业，是一项崇高的事业。自愿参加公益服务的大学生本身就应该具备一定的道德品质基础，有较高的思想觉悟，才能深刻理解自己的个人价值和社会责任，并通过关心别人、爱护公物、尊老爱幼、帮残助困、支援西部等服务活动，奉献自己，以实际行动诠释着个人的价值和对社会的责任意识，充分享受助人为乐的满足感。这种满足感积极向上，升华为道德情操，能让他们进一步提高道德意识，坚定道德意志，不断追求精神的充实，形成人格教育的良性循环，实现从功利主义向利他行为的转变以优化人格品质[1]。

大部分的公益活动是艰苦的，受关注度不大。大学生们去山区支教，去边远地区扶贫，意想不到的困难和挫折随时出现。这时候，大学生们需具备抗打击能力、挫折承受能力和坚韧不拔的意志，才能够自行调整心态，直面困难和挫折[2]。他们以坚强的意志和坚定的信念去认识困难，以独立果断的处事能力去解决困难，克服困难，战胜困难，实现自己当初所设定的目标。

2. 公益慈善人才需要具备实践能力和合作意识

公益活动对大学生的人格具有严格要求的同时，对学生的实践能力和合作意识也有相应的要求。

在实践过程中，大学生需要主动去思考是否参与公益服务，参与多少公益服务学习，以何种形式参与公益服务，应从事哪些方面的公益服务，如何设计公益服务项目，如何筹措公益服务所需的资源，公益服务的效果如何评估，考虑这些问题都需要大学生具备实践能力以及与他人合作的意识，并能充分发挥自身和他人的积极性、主体性以及团体的力量。

作为联系学校与社会的桥梁和纽带，公益活动为大学生搭建了社会服务的平台。大学生通过亲身参与扶贫济困、帮孤助残等实践活动，激发关心社会、服务社会的意识，为满足社会需求、解决社会问题贡献自己的知识和才能，这些都有利于大学生的社会责任心和社会服务意识的培养。社会的肯定和夸赞肯定了他们的个人价值，大大增强了自豪感、成就感，这种能力的塑造是课堂上任何形式的教学都无法比拟的[3]。

---

1 赵丽.青年志愿服务——拓宽大学生健康人格培养途径.科教导刊，2012，1.
2 成睿.青年志愿服务活动与大学生人格发展的相关研究.教书育人·高教论坛，2010，7.
3 成睿.青年志愿服务活动与大学生人格发展的相关研究.教书育人·高教论坛，2010，7.

公益活动是一种直接的社会实践活动形式，在服务过程中，学生能够积极地发挥主观能动性，以忘我投入的精神状态参与其中，将理论付诸实践，同时向社会、向他人学习借鉴，再丰富自己的理论知识和实践经验。

以我校"梦想教练计划"为例。梦想教练计划是针对"梦想中心"学校一线乡村教师度身定制的公益培训项目，真爱梦想基金会大规模招募大城市的教师、学生、企业志愿者成为项目志愿者，经过培训的志愿者利用暑假下乡与教师当面交流，传递梦想课程理念，展示梦想课程授课方式，建立志愿者与教师的人际关系，推动梦想课程开展，最终帮助乡村孩子自信、从容、有尊严地成长。我校大学生志愿者结合各受援学校实际情况充分发挥自身专业优势，为受援学校的教师送去新理念、新意识，完成教学任务的同时也强化和巩固了自身的专业知识，增强了自身的实践能力。

公益活动一般都是团队活动，这就要求参加活动的学生们有团队精神和合作意识。在整个服务过程中不仅要合作，也要有明确分工，既不能不合群、不合作、孤军奋战，也不能所有工作混成一团。所有的参与者之间要进行良好的协作与互助，将劲儿往一处使，主动、积极地为实现共同的目标贡献自己的一分力量[1]。

比如，我校学生在志愿服务结束后，都会制作PPT来分享成果和展示整个活动过程，制作PPT的过程就是分工协作的过程。同学们根据不同的分工，或提供数据，或提供活动过程的照片或图片，或提供心得体会。在这个过程中，需要他们一起讨论，提出意见，一起修改，最后才能成功制作出PPT。这个过程如果没有分工协作，就无法完成分享的目标。

公益慈善管理学院经常组织学生开展趾压板、踩报纸等团队协作游戏，让大家体会到了相互信任与帮助的温暖，同时意识到了合作的重要性。同学们齐心协力完成了比赛，发扬了团队协作互帮互助的精神。在活动参与过程中，同学们受到潜移默化的影响，更加强了同学们之间的凝聚力。

公益活动是一项有组织的开放性活动，需要进行人与人之间、不同社会群体和社会阶层之间的了解和沟通，缓解由于社会群体分化所带来的矛盾，补救或预防某些社会问题的产生和恶化。在这样的一个交流平台上活动，大学生在服务过程中会接触不同层次、不同领域的人和事，不断认识新的朋友，扩大自己的交友圈。这些需要跟不同的人际关系圈进

---

1 朱春花.青年志愿服务对大学生健康人格塑造的影响.新西部·教育探索，2014，35.

行互动和交流，协商处理、解决问题的过程，能增加人与人沟通合作的机会，增强了个人与他人的人际关系互动，丰富学生的社会阅历，增长其工作才干。"所以团队没有交流沟通，就不可能达成共识；没有共识，就不可能协调一致，就不可能有默契；没有默契，就不能发挥团队绩效，也就失去了建立团队的基础"。[1]因此学生要具备沟通协调的能力和交往能力。同样的，在服务过程中学生也能收获并提升实用能力，对今后的学习、工作都有所帮助。

除此之外，分析判断能力和统筹协调能力，也是大学生参加公益活动所需要的。这些也都是在课堂上教师没法教、学生没法学的能力，需要在实践中去体会去积累。

7.3 项目导向探索公益慈善人才培养

我校公益慈善管理学院开设的公共事业管理专业（公益慈善管理方向），是江苏省首家四年制公益慈善管理方向本科专业，为公益慈善组织、社会服务机构、大中型企业、政府部门等机构培养在资金筹集、项目管理、公关传播、行政管理等方面有专长的复合型、应用型人才。

按照行业对人才素质、知识和能力结构的需求，公共事业管理（公益慈善方向）专业设置项目管理、资金筹集、公关传播和综合管理等四大核心课程模块。在教学过程中，遵循应用型人才培养的规律，坚持理论联系实际的原则，将学校学习的知识与公益行业需要的本领紧密结合，将理论学习和能力培养紧密结合，实行全过程项目教学和案例教学。

公益慈善管理学院瞄准公益慈善行业对项目管理人员、劝募人员和公关传播人员的需求，突出打造重点课程模块，把项目设计和管理、筹资原理和技巧、公益公关和传播等打造成精品课程模块。积极借鉴美国印第安纳大学等国外大学在专业建设和课程设置上的先进经验，引进先进教学内容，推动国际合作办学进程。

1　李慧波.团队精神：企业真正的核心竞争力.新华出版社，2004，5.

图7-1 给乔卫副主席颁发聘书

一、聘请企业人员指导教学

在师资力量的配备上，除了专职教师和一批兼职教师、客座教授之外，我校公益慈善管理学院还聘请了专业人员来校教学。这些专业人员来自政府部门、知名基金会、知名社会服务机构、大中型企业等等，他们有丰富的实践经验，因此由他们来帮助学院做项目设计，进行项目教学。专职教师关注学生的学习和思想，引导学生树立正确的世界观、人生观、价值观，学会做人做事；行业专家和爱心企业家为学生提供社会实践和就业方面的指导及资源。

我校推行产学合作育人模式，依托中国华侨公益基金会等公益慈善组织，聘请公益慈善组织专业人员来校授课。2014年10月初，中国侨联副主席、中国华侨公益基金会理事长乔卫应邀为我校公益慈善管理学院的200多名学生上开学第一课。他概括地介绍了公益慈善行业的现状，分享了亲身从事公益慈善活动的经历，并以案例教学的方式对开展公益慈善活动的几个重要环节进行了详细分析，使广大师生对公益慈善行业有了更深刻认识和更切身的理解。不少同学表示，此次授课使他们对公益慈善行业有了更深刻的理解，进一步激发了学习兴趣。浦江也正式聘请乔卫副主席为公益慈善管理学院兼职教授（图7-1）。

二、模拟公益项目比赛

为提高学生的实践和创新能力，公益慈善管理学院于2016年7月举行首届公益慈善项目设计大赛。本届大赛真实模拟全国公益项目创投比赛，爱德基金会研究与创新总监朱艳伟、昆山卓越公益事业咨询中心副主任王俊超、浦江学院科研处魏处长、公益慈善管理学院的三位老师担任评委。此次大赛是一次教学与项目相结合、理论融合实践的有益探索。

本次大赛共收到91份学生原创作品，经过8位导师点对点的指导和评审，共有15件作品脱颖而出，进入决赛。入围的同学进行现场项目答辩，评委老师们对15位选手的陈述给予了中肯的评价和专业的建议，现场互动气氛热烈。答辩结束，最终谢文怡同学的"书来书往——浦江旧书处理"项目获一等奖，张强子同学的"声在这里"项目获二等奖，赖烁琪同学的"绿盒——可降解餐具的推广"项目获三等奖。这次活动，极大地鼓励了学生们在公益的道路上善于发现身边的社会问题，并积极用创新的思维设计出可行的方案去解决问题。

三、益乐家园实训基地

公益慈善管理学院强化实践教育环节，以项目为导向进行实践教学，安排学生到实训基地训练，到公益慈善组织实习，定期组织公益慈善主题活动。主题活动作为项目教学的一种形式，使学生不仅掌握公益慈善行业所需的专业知识，而且掌握公益慈善管理人员所需具备的技能。

2016年，在南京市汤山益乐家园乐善·爱心驿站，汤山街道党工委、汤山街道办事处、民政办、文体服务中心相关领导及南京红叶社会工作服务社张理事长，出席并参加了我校公益慈善专业实训基地挂牌仪式，我校校企合作部刘部长、公益慈善管理学院严副院长、两位辅导老师和七位公益慈善专业的学生参加了此次挂牌仪式（图7-2）。实训基地的建立为学生们提供了更多更接地气的公益服务活动，让他们有更多的机会去践行公益理想。

公益慈善管理学院定期安排学生到益乐家园实训基地，与基地的社工老师们开展各种主题活动。比如2016年3月份，公益慈善管理学院的两名义工周鑫同学和刘月同学来到益乐家园实训基地，与红叶的社工老师们开展了一场"迎雷锋日"主题活动。两位同学向

图7-2　浦江公益慈善专业实训基地挂牌仪式

小朋友们介绍了雷锋的故事和雷锋的精神，重温雷锋歌曲，并带领小朋友们回味了童年游戏。主题活动收到了良好效果，真正触动了同学们的心灵，小朋友们还主动与她们分享身边的雷锋事迹（图7-3）。两位义工同学还带领小朋友们分组清理社区周边垃圾，对社区内的橱窗进行清洁，将学雷锋贯彻到自己的日常生活当中（图7-4）。

四、公益徒步筹款等社会项目

"一个鸡蛋的暴走"筹款项目，是上海联劝公益基金会于2011年发起的公益徒步社会筹款活动，旨在为营养健康、教育发展、安全保护、社会融合等四个儿童领域的民间公益项目筹款。参与者需要在12小时内走完50 km，并通过创意的方式在网络上向熟人募集善款，完成自我挑战的同时筹集既定目标款项。"一个鸡蛋的暴走"希望带给公众身体力行的公益实践和丰富快乐的公益体验，让公益不再遥远，未必苦情，也不止于捐款。

这个极富创意的活动被我校公益慈善管理学院引进到教学课堂，让学生们有机会参与真实的项目。这也是公益慈善管理学院为我校第一届公益慈善管理专业的学生布置的一份特殊的实践作业。2015年5月中旬，大一学生杨毅和其他9个小伙伴历经了暴走队员海选，

图7-3　义工同学向小朋友们介绍雷锋的事迹

图7-4　义工同学陪同小朋友捡垃圾

图7-5　浦江暴走队员们在15km、50km打卡处

组成"浦江公益慈善队",代表学校到上海古城枫泾参加"一个鸡蛋的50公里暴走"活动,还在一个多月的时间里通过各种创意的众筹方式募得2万元善款用于资助贫困儿童。2016年4月份,我校"蛋和远方""朝着太阳升起的地方"两支暴走小分队与5名志愿者共17名同学,一起参加了在上海浦东举行的"一个鸡蛋的暴走"公益徒步活动,15人完成暴走,暴走当天通过各种线上支付共筹得善款4700元(图7-5)。

五、其他各种公益慈善活动

除了"一个鸡蛋的暴走"项目,我校公益慈善管理学院还跟其他公益慈善组织进行交流合作。2016年4月,昆山柏庐的老来伴居家养老服务社、飞扬青少年、卓越公益、欣耕工坊四家社会组织来我校与学生进行交流,公益慈善管理学院徐院长与柏庐社区达成一

图7-6 公益慈善管理学院学生与社会组织工作人员现场交流

致，从2016年开始以项目化的形式促成实习实训基地的推进。街道社区为学生们提供丰富的岗位体验，以提升实操能力；学生们能得到社区工作人员专业的督导管理，更快地融入社会（图7-6）。

2016年4月下旬，出于专业知识学习的需要和自身对公益的兴趣需求，公益慈善管理学院的部分学生在学院老师的组织下，到上海真爱梦想基金会2016年报发布会现场进行实践课程学习。参加发布会的有上海真爱梦想基金会长期捐赠人、基金会重要合作企业、服务于各领域的NGO、全国省市级支持公益事业的政府领导、媒体以及志愿者等。真爱梦想公益基金会潘理事长、筹资委员会刘主席等基金会领导和主管带来精彩的演讲，多位专家与学生展开圆桌对话，麻省理工学院高级讲师进行微课教学。3个多小时的活动，一系列的精彩内容，让参与的学生开阔了眼界，受到了鼓舞，增添了学好专业、提升能力的动力。

为了见证新时代大学生投身公益慈善事业的热情与梦想，感受他们用爱与陪伴为生命服务，南京十方缘老人心灵呵护中心全权委托我校公益慈善管理学院筹办"益路相伴——

　　　第七章　围绕项目，培养公益慈善人才

图7-7 "益路相伴——大学生青春公益梦想·启航"慈善晚会

大学生青春公益梦想·启航"慈善晚会（图7-7）。南京十方缘老人心灵呵护中心自成立以来一直从事老人临终关怀的工作，用爱与陪伴为生命的最后一程重新注解。在这场爱心接力赛中，我校公益慈善管理学院的一群年轻小伙伴加入这个大集体，为此双方共同举办了以"陪伴生命 喜悦成长"为主题的慈善家宴活动，邀请社会人士共同见证新时代大学生投身公益慈善事业的热情与梦想。

2016年6月16日的晚会期间，新入职十方缘的4位小伙伴在签名板上签上属于自己和十方缘的缘分契约。"益路相伴 互动分享"环节，公益前辈分享了各自的公益路程和心得，并与大家一起体验了趾压板和踩报纸小游戏，借此体会公益的凝聚力。

不管是在校内实训，还是到校外基地实践，我们的目标很明确。在实训实践中，教师引导学生围绕慈善管理若干教学项目展开教学，开展活动，学生直接参与项目全过程，自主积极地进行探索和协作。"学习过程成为一个人人参与的创造实践活动，注重的不是最终的结果，而是完成项目的过程。[1]"

现在，浦江公益慈善管理学院不仅仅培养自己学院的学生，也在全校范围内积极拓展公益慈善人才的培养范畴，唤发更多学生的公益意识，并鼓励他们投身到公益慈善事业中去。

---

1 尹春华，胡炬，于瑛英.项目导向教学法在管理类课程中的应用.课程教材改革，2012，239.

第八章
校企共建，培养应用型IT人才

计算机高等教育的主要使命是为社会经济发展培养高素质的知识型劳动者，使我国信息技术创新型人才的整体素质达到国际水平。信息技术人才应该是金字塔型的结构，即顶层为研究型人才，中层为工程型人才，基层为应用型人才，其中应用型人才是人数最多的。目前，高等学校计算机专业在本科阶段对研究型和工程型人才的培养已有一定的基础，而应用型信息技术人才培养方案则亟待完善。浦江学院通过学校和企业的深度合作，培养学生的计算思维运用能力、实践能力及数据处理能力，使其成为优质的应用型信息技术人才，实现企业求才与毕业生求职的双赢。

8.1 社会需要大量的应用型IT人才

一、信息化对IT人才的需求

"信息化"的概念早在20世纪60年代初首先由日本的一位学者提出，而后被传播到西方，西方社会的"信息化"概念是20世纪70年代后期才开始的。我国于1997年召开

143　　　　第八章 校企共建，培养应用型IT人才

首届全国信息化工作会议，确定了"信息化"的定义为培育、发展以智能化工具为代表的新的生产力并使之造福于社会。根据《2006—2020年国家信息化发展战略》，我们可以了解到，信息化就是充分利用信息技术，开发利用信息资源，促进信息交流和知识共享，提高经济增长质量，推动经济社会发展转型的历史进程。

随着信息化建设的发展，产业信息化了，企业信息化了，国民经济信息化了，社会生活信息化了，信息技术和信息产业在经济和社会的发展中发挥了越来越重要的作用。

信息技术的发展，为人类提供新的思维、学习、工作和生活方式，为社会提供了新的发展手段和机会。信息社会也称信息化社会，是脱离工业化社会以后，信息起主要作用的社会。信息社会形成的过程，影响人们的方方面面。在形成过程中，人们的沟通更加密切，人与人之间的距离被拉近；人们的工作方式呈现多样性，工作效率也得到提高；教育更加普及；人的个性得到充分的彰显，发展更加自由化和多样化；人们的生活质量大幅度提高，思维意识更加活跃；世界范围内的合作更加充分。信息技术在资料生产、科研教育、医疗保健、企业和政府管理以及家庭中的广泛应用，对经济和社会发展产生了巨大而深刻的影响。

信息技术以计算机、微电子和通信技术为主，它的发展和应用所推动的信息化，从根本上改变了人们的学习方式、工作方式和娱乐方式，信息逐渐成为现代人类生活不可或缺的重要元素之一，给人类经济和社会生活带来了深刻的影响。信息化带动了电子信息产品制造业、软件业、信息服务业、通信业、金融保险业等一批新兴产业的迅速崛起。

然而，信息化在迅猛发展的同时，也给人类带来负面、消极的影响。其中，信息化对劳动者的影响是较大的。信息技术的广泛应用，对劳动者素质特别是专业素质的要求逐渐提高，从而不可避免地带来了一定程度上的人才缺失。

随着信息技术与信息产业的发展，社会对信息化人才的需求大幅度提升。在信息化程度较高的发达国家，信息业从业人员已占整个社会从业人员总量的一半以上。美国前总统克林顿曾公开宣称："今后的时代，控制世界的力量不是军事力量，而是以信息能力走在世界前列的国家"。[1]信息技术人才的重要性不言而喻，因此，工业发达国家不惜重金，培育、招揽信息技术人才，发展信息产业，争夺信息技术领域的主导地位。

早在2012年7月，美国在线招聘网站Dice发布了月度IT技能需求报告，报告显示，

---

1 范胜英，付俊薇，赵金玉.信息时代的教育创新，高教论坛·教书育人，2003, 24.

由于市场自身的规模正在扩大，且对有经验的人才需求增加，许多企业没有提供足够的培训帮助职场人士学习更多技能，导致Java开发者、移动开发者和Net开发者之类的信息技术人才成为企业急需的人才。奥巴马政府于2015年3月公布了TechHire科技人才招聘计划，并于2015年11月启动了该计划，通过拨款1亿美元资助技术培训、招聘及雇佣，扩大美国的信息技术人才队伍，以此填补全美超过50万的IT工作缺口。该计划包括网络安全、软件开发和网络管理等课题以及编码训练营、在线课程等培训[1]。2016年8月，美国智库战略与国际研究中心（CSIS）和英特尔安全集团（前身为McAfee）联合发布"Hacking the Skills Shortage"报告，报告中显示，澳大利亚、法国、德国、以色列、日本、墨西哥、美国和英国都出现了IT"人才危机"。[2]

据英国就业和技能委员会（UKCES）2014年发布的最新报告预测，未来十年，英国IT行业需要30万名高层次人才，包括IT架构师、大数据和安全专家等，现有的IT专家也需要更广泛、更深入地提高技能，同时还需要提升业务、销售及沟通技能，这对于英国IT行业的持续发展至关重要。曾以科技业闻名的芬兰，现在却因缺乏拥有"正确"技能的人才，数千名软件开发人员的空缺急待填补。据芬兰软件业暨企业家协会的统计，芬兰科技业正在寻找近7000名软件工程师。[3]

2016年7月，我国中共中央办公厅、国务院办公厅印发了《国家信息化发展战略纲要》，对信息化发展做出了全面部署。随着"中国制造2025"战略的实施，中国将进一步迈向信息社会。信息社会形成一批新兴产业，信息产业迅速发展壮大，成为整个社会最重要的支柱产业。在这样的背景下，社会对人才的需求也发生了改变，信息化人才的市场行情十分紧俏。信息社会建设过程中，各个时期对信息人才的需求各有侧重（图8-1）。

然而，不管是国外还是国内，社会对这类人才的培养始终都满足不了市场的需求。常言道："天高任鸟飞，海阔凭鱼跃"，IT行业在我国的发展潜力是非常巨大的，但是当前困扰着中国信息产业发展的一个突出障碍依然是"橄榄型的人才结构"，即"高精尖人才"与"底层实战型人才"极度稀缺。我国大部分信息化人才来源于正规院校，其中大部分是全国各高等院校或科研院所的软件相关专业毕业生，只有一小部分来自职业技术学校以及

---

1 资料来源：美国启动1亿美元IT人才招聘计划.中国信息产业网－人民邮电报，2015年12月2日.http://news.163.com/15/1202/09/B9QP37JD00014AED.html.

2 资料来源：美国和英国等地面临IT"人才危机".cnbeta网站（台州），2016年8月2日.http://digi.163.com/16/0802/14/BTFKEO7100162OUT.html.

3 资料来源：程君秋.芬兰科技发展人才短缺，急需近7000名软件工程师.环球网，2016年6月15日，http://news.cnfol.com/it/20160615/22897127.shtml.

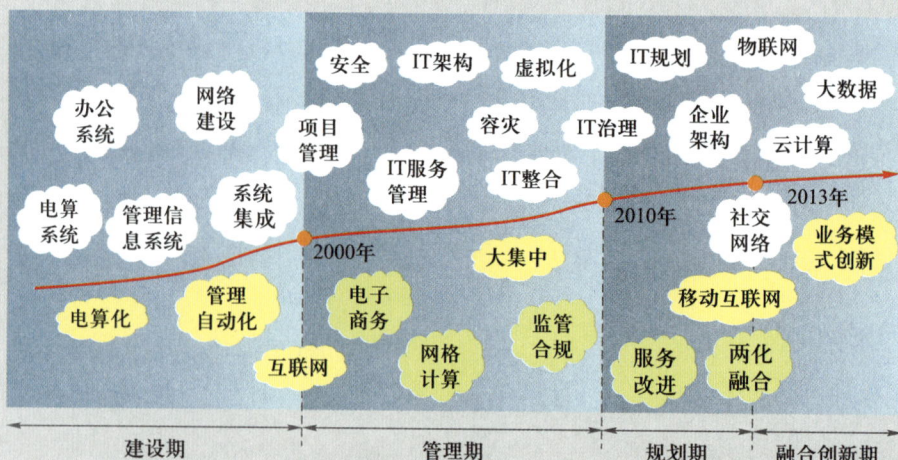

图8-1 社会对IT服务人才的需求变迁[1]

社会培训机构。这些人做程序员不能充分发挥作用，做科研人员、工程师又难以胜任，从而造成了国内信息人才的"橄榄球型"结构，这非常不利于我国信息化产业的发展。

二、IT人才的金字塔结构

无论是一个国家、一个地区还是一个单位，人才队伍结构多是"金字塔"型的，层次越高，人员越少，对人员的素质要求也越高。"金字塔"结构的塔尖，代表的是人才队伍中的顶尖人才；塔身，是人才队伍的中坚力量；塔基，是人才队伍的基层人才。德国的传统制造业在面对工业信息化革命时，明显落后于美国和日本，但在短短十余年间，它的传统工业在加入信息化元素后，又很快地跟上了时代步伐。透视德国此次工业化进步，其中一个重要原因是它的人才结构合理，即从顶端的科学家到底端的技术工人，呈完整的正金字塔结构。[2]

1　图片来源：李秋华.论人才队伍的"金字塔"结构及其优化.金华职业技术学院学报,2010,10（4）.
2　孙东东."中国制造2025"亟须技术人才金字塔.中华建筑报, 2015年3月27日.

人才用时方恨少。要改变这一状况，就需要构建人才的"金字塔结构"，做到"金字塔"每层的人才数量与结构均衡合理，形成人力资源的良性开发与合理配置，实现人才的可持续发展。[1]

我们要打造人才金字塔的辉煌塔尖，通过学位培养、企业内导师制培养、研修培养、出国培养、岗位培养、复合知识及能力的培养和专项知识及能力的培养等方式，大力培养、引进领军人才和顶级人才，并通过有效的机制，充分发挥领军人才和顶级人才的规划、引领作用。

我们要壮大强化金字塔的塔身建设，处于塔身的人才是人才队伍金字塔结构的中坚力量，加强人才库的建设，对人才库里的人才要有意识地加强学习、锻炼、提高。除了建立完善的培训、学习机制外，还要建立自己的精英档案，对所列入精英档案的员工要重点培养，全面提高其各项素质，使处于塔身的人才种类齐全，"才力"强劲。[2]

我们更要铸造坚实的金字塔底座，在基层一线打好人才基础。万丈高楼平地起，一个理想的人才队伍金字塔结构，需要有扎实的塔基。加大人才培养的投入，形成多层次、多渠道培训体系，努力使更多的人力资源转化成为人才资源，增强基层人才的数量规模，夯实人才队伍的基础，从而扩大人才队伍"金字塔"结构的宽度和牢固度，增强全塔的支撑力。构成人才金字塔底座的是一大批技术工人，是他们将产品从设计图纸转化为实际产品，他们的操作水平在很大程度上决定了产品的工艺和质量。在引进和培养科研开发人员、工程技术人员、专业管理人员的同时，一定要培养和造就一批高素质的技术人员，形成一支结构合理的企业人才队伍[3]。

根据社会对计算机类人才的需求类型的选择，我们可以将计算机类人才培养类型分为研究型、工程型和应用型三种，并且培养结构应呈金字塔型。我国教育部高等学校计算机科学与技术教学指导委员会编制的《高等学校计算机科学与技术专业发展战略研究报告暨专业规范（试行）》[4]（2006年版）对计算机人才的培养有非常明确的目标和战略。

研究型人才是优秀的计算机科学与技术专业人才，注重理论研究，主要从事理论知识创新，研究如何发现规律，什么能够被有效地自动计算等，对他们的主要要求是创新精神

1 曹德辉.垒好的人才金字塔.http://www.chinapostnews.com.cn/684/06840702.html.

2 陈丽萍.人才金字塔规律及对人力资源管理的启示.当代经理人，2006.

3 李秋华.论人才队伍的"金字塔"结构及其优化.金华职业技术学院学报，2010，10（4）.

4 教育部高等学校计算机科学与技术教学指导委员会.高等学校计算机科学与技术专业发展战略研究报告暨专业规范（试行）[M].北京：高等教育出版社，2006.

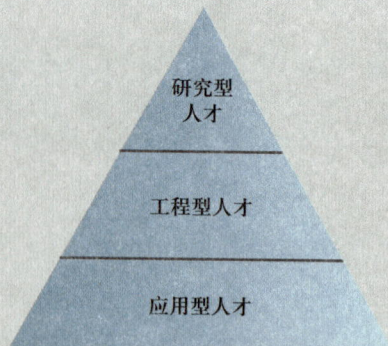

图8-2 信息技术人才的结构

与创新能力；工程型人才是指工程实践型人才，未来将成为主任工程师、总工程师，主要注重基本理论和原理的综合应用，注重工程开发与实现，研究如何构建系统、如何低成本和高效地实现自动计算，从事计算机软硬件产品的工程性开发和实现工作，对他们的主要要求是技术原理的熟练应用和创造性应用。

应用型人才主要指熟练的专业技术、优秀的软硬件生产、开发、经营、维护工程师以及专业技术管理工程师，更注重软硬件支持与服务、专业服务、网络服务、WEB系统技术与实现、信息安全保障、信息系统运行维护、信息系统工程监理等技术工作，承担信息化建设的核心任务，掌握各种计算机软硬件系统的功能和性能，善于系统的集成和配置，有能力管理和维护复杂信息系统的运行，研究如何实现服务，如何方便有效地利用系统进行计算等，从事企业与政府信息系统的建设、管理、运行维护等技术工作以及在IT企业从事系统集成或售前售后服务的技术工作，对他们的主要要求是熟悉多种计算机软硬件系统的工作原理，能够从技术上实施信息化系统或信息工程的构成与配置。

根据教育部、信息产业部、国防科工委等五部委联合发布的人才报告显示，我国IT业人才需求量每年增长近百万，社会对计算机人才的需求呈金字塔结构（图8-2），研究型、工程型、应用型需求之比为1:4:7。

其中，研究型人数所占比例最小，是信息行业的领军人物，能够推动产业发展。他们可以是经过几年时间的经验积累，从工程型和应用型人才中发展起来的。想要有更多的研究型人才，没有长时期的积累是产生不了的，只有工程型和应用型人才达到足够数量，量变才能产生质变。工程型人数相对稍微多一些，主要负责工程管理工作。而应用型人数比例最大，各行各业中都需要应用型信息人才，此类人才占人才需求量比例最大。对于计算机专业的学生来说，社会只需要其中的一少部分人成为计算机科学家，一部分人成为计算机工程师或软件工程师，一大部分人成为各行各业的信息化建设者，社会更多地是需要大量集学科、技术和产业思维于一体的应用型技术人才。

随着信息化战略的实施，中国对信息人才的需求急剧增加。当前，信息人才已成比例增长，尽管如此，社会需求仍存在着巨大的缺口，企业对这类人才一掷千金，信息人才已是高薪的代名词。因此，我们对信息人才的培养应当与社会需求的金字塔结构相匹配，信息人才结构也应当是金字塔形的，这样才能提高各个层次学生的就业率，满足社会需求，降低企业的再培养成本。

应用型人才的工作内容涉及了工程型工作的部分内容和应用型工作的全部内容。应用型人才首先应该成为普通基层技术人员，通过一段时间的工作锻炼，可以成为软件工程师、数据库工程师、网络工程师、硬件维护工程师等工程型人才。早期的计算机教育更加注重研究型、工程型人才的培养，理科院校大都注重研究型人才的培养，工科院校大都注重工程型人才的打造。目前，高等学校在本科阶段对信息化人才中的研究型和工程型人才的培养已有一定的基础。然而，当前就信息技术领域而言，需要各类高校为社会培养具备解决大量实际问题能力、能在工作中独当一面的应用型信息化人才。我们的高校应以优秀的教学、先进的技术和高质量的服务为中国的IT产业培养大量的应用型技术人才，构筑出坚实的"金字塔"塔基，只有如此才能保证国家信息产业的长足发展。

只是当前，IT人才主要是由高等院校的计算机专业及电子电信等相关专业教育培养出来的。大量本科和本科以上学历的技术人员冲杀在编程的第一线，造成人力资源的巨大浪费和企业成本居高不下。为了培养大批信息化的应用型人才，一般本科层次的计算机类专业人才培养定位应该是应用型人才。

　　　第八章　校企共建，培养应用型IT人才

三、什么是应用型 IT 人才

应用型本科人才，就是适应高科技应用和智能化控制与管理一线工作要求，兼具知识的专业性和通识性的本科层次的专业应用型高级复合人才，他们还应具有能力的专业性与发展性，素质的通用性与鉴别性。应用型 IT 人才应该同样具备相应的知识、能力和素质。

应用型 IT 人才的知识包括素质性知识和专业性知识，其中，素质性知识指人类、社会、自然发展及其规律的基本知识和基本理论，包括马列主义、邓小平理论、思想道德、法律基础以及自然科学与人文科学在内的素质性知识，属于通识教育的范畴；专业性知识指计算机学科的理论知识、经验性知识和工作过程性知识，包括从课堂和书本上获得的基础理论知识，以及通过实验、实践、工程构建等过程方能取得的工程技术基础知识、实践能力、工作素质。

应用型 IT 人才除了具备 IT 人才应具备的计算思维能力、算法设计与分析能力、程序设计与实现能力等专业工作能力外，还要具备职业发展能力这样的非专业工作能力。

专业工作能力主要指运用专业知识解决实际专业问题的能力，包括核心技能、行业通用技能和职业专门技能等。核心技能是指当下应用广泛的技术技能，比如熟悉 Java、C 语言，对编程能力、芯片设计能力、系统设计能力、组网能力等经典技术技能的掌握。行业通用技能包括良好的人际关系、沟通协调能力、口头和书面表达能力等，这些除了在家庭、学校和社会的人文教育和文化环境中慢慢养成，还需要高校的人文教育熏陶。结合信息时代的特征，学生应该具备职业发展能力，以应对信息技术的迅猛发展带来的工作能力新要求。[1]

应用型 IT 人才还要重视职业素质的培养，因为职业素质直接影响其应用能力和工作效果与质量。应用型 IT 人才具备相应的职业素质，就要树立正确的价值观、职业观，注重职业道德修养；要具备职业规划能力、项目设计能力、创新思维能力、专业操作能力和沟通与协作能力；要具备团队意识、理性的职业意识；能够保持健壮的体魄、平和的心态以及坚强的心理素质。[2]

在应用型 IT 人才培养过程中，高校专业设计不能仅仅拘泥于学科本位，而是与现实相对接，以市场需求为导向，着重于强调知识、能力、素质的协调发展。其中最关键的是学生实践操作能力的培养。浦江学院主要培养 IT 专业应用型人才，充分利用优秀企业资

1　李劲东、冯继宣.对 IT 应用型人才能力培养的解读, 计算机教育, 2010, 5.

2　许晟.IT 应用型人才职业素质培养及其实施方案, 滨州职业学院学报, 2006, 3 (3).

源，与生产型企业进行产学研合作，强化学生的实践能力和技术创新能力的培养，大力建设校内外综合性实践实训基地，使自己的学生能进入到企业中去锻炼实践，结合企业真实的开发项目充分消化、应用课堂所学的理论知识，逐步培养和提高学生的专业技能，强化职业素质训练。

8.2 应用型 IT 人才的动手能力是关键

一、与企业共建实验室

当前，全球的经济发展和社会生活正在发生巨大的变化，其中通讯技术的发展极大地影响了人们的生活，巨大地改变着社会。而通讯技术的发展无疑是信息社会形成的一个重要标志。无处不在的无障碍沟通使得地球村真正成为现实，无论是发达国家还是发展中国家，都能生活在同一片蓝天下。在社会信息化转变的过程中，中兴通讯又是当仁不让的数字化浪潮弄潮儿，在行业内取得了令人瞩目的成就。

中兴通讯是中国最大的通信设备制造业上市公司，是中国通信设备制造业的开拓者，中国综合性的电信设备及服务提供商，全球四大手机生产制造商之一，在向全球160多个国家和地区的电信运营商和企业网客户提供多种创新技术与产品解决方案的同时，还提供专业化、全天候、全方位的优质服务，灵活满足全球不同运营商和企业网客户的差异化需求以及快速创新的追求。

中兴通讯的产品涵盖无线、核心网、接入、承载、业务、终端、云计算、服务等领域，坚持以市场为驱动的研发模式进行自主创新，通过独立自主的开发主体，层次分明、科学规范的创新体系、持续的研发投入，以持续技术创新为客户不断创造价值。公司在美国、法国、瑞典、印度、中国等地共设有20个全球研发机构，3万余名国内外研发人员专注于行业技术创新，在技术开发领域取得一系列的重大科技成果。截至2015年底，中兴通讯拥有6.6万余件全球专利申请、已授权专利超过2.4万件。公司依托分布于全球的107个分支机构，凭借不断增强的创新能力、突出的灵活定制能力、日趋完善的交付能力赢得

图8-3 中兴浦江共享实验室

全球客户的信任与合作。

中兴通讯是目前国内掌握下一代互联网通讯设施研发的唯一企业，占据着中国未来战略发展的高端领域，研发水平走在世界前列；中兴通讯的发展蓝图的顶层设计是完美的，涉足通信、云计算、智慧城市、智能制造、物联网等多个国家重点大力推进的项目；企业的发展离不开国家的支持，中兴通讯一直被国家大力扶持。由此可见，中兴通讯未来的发展绝对是迅猛的，这样也就带动了各种人才的大量需求。除了研发型人才，中兴通讯更迫切需要高端设备的维护和管理人才，以充实覆盖全球100多个国家和地区的信息化应用型人才队伍。

中兴通讯与业内通信设备制造商、运营商、工程公司、渠道商、代维公司、邮电规划设计院、传输设备应用企业、城市轨道交通相关企业、物联网相关企业、移动互联网相关企业等企业的合作，也迫切需要高素质的信息与通信工程人员。

在这样的大背景下，浦江与中兴通讯共建"一带一路"学院，共建了总价值1亿元的通信实验室（图8-3），使其成为中兴通讯的重要研发基地。中兴通讯派专家团队与浦江教师共建师资队伍，联合制定人才培养方案、联合开发教材、共建实践教学平台、联合教学、联合开发教学资源库、提供就业支持，以服务地方经济及产业发展。中兴通讯将市场需求转化而来的企业研发项目引入基地，为基地提供研发与服务需求，提升合作院校参与行业科研的能力，推动应用科研反哺专业建设。同时，校内企业实验室的建立，也让学生拥有了最先进的实训条件和充分的动手操作机会。

除了中兴通讯，浦江还吸引其他企业到学校设立实验室，而这些实验室免费向学生开

图8-4 合作共建实践基地

放，学生在这里不仅能了解本行业最新的技术和研究方向，也能不断提高动手能力和实际工作能力。在与产业密切互动的情况下，学生、学校、产业界串起一个共存共荣的循环体系。目前，浦江已经建成Oracle工程实践教育中心、微软技术实训基地、Android系统开发实训基地、苹果IOS系统开发实训基地、江苏联通"沃创社"实训基地，并且与多家银行建立深度合作关系（图8-4）。为培养适合市场需求的工程实践性人才创造良好的条件，浦江还和南京多个软件园共创了"创业孵化基地"，为学生创新创业提供服务平台。

二、与中兴通讯联合培养

提高实践能力的关键是要让学生与企业有直接沟通的机会。浦江把专业建设深深根植于生产实践之中，在实践中转变传统教学观念，致力于培养具有较强社会适应性的人才。

1. 成立产学研基地

作为通讯行业首屈一指的企业，中兴通讯是通信工程专业学生最好的实习基地，浦江也积极争取到了与中兴通讯合作的机会，与其合作成立产学研基地。大学生在这个平台上，不仅能从企业运营流程中掌握行业前沿技术及主流设备，还能身临其境地感受通信产业链各个环节的真实工作需要，提高自身的专业技能和综合素质，从而更快适应未来工作岗位的要求。

2016年年初，浦江与中兴通讯合作建立了"产学研合作基地"。深化校企合作，让老

图8-5 浦江学院与中兴通讯签约合作

图8-6 张董事长到中兴通讯总部访问

师在实践中教，让学生在实践中学，使学生专业理论知识和实践能力明显增强，为企业培养后备人才，实现学生、学校、企业三方共赢（图8-5）。

2. 参观、实习

2016年3月初，应中兴通讯深圳总部董事、常务副总裁方榕女士邀请，浦江一行前往中兴通讯深圳总部调研，就正大和中兴在智慧农业、零售与食品等方面的情况作了交流，并就双方全力打造高端国际化人才培养项目进行了深入的探讨，我校牵手中兴通讯集团旗下中兴通讯培训中心打造高端国际化人才培养项目，最终就大数据、移动终端、云计算和金融等四个方面的合作达成合作意向（图8-6）。

学校也组织学生去参观了中兴通讯股份有限公司。通过依次参观智能家居展台、中兴产品和服务展示长廊和专利墙，同学们不仅了解到了中兴通讯在智能家居领域最前沿的解决方案，而且更深入地了解了中兴通讯在全球通信市场的运营情况。中兴博物馆展出了从20世纪80年代的中兴半导体公司到现在的中兴通讯股份有限公司的展品，生动地展示了中兴创业和迅速发展的历史，以及对全球通信领域的巨大贡献。最后，中兴人力资源部的工作人员向同学们介绍了中兴校园招聘的情况、中兴的经营情况、员工福利待遇及晋升途径，还对现场同学的提问进行了耐心解答（图8-7）。

3. 与中兴通讯培训中心联合培养

中兴通讯培训中心是由中兴通讯股份有限公司创办的，依托中兴通讯强大的技术力量，凭借14年的专业培训经验，利用先进的培训设施、规范的培训管理和优秀的讲师队伍，为近13万名国内外的客户提供系统培训、维护专题培训和管理素质培训。目前，中

图8-7　浦江学生在中兴学习

兴通讯培训中心的培训网络已经覆盖全球90多个国家，为多家国内外运营商提供了定制化、个性化、深度化的管理和技术类培训。

中兴通讯培训中心采用先进的企业化教学模式，结合目前通信企业人才需求，建立相应的理论和工程案例式实训课程体系，将中兴通讯行业技术培训资源前移到高校中共同组建通信专业架构，这是一种全新的以通信实践技能为主的育人模式，将企业教学方法、企业培训讲师与高校课程体系、高校师资进行深度融合，培养符合现代通信行业需求的高端技能型人才。在合作人才培养过程中，管理人员、技术工程师走进校园，通过课堂授课、与学生现场交流互动、学生现场模拟面试、企业专家、职场精英面对面等教学形式将企业融入到职业素质培养当中。通过学习与实践，企业思维与职业意识将成为学生的一种自觉习惯，实现从"学生"到"职业人"的本质转变。

中兴通讯培训中心将信息及通信技术行业前沿技术及主流设备引入到我校实践教学体系，并以反映行业人力资源需求的培养方案、同步于技术发展的完善教材、先进的师资教学能力培养体系、模式创新的校企合作环境构建服务，为我校提供专业发展综合解决方案，协助学校共同培养行业急需的高端技能型人才。

中兴通讯培训中心一直致力于加强讲师的培养，目前已形成了一套卓有成效的讲师资格认证考核模式，并拥有一支具备专业技能的高素质讲师队伍。针对不同对象、不同培训目标，综合运用课堂讲授、多媒体教学、上机实习、工程维护实习、分组研讨等多种教学方法进行系统、规范的授课，使学员能够深入掌握培训目标中设定的知识点，全面提升工作能力。我们选派优秀教师赴中兴通讯接受系统专业培训，与中兴通讯培训中心的教师共同为学生授课；学生通过系统的专业实训，一方面促进了专业技能、职业素质的提高，另一方面将大大增加人才适应企业的能力。

在过去的十多年里，中兴通讯培训中心投入大量资源完善NC认证体系，现今，NC认证已发展成为标准完备、管理严谨的标准体系。中兴通讯将NC认证考试搬进浦江校园，通信实验室的建设为认证提供了硬件支持。我校学生在校期间可以考取中兴通讯NC助理工程师证书，为毕业后进入通讯行业知名企业奠定了坚实的基础。

4. 留学与就业优势

为了配合国家的"一带一路"的发展战略，中兴通讯培训中心携手法国知名高校普瓦提埃大学以及智翔集团，共同策划、开发、打造了全新的高端留学产品——"普瓦提埃大学–中兴人才联合培养项目"。普瓦提埃大学是法国首屈一指的综合性大学，拥有悠久的历史、优良的教学传统，注重学术与实践相结合，与400多家企业达成合作伙伴关系，每年为学生提供1300多个培训实习机会。2016年，在国家"一带一路"政策的指引与激励下，结合高校强烈的创新人才培养需求，中兴通讯培训中心率先与浦江等高校完成了"中法国际班"的建设，浦江与中兴通讯就法国人才培养项目的战略合作举行签约仪式，依托中兴通讯创新的人才培养机制在全国高等教育领域树立了全新的"海外人才培养模式"，培养和储备具有国际化视野、适应于国内国外ICT及相关行业的国际化应用型人才。特别值得提及的是，中兴通讯为"中法国际班"学生提供全球带薪实习机会，在培养学生的国际化视野，提升综合竞争力的同时，亦会帮助学生开启成功的职场之路。

中兴通讯与浦江合作的法国人才培养项目是中兴通讯的人才定制培养服务计划——海鸥计划的第一站，是中兴通信第一次与非985、211等定点院校的合作，该联合培养项目的培养方向为通信工程类（MEI）和商务管理类（ISVD），项目在法国实施周期为一年，通过理论学习和海外实习相结合的方式，培养具有国际化视野和业务实操能力的通讯行业专业人才。该项目拥有学术水准高、教学能力强、项目经验丰富的国际化师资团队，采用项目实战型人才培养模式，整合行业资源，实现企业对专业教学和项目实习的全程指导，并为学生在全球范围内提供带薪实习机会，致力于培养具有国际化视野、素质全面的实战

图8-8 法国中兴老师现场教学

型行业精英。

在校企联合的基础上，项目培训贴近学生职业所需，注重学生的职业能力培养和专业技能的提高，学员学习期满，顺利完成理论学习和实习两部分内容，通过考核合格后，即可获得普瓦提埃大学职业学士学位（法语名称：LICENCE PROFESSIONNELLE）和中兴通讯专业认证证书。普瓦提埃大学职业学士学位等同于中国的学士学位，并可以获得教育部中国留学服务中心的认证。符合中兴通讯就业服务资格的学员，可免面试直接进入中兴通讯人才绿色通道，录用的岗位一般为售后工程技术服务工程师或者售前及客户经理岗位，地点一般为海外各营销事业部所在地，薪资按照中兴通信讯分公司、海外事业部、子公司、控股公司及产业链上下游企业正式员工标准，以岗位技能定薪，为学生搭建更高起点的职业发展平台（图8-8）。

通过与中兴通讯培训中心的紧密合作，浦江将在先进教材体系建设、教学模式探索、师资队伍迅速提升、从业资格的认证、学生就业优势等方面迅速形成相关专业学生的核心竞争优势。我校与中心通讯的合作恰逢其时。

8.3 校企共建实现应用型 IT 人才培养

浦江学院实施本科培养精英导师制，邀请知名IT企业共同参与研讨、制定实用性较强的专业人才培养方案，构建以能力培养为出发点的人才培养体系。通过以教授、博士为核心的基础理论教学团队，国内外著名IT企业的高级开发人员为核心的实践教学团队，利用IT企业的开发环境作为实习基地，通过企业平台与市场接轨，实现理论与实践培养的有效结合，关注学生计算思维、实践能力及数据处理能力的培养。

一、专业设置

学校在信息技术领域现有计算机科学与技术（Android移动开发方向）、计算机科学与技术（IOS移动开发方向）、通信工程、信息管理与信息系统四个本科专业（方向）。

计算机科学与技术专业将计算机理论与软件工程有机结合，形成了面向系统、侧重应用的宽口径专业。专业设置了企业软件开发技能需求课程及实践教学环节，将企业开发项目引入课堂，让学生通过真实环境中的工程实践训练，掌握项目开发技能，具有良好的科学素质和创新精神，系统、全面地掌握计算机科学领域的专业知识，具有计算机软件设计、开发及应用能力，以及良好团队合作精神和创新能力。

计算机科学与技术专业（嵌入式培养）依托南京工业大学的师资优势及正大集团的产业平台，设置了最为主流的移动应用技术方向、大数据技术方向、Java软件工程师方向，通过与中兴通讯、江苏联通等企业强强联合，将行业资深的开发工程师和真实开发案例引入课堂，带给学生最新最实用的教学资源，建立通畅的移动开发人才产能输送通道，让移动技术方向的学生具备较强的计算机应用和移动开发实践能力，掌握移动应用软件开发技能；让大数据方向的学生具备计算机软硬件理论水平和实践操作能力，熟悉大数据与云计算的构建，掌握Hadoop/MapReduce开发框架以及Hive、Hbase、Pig等大数据主流工具和技术；让Java工程师方向的学生具备计算机软硬件理论水平和实践操作能力，熟悉Struts/Spring开发框架以及Oracle/Linux等主流数据库与系统，能在IT软件企业、科研部门等领域从事Java程序设计及开发。

通信工程专业将通信工程理论与移动通信、物联网等技术有机结合，形成了面向系统、侧重应用的宽口径专业，以市场需求和学生就业为导向，以工程实践能力训练为核心，突出岗位能力需求，让学生在课程实践和项目实践中提高技术应用能力，系统全面地掌握各类通信系统的基本原理，熟练掌握通信工程领域的专业知识，既具有通信系统设计、技术开发、技术支持和管理方面的扎实理论基础及较强的实践能力，同时也具有良好团队合作精神和创新能力及终身学习能力。

通信工程（嵌入式培养）专业，顺应移动通信技术发展潮流，开设智能物联网方向、Android嵌入式开发方向、移动互联开发方向。通过与中兴通讯、江苏联通等企业的战略合作，引进国际优质的教学资源，推动项目教学、任务驱动教学，将资深的嵌入式系统开发工程师及一线开发项目引入课堂；依托南京工业大学的师资优势及多家校外实训基地，为学生提供良好的条件和环境，为学生高水平就业奠定基础，让智能物联网方向的学生熟悉物联网产业链中标识、感知、处理和信息传送四个环节，具备相当的计算机网络专业知识，掌握电子、射频、无线通信相关技术，同时精通无线传感器网络技术；让Android嵌入式开发方向的学生具备嵌入式系统软件开发所需的理论基础和实践能力，能从事嵌入式应用的驱动开发与嵌入式软件研发；让移动互联开发方向的学生具备移动互联产品软件开发所需的理论基础和实践能力，具备移动互联网软件实施和管理能力，掌握移动互联网软件设计、开发、测试、维护方法，能在移动互联网领域从事软件开发、测试。

信息管理与信息系统专业强调管理与信息技术的融合，联合众多业界知名企业，如中兴通信、甲骨文中国有限公司、苏微软件等，形成了"厚基础、宽口径、重应用"的培养模式，一方面加强基础类课程的教学，以良好的数理基础、管理学和经济学理论、信息技术知识及应用能力为知识体系，让学生具备宽厚的专业基础知识和综合人文素养以及独立思考能力；另一方面加强实践教学，培养学生工程素养和实际应用能力，掌握信息系统的规划、分析、设计、开发、实施与维护技能及大数据分析能力，着重培养学生的管理思维、信息技术技能和数据分析技能。

教师队伍中有国内"985""211"知名院校的教授、博士，也有来自国内外著名IT企业第一线的高级系统研发人员。有着丰富工程实践与管理经验的高级工程师、企业家、实业家、社会活动家等各领域的成功人才、精英人才加盟学院教师队伍，和学校的教授、专家共同担任学生的精英导师。培养实用技能型人才是浦江学院信息技术专业人才培养的目标。实践证明，培养实用技能型人才，必须使教学与产业界挂钩，产学研结合，为人才成长搭建供应方和需求方平台，在供需平台上实现人才培养计划。

二、到合作企业实习实训

学校与中兴通讯进行深度合作，双方本着"优势互补、全面合作、共同发展"的原则，建立战略合作伙伴关系，建设校企合作实训基地，利用IT企业的开发环境作为实习基地，实现理论与实践培养的有效结合，为培养适合市场需求的工程实践性人才创造良好的条件；同时邀请中兴通讯相关人员共同参与研讨、制定实用性较强的专业人才培养方案，通过企业平台与市场接轨，构建以能力培养为出发点的人才培养体系。

学校积极鼓励和支持学生到企业实习，从事创新创业活动。通过定期选派学生进入企业实习，让学生在行业最前沿接触真实的IT企业工作环境，把握最新技术、最新信息，了解IT业的发展趋向，强化动手能力训练，提高职业素养。在实训、实习期间，由企业管理人员和技术人员对实习生按企业要求进行管理和指导，让学生参与企业的生产管理、工艺指导、质量管理和技术开发等工作，完成岗位适应性训练。实习成绩由实习企业管理人员和指导教师共同评定。学校和企业双方，共同培养具有创新能力的实践性人才。这种双向互动的模式，使产学研的合作更加密切，而且大大缩短了学生适应企业环境的时间。

比如，学校组织通信工程（嵌入式）专业学生进入企业，进行专业化的知识理论指导，让同学们提前了解嵌入式发展方向，做好实战准备。实习伊始，企业高级职员给同学们介绍专业课程，讲解该专业的就业发展路径，让同学们对专业有更深层次的认知。组织计算机科学与技术嵌入式专业学生进入企业进行专业认知实习。学生对企业的发展史、核心内容进行了简单的了解，接触到了真实的新型科技产品，可以更加真实地感受一个企业的文化氛围（图8-9）。

学生们走出校园，走进企业，切身感受到了企业的工作环境，对企业的工作流程有了更深刻的了解，对自己将来可能从事的行业有了更直接的认识，从而激发同学们的学习和创新创业激情。

图8-9 浦江学生到企业进行专业认知实习

三、参与企业项目

浦江强调实践教学。实践是信息化人才培训的主要方式，先从"做"开始，学生在"做"的过程中如遇到问题，再展开学习专业理论，从而培养学生以订单项目为基础的专业实践能力和实际操作开发能力。学生在学校时就能参加企业项目的研制开发，一旦进入企业能很快成为合格的专业技术人才。

2015年6月初，省教育厅发文公布2015年软件服务外包类专业嵌入式人才培养项目立项名单。凭借自身专业优势和校企合作优势，我校与南京擎天科技有限公司、江苏宏创信息科技有限公司合作的两个嵌入式人才培养项目脱颖而出，赢得江苏省教育厅评审专家的认可，获得立项。两个项目分别是计算机科学与技术（嵌入式培养）项目和通信工程（嵌入式培养）项目。"嵌入式培养"是通过引入一线企业的前沿课程，聘请江苏省产业教授、企业资深工程师来校讲课或指导实践教学，并组织学生到企业实训实习，强化工程实践教学环节，积累学生工程经验和实践能力的培养方式。这两个项目的成功申报对我校工科类专业优化课程体系、强化校内外实训实习、校企联合培养高素质技能专业人才发挥了积极推动作用。同时，浦江与这两个公司合作培养的毕业生可以直接进入公司就业。

　　　　　第八章　校企共建，培养应用型IT人才

四、校内实践平台及活动

浦江移动网络学院与企业合作，成立了学生自己的工作室——大象文化传媒工作室，面向全校影视制作的爱好者做培训。大象工作室的杨建同学作为主讲人，为到场的8个院系近30人做现场指导。讲台下大家热烈地讨论问题，更有勇敢的同学向杨建提问，现场气氛活跃。培训课结束后，依然还有意犹未尽的同学与杨建交流视频制作方面的经验（图8-10）。大象文化传媒工作室还承接了学校所有的活动视频制作工作，每次活动、比赛之后都及时为同学们奉上精彩的视频，其中的作品——2014年浦江宣传视频完全是由学生自主编制、剪接制作的。

移动网络学院还开设各类活动增强学生的综合素质。2015年5月，移动网络学院学生会主办PS设计大赛，现场进行了评委投票，工作人员现场计分，并结合已推出的微信平台投票情况计算总分。陈诗苑同学获一等奖，侯天浩、陶雷同获二等奖（图8-11）。本次PS设计大赛以计算机设计应用为基础，完全结合学院课程教学内容，不仅让同学们能更精湛地发挥课堂中所学所得，并同时延伸实践生活，丰富同学们在业余生活中对计算机技术知识的储存量，也符合当今信息技术化的社会现实需求。

2016年5月，移动网络学院面向全校学生组织的"多媒体设计大赛"在第一报告厅隆重举行。比赛以"创新创业"为主题，展示作品丰富多样，从不同的角度，以不同的方

图8-10 学生创办的大象文化传媒工作室

图8-11　学生参赛作品

式，展现不一样的校园。此次活动共收集到来自全校共计50多部不同题材的作品。此外兄弟院校学生会：炮兵学院学生会、南京工业大学学生会、东南大学学生会等发来了贺信和展示作品。活动分为体验区与主会场两个部分，科技体验区的平衡车和航拍器吸引了众多老师的关注，同时还展出了大象工作室选送的作品。

五、夏令营活动

2015年暑假期间，移动网络学院学生团队参加了由江宁区团委组织的为期半个月的"携手青春，助力未来"第三届夏令营活动。学生们荣获"信息技术实践能手"特等奖，"经济管理实践能手"一等奖，"市场营销实践能手"一等奖等13个奖项（图8-12）。

2016年8月，移动网络学院开展了为期十天的夏令营拓展训练（图8-13）。开营仪式上，学生们按照预先分配好的小组各自设计了队旗、队歌、队形，在这个过程中学习了合作精神和团队意识；生态园的素质拓展中，撕名牌，信任背摔，毕业墙，穿越电网等游戏，激励了同学们团结合作能力的发展；青梦家创业指导课的培训中，职业生涯规划

　第八章　校企共建，培养应用型IT人才

图8-12　夏令营获奖证书

图8-13　夏令营

魏老师带领学生们做了一个营销方案，让学生懂得了自己创业需要的是什么，对创业过程中遇到的各种困难和挫折有了初步的认识和预测，掌握了一定的创业知识和技能，合理的分工和协商合作，让团队的作用发挥到了最大。这次夏令营拓展训练是一次巨大的挑战，更是一次自我提升的训练。每一位同学都更加深刻地感受到团队的力量和重要性，同时明白团队之间最重要的是齐心协力，摒弃芥蒂，只有拥有共同的目标才能获得更大的成功。团队之间避免不了出现各种问题，但是最先想到的应该是发现问题，解决问题。同时，学生们将会把这十天的所学延续运用到今后的生活和工作当中去。

六、积极培养学生参与各类 IT 竞赛

参观企业给学生带来创新创业上的灵感，他们在企业家导师们的悉心指导下，参加各类比赛，取得不错的成绩，两年的时间里我校喜报连连。

2015年8月，由江苏省教育厅联合相关部门共同主办的首届江苏省"互联网＋"大学生创新创业大赛新闻发布会在南京举行。本次复赛共有来自全省95个高校的462支团队报名参赛，我校陈建航同学负责，黄伟同学、杨梦同学、张志宏同学参与的项目"招生宝"，从众多项目中脱颖而出，荣获首届江苏省"互联网＋"大学生创新创业大赛复赛三等奖。

2016年3月，学校组织了3个队伍参加"2016年江苏省计算机设计大赛暨2016年中

图8-14 学生参加比赛及获奖

国大学生计算机设计大赛江苏省级赛"。经过省级预赛、决赛，共有两支队伍脱颖而出，获得省级奖项，并获得了代表江苏省参加"2016中国计算机设计大赛"的资格。钱胜、杨建、张子浩三位同学的《微课与课件制作——数据库应用——大数据时代》获江苏省二等奖（图8-14），李衡、张乃月两位同学的《数媒设计普通组——图形图像设计——拥抱》获江苏省三等奖。

2016年7月份，我校学生参加2016年（第9届）中国大学生计算机设计大赛数字媒体类决赛，在精英导师的悉心指导下，反复讨论、多次修改，不断完善作品。经过现场激烈比赛和答辩，评委老师最终评定，在"2016年（第9届）中国大学生计算机设计大赛国家级比赛"中，李衡、张乃月两位同学的作品《图形图像设计——拥抱》获国家级三等奖。

2016年8月份，由教育部高等学校计算机类专业教学指导委员会、教育部高等学校软件工程专业教学指导委员会、教育部高等学校大学计算机课程教学指导委员会、教育部高等学校文科计算机基础教学指导分委员会、中国教育电视台、中国大学生计算机设计大赛组织委员会联合主办的2016年第9届中国大学生计算机设计大赛（微课/动漫）在厦门理工学院举行了决赛。浦江学院代表队的参赛作品微课《大数据时代》获得了本次全国大赛三等奖（图8-15）。此类竞赛，展现了我校学生扎实的计算机实践能力和较强的创新意识，也体现了浦江学院对学生技能培养的重视。

第八章 校企共建，培养应用型IT人才

图8-15 获奖奖牌

浦江支持学生进行专业提升，时常邀请专业资深教授、企业高管来校为他们做讲座、交流沟通，让学生在学习中思考，在思考中进步。我们鼓励学生参加各类竞赛，借助各类竞赛，在激烈的竞争中培养学生的竞赛精神和创新才能，不断学习世界先进技术，交流学习经验，提升自身水平。

第九章
校地合作，培养应用型文创人才

对于艺术类学生来说，具备解决实际问题的工程能力就是能将自己的思想转变成实际作品。浦江通过与南京旅游名镇汤山的合作，注重培养文化人才的实践能力和创新创造能力，努力将艺术学院学生培养成应用型文创人才，不断壮大文化创意产业人才队伍，为我国文化创意产业的发展贡献力量。从校地合作和应用型人才培养两个维度探索创新艺术类人才培养模式。

9.1 文化产业亟需高端文创人才

一、什么是文创产业

近年来，"文化产业""文化创意产业"等话题非常热。"文化产业""文化创意产业"到底是什么，国内理论界从文化创意产业的不同侧面给出了众多说法，但这些说法都不全面，都没有点出文化创意产业的核心本质。

在发达国家，"文化产业""创意产业"本身经历了漫长的发展历史。20世纪50年代，文化产业开始在欧美国家兴起，并在较短时间内迅猛发展。随着全球范围的工业化和现代化发展，文化产业已经成为一些发达国家国民经济的支柱产业。如美国凭借其经济优势和科技优势成为全球文化产业的龙头，拥有全球一半以上的"文化巨无霸"企业，最富有的400家公司中四分之一是文化企业；英国是最早提出"创意产业"定义的国家，拥有目前世界上最完整的文化产业政策体系，文化产业的平均发展速度是经济增长速度的两倍；欧盟国家，包括英国在内，奉行鼓励竞争和国家干预的文化政策，各国文化产业各具特色、整体实力强大；日本文化产业的规模超过了电子业和汽车业，成为日本第二大支柱产业。[1]

创意产业的概念最早出现在1998年出台的《英国创意产业路径文件》中，"所谓创意产业，就是指那些从个人的创造力、技能和天分中获取发展动力的企业，以及那些通过对知识产权的开发可创造潜在财富和就业机会的活动"[2]，它的核心是文化创意产业。在发达国家，文化创意产业的概念叫法不完全一样，有的称为文化产业、创意知识产业、内容产业等。称"创意产业"的有英国、韩国，欧洲其他国家称之为"文化产业"。在美国没有"文化创意产业"的概念，他们认为一切创造力产生的产品都是有知识产权的，比如绘画、歌曲、舞蹈、电视节目、广播节目都是有版权的，未经授权其他人不能抄袭，因此把相关行业叫做"版权产业"。

世界上大力推动创意产业的国家很多。最早在1997年，英国前首相布莱尔工党内阁就针对文化与创意制定产业发展政策，推动创意产业。同一时期，韩国在前总统金大中主导下，从电影与数字等产业开始发展"文化内容产业"，成立文化内容振兴院并通过文化内容振兴法，类似的还包括澳洲、新西兰、欧洲等国。

我们的民族是最喜欢谈文化的民族，文化是我国最大的优势、最重要的战略资源。我国最先使用文化创意产业这个概念的是台湾。近几年，大陆在文化艺术市场、公共展演场地加大建设，如国家大剧院、798艺术区等，也开始重视文化创意产业的发展。

2006年9月，中共中央办公厅、国务院办公厅印发了《国家"十一五"时期文化发展纲要》，"文化创意产业"这一概念首次出现在政府文件之中。按照《国民经济行业分类》，文化创意产业包括了艺术产业、传统工艺、新闻出版、广播、电视、电影、软件、网络及计算机服务、家具设计、创意生活、服装和建筑设计、广告会展、艺术品交易、设

---

1 资料来源：国内外文化产业先进地区发展经验启示.百度文库，http://wenku.baidu.com/view/87b35c4d852458fb770b566e.html.

2 钟京信.资源有限，创意无限，企业文化，2007，8.

计服务、旅游、休闲娱乐及其他辅助服务等。[1]表面上看起来有点混乱，其实都与生活中的方方面面相关，很接地气。

文化创意产业是依靠创意人的智慧、技能和天赋，借助高科技对文化资源进行创造与提升，通过知识产权的开发和运用，产出高附加值产品，是具有创造财富和就业潜力的产业[2]。实际上这个产业最核心的东西就是"创造力"。也就是说，文化创意产业的核心其实就在于人的创造力以及最大限度地发挥人的创造力。"创意"是产生新事物的能力，这些创意必须是独特的、原创的以及有意义的。在"内容为王"的时代，无论是电视影像这样的传统媒介产品，还是数码动漫等新兴产业，所有资本运作的基础就是优良的产品，而在竞争中脱颖而出的优良产品恰恰来源于丰富的创造力。因此文化创意产业其本质就是一种"创意经济"，其核心竞争力就是人自身的创造力。[3]由原创激发的"差异"和"个性"是"文化创意产业"的根基和生命。

我们把文化改为一种生意经，打造成产业，这样既能满足我们对悠久历史文化的尊重，创造社会效益，又可以创造经济效益，解决经济发展难题。

二、台湾文创产业的启示

台湾的文化创意产业发展较早，已累积了一定的成功经验，对大陆地区发展文化创意产业具有极高的借鉴价值。学习台湾的文创创业，不仅是观察文创业的表面繁华，更重要的是理解台湾创造整个文创产业价值链的过程。

台湾的文化创意产业起源于台湾中华两岸文化创意产业发展协会，旨在建立社区文化、凝聚社区共识、构建社区生命共同体的"社区总体营造"。1995年，台湾"文化产业研讨会"将文化创意产业的营造意识扩展至全岛，台湾的文化创意产业步入发展初期。进入21世纪，由于国际经济形势的变化，2002年5月底，台湾将文化创意产业发展列为"挑战2008：发展重点计划（2002—2007）"的子计划，通过行政力量推动文化创意产业发

1　李雄治，王亚鸽.我国文化创意产业现状及战略发展分析，商业时代，2010年1月30日.

2　李跃乾.台湾文化创意产业的发展、经验及启示.统一论坛，2014年6月23日.http://www.zhongguotongcuhui.org.cn/tylt/201403/201407/t20140708_6520210.html.

3　中国文化创意产业现状及未来发展，文化产业网，2014年7月10日，http://www.bh.gov.cn/html/whcy/CYWH22823/2014-07-10/Detail_561955.htm.

展。随后在2010年又颁布了《文化创意产业发展法》。经过不懈努力，台湾文化创意产业产值由2002年的4352.6亿元新台币增长到2010年的6615.9亿元新台币，占台湾地区生产总值的比重达4.9%；2013年，台湾文化创意产业产值突破万亿元新台币，并创造了4.3万个就业岗位。[1]

台湾在发展文化创意产业过程中积累了丰富的经验，对大陆文创产业的发展启示很多。文化创意产业建立在与生活环境彼此依存的关系上，强调保存传统和地方魅力，发掘地方创意与特色；台湾注重凸显地方文化元素，发展地方特色产业；台湾的文创产业覆盖了吃、住、游、购、娱、休闲体验等多个门类，已经构建了完整的产业体系，从而具备了丰饶的创新创意的土壤。

精品农业是台湾具备世界水平的产业门类。台湾将农业产业与旅游产业有效结合，发动民众创新的力量，将农场改造成亲心可人的家庭亲子旅游目的地，以地方特色吸引人们到当地消费，维持地方永续生机。特色民宿产业的发达也构成了台湾文创产业的一个重要特色，像强调田园乡村主题的宜兰民宿，以南洋异国休闲风为主题的垦丁民宿，强调原住民文化的奔放与山海相遇的激情的花东民宿，以矿山小镇怀旧为主题的台北九份民宿，以离岛度假、水上娱乐为特色的澎湖民宿，以及散发着浓郁的客家风情的苗栗县南庄乡民宿。

诚品书店之于台湾，已经是一种生活方式的代表。这里有大量的书籍、生活零售产品、餐厅、咖啡馆，文化生活的一切都是诚品的。如今以书店为核心的全新一代文创商业购物中心已经成为内地频繁效仿的经典模式。

如今我们看到各地正在兴起一波特色工业园区改造热潮，其最早的根源就来自台湾。以华山文创园和松山文创园为代表的特色园区，集台湾多种文创业态为一体，成为台湾目前最重要的文创产业孵化器。这两个由衰败的厂房经过腾笼换鸟式的改造，搭建成的新型文创产业园，承载了台湾文创产业太多的光荣与梦想，已然成为台湾文创产业对外交流的一个窗口。咖啡馆、画廊、餐厅、酒吧、生活美术店铺等全新商业业态的植入，引起了广大市民的情感共鸣，改造后的厂房空间焕发出勃然生机。华山1914文化创意园区是在酿酒厂原址建立的文化创意园区，园区主打"酒"文化牌，规划了公园绿地、创意设计工坊及创意作品展示中心，提供了可供艺术家学习交流甚而推广创意作品的空间，使园区成为

---

1 李跃乾.台湾文化创意产业的发展、经验及启示.统一论坛，2014年6月23日，http://www.zhongguotongcuhui.org.cn/tylt/201403/201407/t20140708_6520210.html.

展现各种文化创意的最佳舞台，"老酒"酿出了新意。

文化的最高形式是艺术。台湾的艺术表演市场同样发达。台湾知名作家白先勇制作的昆曲青春版《牡丹亭》让昆曲这个走进博物馆的传统艺术吸引了大批时尚青年；林怀民的云门舞集以西方现代舞蹈为基础，融合了中国文化的精髓，如书法、写意等形式，开创了一个世界舞蹈新美学；陈美娥的汉唐乐府将南音与梨园歌舞相结合，创造了一个1000多年前的南音的现代神话。[1]

地方产业与传统文化艺术相结合，加上新一代创意，成为这种内发性产业的发展策略。只有理解透当地的人文地理、政策举措、产品研发、生产制作、消费市场特征等全价值链后，才能因地制宜地打造出本地化的文创商业项目。

除了文创产业凸显地方文化外，台湾当局还协助大专院校充实人才及设备，鼓励大专院校开设相关课程或进行创意开发，培养文化创意产业所需的各种人才，并提供现职人员的进修机会。同时，营造国际化人才引进机制，制定了《文化创意产业人才国际进修交流与延揽来台计划作业要点》，甄选20名台湾文化创意产业精英，资助其赴海外进修，培育文化创意产业的"种子人才"；办理国际设计人才养成班及协同设计高阶管理人才训练班，聘请岛内外师资授课，进行境外研修；办理国际设计研习活动，邀请国际知名设计专家到台湾参加国际设计研习活动。

台湾的许多大学和公共文化机构都重视对市民创造力和美学素养的培育，尤其是重视加强创意思维方法的训练和创意青年人才的培养。比如，台北艺术大学非常注重将创意人才的培养与新兴科技手段结合起来，台湾政治大学创新与创造力研究中心，专门训练大学生的创意思维方式和管理能力。[2]通过一系列有效措施，台湾在短时间内集聚了一大批文化创意产业人才。

台湾在发展文化创意产业方面的成功经验，对大陆地区发展文化创意产业具有启迪意义。

---

1 案例赏析：8类台湾文创产业代表作品 你读懂了几个？全经联网，2015年9月22日，http://fj.winshang.com/news-527832.html.

2 向勇.台湾如何培养创意人才.中国文化报，2012年6月16日，http://www.icipku.org/academic/View/2012/07/11/1804.html.

三、大陆文创产业的发展

世界各国都在重视提升软实力，文化创意产业是提升国家软实力的重要手段，社会大众也比以前更需要文化创意产业所带来的精神食粮，因此，在这样的背景下，大陆的文化创意产业得到了国家政府的重视与扶持，正迎来发展的最佳机遇期。

十五届五中全会第一次提出要"推动文化产业发展""完善文化产业政策"。两年后，十六大以政治决议方式做出了"要积极发展文化事业和文化产业"的战略决策。十七大在《国家"十一五"时期文化发展规划纲要》的基础上又进一步提出了"要提高文化产业在国民经济中的比重，提高国家文化软实力和提高国际竞争力"，实施"重大文化产业项目带动战略"。

2009年是我国文化产业取得突破性进展的一年，时任国务院总理温家宝同志在国务院常务会议上强调，振兴文化产业，必须坚持把社会效益放在首位，努力实现社会效益与经济效益的统一；坚持以体制改革和科技进步为动力，增强文化产业发展活力，提升文化创新能力；坚持推动中华民族文化发展与吸收世界优秀文化相结合，走中国特色文化产业发展道路；坚持以结构调整为主线，加快推进重大工程项目，扩大产业规模，增强文化产业整体实力和竞争力。也就是这一年，我国第一部文化产业专项规划《文化产业振兴规划》出台，这标志着文化产业已经上升为国家的战略性产业。之后，《关于促进电影产业繁荣发展的指导意见》《关于金融支持文化产业振兴和发展繁荣的指导意见》等一系列文化产业政策密集出台。[1]

十七届五中全会进一步强调了文化的重要性，明确了文化发展的指导思想，第一次明确提出"推动文化产业成为国民经济支柱性产业"，制定了发展文化产业的宏伟目标。第十七届中央委员会第六次全体会议首次将文化建设确定为主要议程。次年年初，中共中央办公厅、国务院办公厅印发的《国家"十二五"时期文化改革发展规划纲要》中指出，要推动文化产业成为国民经济支柱性产业，增强文化产业整体实力和竞争力。[2]文化产业成为国民经济发展的新的增长点，成为战略结构调整的重要支点。第十八届中央委员会第五次全体会议通过的"十三五"规划纲要提出，"十三五"期间要实现"公共文化服务体系基本建成，文化产业成为国民经济支柱性产业"的目标。

---

1 张成.国内外文化产业发展经验及启示.民心网，2012年12月4日，http://www.mxwz.com/center/view.aspx?id=1411028&page=1.

2 大力推进我国文化产业发展.中国党政干部论坛，2012年2月28日，http://theory.people.com.cn/GB/49157/49165/17256019.html.

从中央到地方出台的一系列鼓励文化产业发展的政策措施，加速推动了文化产业的发展，文化创意产业成为文化建设中不可缺少的一部分。中国统计出版社出版的《文化及相关产业统计概览（2015）》发布，2014年文化产业实现增加值24017亿元，占GDP的比重为3.77%，年增长速度为12.5%，高于GDP7.4%的增长。[1]总的看来，大陆的文化产业正蓬勃发展。

文化产业中，最受瞩目的当属各地博物馆推出的独特的文化产品。自从台北故宫博物院"朕知道了"的皇帝朱批纸胶带在网络走红，并创下2660万元销售额后，在全国各地引领了各个博物馆文创产品的潮流，在此我们以北京故宫博物院为例。

北京故宫博物院在不断加强保护与传承力度的同时，着重开发丰富多彩的文创产品让观众"把故宫文化带回家"。

北京故宫2014年9月推出的"入耳式"朝珠耳机，是将清代宫廷特有的物品与现代时尚产品相结合，采用仿蜜蜡为制作材料，佩戴时外观为整圈朝珠，肩部两侧延伸出入耳式耳机，底部为插口接头，既复古、时尚，又实用。还有一款借用"腰牌"的概念和造型创意设计出的一系列时尚行李牌，其中"如朕亲临""奉旨旅行"的腰牌最为霸气，而且既能当行李牌又能当公交卡套。还有以"萌"为设计理念且充满故宫元素的"宫廷娃娃"家族系列产品，以在紫禁城内生活的猫为创意的"故宫猫"系列产品，一经推出就受到了公众的青睐。

2015年8月，北京故宫文化服务中心首次与阿里巴巴集团旗下的聚划算进行跨界合作，一个多小时内1500个创意手机座就宣布售罄，一天内共有1.6万单故宫文化创意产品在聚划算平台成交。

近年来，北京故宫文化创意产品的增速在逐年提升。其中，2013年增加文化创意产品195种，2014年增加文化创意产品265种，2015年增加文化创意产品813种，截至2015年年底，北京故宫博物院已经共计研发文化创意产品8683种，文创产品销售额近10亿元。高额的销售带来的丰厚利润被用来投入新产品的研发。

除了品种繁多、造型可爱的实物文创产品外，北京故宫还自主研发了基于移动设备的观众服务及藏品介绍应用程序。已上线的8款应用产品，取得了平均下载量上百万的显著成绩。策划推出的多款APP应用程序，将专家的研究成果与观众感兴趣的题材密切结合起来，迎合观众尤其是年轻观众的兴趣。例如韩熙载夜宴APP运用了大量科学技术手段，

---

1 数据来源：2014—2015中国数字出版产业年度报告，出版排行榜，2016年10月31日，https://sanwen8.cn/p/1a87Saw.html.

共有100个内容注释点、18段专家音视频导读和1篇后记，还有台北"汉唐乐府"表演团体用非物质文化遗产"南音"演绎画中乐舞。还有胤禛美人图、每日故宫等多种APP。[1]北京故宫博物院坚持由本院数字产品研发团队策划推出APP应用内容，程序开发团队成员大多来自于中央美术学院、清华大学美术学院等著名高等院校。程序初步完成之后，苹果公司团队也在流畅度、互动形式等方面给出建议。[2]

设计源自生活，所以北京故宫博物院进行产品设计时，注重产品文化属性，强调其创意性和功能性，并根植于传统文化，紧扣流行文化元素，融趣味性与实用性为一体，设计出生活化且包含中华传统文化元素的文化创意产品，让故宫文化能够融入人们的日常生活之中，让更多日常生活用品拥有文化价值，并展现文化元素的创意作用。换句话说，文创产品就是创造出具有文化价值的实用产品。

国家越来越重视和鼓励文化产业的发展，政策不断向文化产业倾斜。目前我国的文化产业总体上处于初级阶段，发展很迅速，但是要把文化产业做大做强，就必须大力发展我们的文化产业人才队伍。

在文创产业大发展的时期，大陆文化创意人才储备必须与市场发展相适应。市场需要大量的文化创意人才，这些人才要具有很强的创造思维和创新能力，具有某方面的天分甚至艺术家个性，同时还应具备高端服务型人才的基本素养，这样才能满足文创人才的社会需求。

9.2 文创人才需要加强实践能力培养

一、文创人才培养现状

创意或创造力是文化创意产业的核心，而创意和创造力来自人才。也就是说，文创产业要想大力发展，需要大量的艺术设计类专业人才。然而，随着文化产业的发展，人才紧

---

1 资料来源：故宫的文保与文创：从文物到萌物.光明日报，2016年08月14日，http://www.chinanews.com/cul/2016/08-14/7971767.shtml.

2 资料来源："故宫文创"10亿销售额炼成记.北京商报，2016年4月20日，http://news.163.com/16/0420/01/BL2CEFA200014AED.html.

缺成为一个瓶颈，我国艺术设计类人才严重缺失。党的十八大报告指出："建设社会主义文化强国，关键是增强全民族文化创造活力"。国务院不断出台政策扶持、鼓励文创产业的积极发展，文创产业也不负众望，产值从2004年的3340亿发展到2013年的2万亿。但是，据相关数据统计，2015年中国对艺术设计类人才的缺口达到500万人。与此同时，我国每年艺术类院校的毕业生人数很多，哪怕是在2013年高考学生数量总体回落的情况下，艺术类考生仍约占高考学生总数的10%。这都表明，我国的艺术类从业者数量充足。但数量充足的艺术类从业人员仍不能满足文化创意产业对人才数量的需求，市场需要的文化创意人才仍存在短缺的现象。

我国文化产业发展起步晚，而且，由于高校教育传统的培养方式无法跟上瞬息万变的市场和行业需求，人才供需出现断层，我国现有文化创意产业人才的总量、结构和素质远不能适应产业发展的需要，尤其是思维观念、知识结构和能力素质等方面严重不适应行业需求，因此出现文化创意产业"人才荒"。

以北京为例，文化产业从业者在总就业人口中所占的比例不过千分之一，远低于纽约的12%、伦敦的14%、东京的15%。其中，创意人才，产业领军人才，具有丰富实践能力的高端技术人才，既熟悉文化建设规律又熟悉市场经济规律、既懂得经营管理又懂得文化企业发展的复合型人才更是少见。而且，七成从业人员的学历在大学本科以下。[1]除此之外，创新创造能力不强也是硬伤，78%的文化产业从业人员属于复制型或模仿型。文化创意人才尚未形成将自己所学与身边的文化相结合的自觉性，无法做出有特色的文化创意作品，导致文化原创产品很少，制约着文化产业的发展。文化创意人才必须具有的很强的创造思维和创新能力，具有某方面的天分甚至艺术家个性，同时还要具备高端服务型人才的基本素养，这些特性仅通过现有的模式化、标准化的学校教育是很难培养形成的。

实际人才招聘过程中，应聘者专业技能相对较低，实践经验较少，缺乏职场中应具备的职业素质，是企业不愿意接受高校应届大学毕业生的原因，企业更多看重是否具备发散性思维，能否创造性地面对问题、解决问题，能不能直接上岗，是否需要公司花费较长时间去培养。文化创意类毕业生中，真正能发挥创意作用的人数很少。

高校自身培养目标不明确、课题设置不合理、教育形式单一、教育层次不明等问题，导致目前文创产业人才的素养与技能跟企业需求脱节现象十分常见。高校中文化产业的学

---

1 材料来源：弥补文创人才缺口还需做什么.中国文化报，2014年2月22日，http://culture.people.com.cn/n/2014/0222/c172318-24434026.html.

第九章 校地合作，培养应用型文创人才

科归属不明确，文化产业学科自身的知识结构不够完善，人才培养比较分散，无法解决上述问题，这就导致技术领域的人才远多于内容领域人才和经营管理领域人才，造成高端创意人才及营销管理人才的缺失。

文化专业的教学方式不符合文化创意人才特点，导致文化创意人才培养和市场需求脱节，招生更多是受经济利益驱动。多数高校仍采用传授型教学方式，忽视学生的个性和主动性，缺乏对学生创意思维的开拓，存在重理论轻实践、重知识积累轻动手操作的倾向，学生对文化产业理论知识掌握得较多，但在实践中则缺乏应用能力。教学内容和课程体系也不符合文化创意人才培养特点，缺乏创意学科课程，学习内容滞后，学生关于产业新业态的学习不足，这些都是迫切需要解决的问题。文创是一个应用性对策性很强的学科，学了以后要能够解决实际问题，现在许多学生还是纸上谈兵，只能做到构思与设计，而不能做到将自己的作品落地，即实现与运作。

高校师资短缺是文创人才培养的一个重要的瓶颈，既有理论高度、又有实践经历的教师很少。文创产业人才的培养离不开专业知识的培训与行业经验的积累，这就对教师有很高的专业要求。许多做文创的老师都是从传统学科跨过来的，对文创的前沿和发展了解不透彻，专业知识和技能跟不上行业发展。以动画专业为例，许多教师并不具有动画策划、制作工作经历。教师多处于学校环境，缺乏从业经验，知识的传授多停留在理论层面，忽视对学生实践能力的培养。此外，只重视知识教育，而社会整体创意教育环境缺失，导致了原创源头的消失。

诸多因素导致我国还没有建立起与文化产业相适应的文化创意人才培养体系，而文化创意人才培养体系的不完整，也导致专业知识和专业技能的教学不完善，对人才的培养造成很大的影响。

相比之下，国外一些发达国家文创事业起步早，规模大，人才培养机制相对完善，人才培养在专业技能上有明显的特色和较丰富的经验，我们完全可以通过国际交流、学习、借鉴他们的人才培养方式。同时，相比较国外在体制、产业化方面的长处，我们国家的文化创意资源拥有雄厚的文化底蕴，也是其他国家无法比拟的优势。我们可以更多地展开与国内外企业、校地、学校之间的合作，搭建一些平台，共同交流，取长补短。[1]

---

1 "教育与文化创意产业分会"成立 打造文创产业国际化人才.中国新闻网，2015年6月18日。
http://www.chinanews.com/it/2015/06-18/7352649.shtml。

二、文创人才培养思考

构建任何一种人才培养模式，首先要弄清楚"培养什么样的人"。《国家中长期教育改革和发展规划纲要（2010—2020年）》指出，"重点扩大应用型、复合型、技能型人才培养规模"。对于文化创意产业来说，需要的并不是各类艺术家，而是大量的艺术类产业工人。当然，这里的工人并不是指传统的手艺人，而是应用型文创人才。我们现在要做的，就是从高质量的应用型人才培养做起。

从人才市场的实际需求来看，文化创意产业所需要的真正意义上的艺术设计人才，应该是对文化创意产业有着深刻的理解，精通专业知识、具有创新能力的综合型人才。具体是指"以自主知识产权为核心的，以头脑服务为特征的，以专业或特殊技能为手段的精英人才，他们对产业有深入的了解，能够结合实际并不断创新"[1]，即所谓真正意义上的创意人才。

我们可以把创意人才分为原创型人才和创新型人才两种。

所谓"原创"，就是这个东西是前人和其他人没有的，完全是自己首创的，比如京剧、昆曲、武术就属于中国原创。原创型文化创意产业包括动漫、出版、报业、电影、广电、文艺演出等产业，一般规模较大，集中了全国文化产业中的龙头和知名企业，为追求具有粘性的新奇创意，能快速吸引受众的关注，周期短、创意含量高。

这类人才的培养，应注重创意型思维的训练。日本早期创意训练的模式称之为"魔鬼训练法"，法则较为简单，但是对学员的要求非常苛刻。比如，每天设计一个题目，让学员在一定时间内给出20个解决方案，令多数人费尽心思、绞尽脑汁，但这种方法训练出的学员都具有超强的创意思维。能够快速产生创意的能力是大量的素材在神经干上形成神经束最后形成思维通路所造成的，魔鬼训练法符合生物学规律。因此，在人才培养方案中要注重量的积累。

所谓"创新"，就是虽然是别人首先创造的，但将它进一步地改造，形成一个新的东西，就可以给人新的感觉。电影《卧虎藏龙》就是采用西方化的艺术表达方式来包装中国内核的故事，属于一个创新过程而不是原创。

比如广州军区杂技团利用杂技的形式重排西方经典芭蕾舞剧《天鹅湖》，国外观众看

---

1 罗超阳，王伟忠.文化创意产业下高校艺术设计人才培养探析.教学交流，2010，4.

后惊叹不已。西方主流报纸《纽约时报》为此还特地做了一个一分三十秒的录像放到其网站上，产生了很大影响。这样的形式虽然不是原创的，但是属于一种创新，也是一种很好的创造力。

网络上曾经广为流行的"后舍男孩"只是毕业于广州美术学院的两个男孩子，他们借鉴国外网络流传的搞笑视频模式，仅仅利用一台电脑、一部摄像头、几件简单的道具就创作出了一些网络MV作品，这些作品风靡网络后，他们将版权卖给了太合麦田音乐公司，成为名利双收的明星。太合麦田公司围绕他们这些作品做了进一步的开发推广，也获得了相当的利润。

还有，迪士尼集团在这方面做得也很好。他们不仅生产发行了动画片《米老鼠与唐老鸭》，还将这些卡通形象做成玩具、服装，建造迪士尼乐园。迪士尼的许可产品一年在全球的零售达1120亿美元，其中290亿来自于娱乐人物形象。

高校只有学习先进的人才培养经验，注重文化创意人才创新能力的培养，才能满足社会对文化创意人才的需求。

要培养高素质的应用型文创人才，就要学习优秀的人才培养经验。台湾的文化创意产业依靠独有的区位优势、特色的本土文化以及先进的媒介科技，"创意-产权化-商品化-企业化"的产业链条日趋成熟，台湾已经将文化真正地转变成经济[1]。开设创新创意课程，实施创意、创新、创业为中心的三创教学模式，建立现代化、高性能的实训基地，搭建文化产业平台，营造浓郁的文化创意校园环境，鼓励学生积极参与文化竞赛与学术交流。台湾在文创产业人才培养上积累的丰富经验值得大陆借鉴。

设计艺术人才的培养不需要局限于课堂教学，即使在课堂教学过程中也可以与其他学科、专业共享资源，以开拓设计艺术的空间。目前，网络公开课、慕课（MOOC）、TED演讲等免费网络课堂，提供了大量优质的学习资源，推动了课堂形式的改革，启发了教学思路，促进了教学方法的改革和教学内容的充实，为人才培养创造了新的空间。

要培养高质量的应用型文创人才的同时，也要培养学生树立市场意识，充分研究市场需求，了解消费者的心理需求、审美品格，并将其与艺术表现联系起来，设计出能够引起更广泛的受众共鸣、产生经济效益的产品。文化创意产业要求创意设计与经济发展同步，与技术、产品、市场实现有机结合，这就要求教育观念要以市场为导向。艺术类学

---

1 郭恩文.借鉴台湾创意产业发展经验探索高职艺术设计专业人才培养模式.唐山职业技术学院学报，2016, 14（1）.

生实现理论学习与实践结合的重要性已经毋庸置疑，实行这种教育理念最常见的方法就是建立实践基地。

结合当地特色，浦江学院建立了"汤山瓷刻油画产学研基地"，将工作室延伸到校外实习基地，在巩固已有校外实习基地的基础上，再积极拓展校外实训基地。"汤山瓷刻油画产学研基地"的设立，充分满足了我校艺术学院学生课堂教学和设计实践的需要。

要培养高质量的应用型人文创才，还应重视校园活动和社会实践。丰富多彩的文化活动和实践活动对推进专业交流和素质提升也大有裨益。学校在艺术设计人才培养过程中，不能一味地注重对学生专业的技能培养，还要注重对艺术文化、人文素养氛围的营造，定期举办艺术文化节、创意作品展等活动，加强对文学社、书画社、摄影协会等文化社团的组织建设，给予学生更多更好的文化创意展示交流平台，让学生在文化创意活动中培养创新创意思维、团队协作意识、吃苦耐劳精神等优秀职业品质。

实践教学是培养专业人才的重要手段，实践与教学相结合是提升艺术设计专业学生综合能力的必要途径，是培养艺术设计人才的关键。因为，艺术设计是一门实践性很强的专业，强调学生不仅要学，更要做，通过实践来掌握与物化理论知识。实践教学应该贯穿教学的始终，根据不同的阶段设计不同实践教学培养重点。校企合作是实践教学的重要方式。在合作中，学校主要负责对文创人才进行专业理论知识、基础文化知识和基本专业技术的传授，创意潜能的挖掘，企业则在文化人才的实践能力培养方面提供支持。[1]

在课堂教学中，浦江学院邀请了经验丰富的企业设计人员参与教学，与学生沟通交流，从实战的角度点评学生的设计作业，将企业的文创设计融合到教学过程中，使学生强化市场意识，培养实践能力。同时也让学生走入实践单位进行实习或深造，使学生了解企业对设计师的要求，感受企业的实际设计氛围。邀请社会上第一线的文化艺术从业人员来课堂承担课程教学也是解决学生缺乏实践能力的一种方式。教师可以邀请自己的专业好友来课堂上讲授与交流最新的信息与知识，或聘请风格独特的，如北欧、西班牙、德国的设计事务所项目主持人，或学术前沿的教授或博士。根据地域特色的不同，还可邀请民间艺人、传承人、文化创意产业方面的专家或专项研究颇有造诣的学者教授光临课堂。

1　何群.促进我国高校文化创意人才培养的校企深度合作，文创产业评论，2016年6月9日，http://chuansong.me/n/363387751663.

9.3 校地合作创新艺术应用型人才培养

与许多"高大上"的文创产品相比，南京的文创产品盐水鸭别针很接地气。别针的整个轮廓是一只写实的煮熟的盐水鸭，鸭掌、翅尖、翅中这些可以卖出好价钱的"部件"已经去掉，长脖子往看不见的"钩子"上一穿，鸭头就耷拉在另一边，尖尖的鸭屁股也表现出来，整只鸭子就像刚从卤菜店拎出来的一样。对南京本地居民来说，盐水鸭别针无疑能唤起记忆中经久不散的浓厚香气；而对外地游客来说，一只可爱的、肥硕的盐水鸭别针所蕴含的意象是如此细腻具体，即使离开了南京，也能让人回忆起这座城市的点点滴滴。这款别针10元一串，最火时曾经一天卖掉1000串。"可以当作别针、书签，最显摆的玩法是当作'徽章'，别在衬衫、T恤上，真的潮爆了。"[1]

在书签、冰箱贴、环保布袋上画上南京特产"杨花萝卜"，旁白再加上一句"南京大萝卜"，"大爷大妈拎着这样的环保袋出门买菜，也是很拉风的。"用东吴、东晋、宋、齐、梁、陈六朝国号替代普通魔方六种颜色的六朝魔方，把玩时有种几百年历史尽在手中的霸气与沧桑感，不由得使人浮想联翩。魔方最火一天卖掉了近百个。这些都是独具南京特色的文创产品。

在当前的情况下，地方产业与传统文化艺术相结合，加上新一代创意，成为文化创意产业的发展策略。

为文化创意产业提供高质量的创意人才是艺术学科的培养目标之一。在这样的认知基础上，浦江艺术学院按照国家的发展需要，参照当地文化创意产业的需求，并根据艺术院系的自身发展状况，如师资、生源、教学管理、学术平台、校园环境等，采用以系统设计理论为导向，以实践设计课题为依托的互动式教学方式，在充分调动学生的学习兴趣的基础上，重视培养学生的设计全局意识、团队协作精神和实际设计能力，以此构建艺术人才的培养模式。

---

1 盘点博物馆创意产品：六朝魔方 盐水鸭别针.扬子晚报，2014年10月11日，http://www.chinanews.com/cul/2014/10-11/6666964.shtml.

一、专业设置

浦江艺术学院现有产品设计、视觉传达设计两个专业。

产品设计专业注重对学生问题意识、综合素质与设计策划能力的培养，开设了设计手绘、产品设计基础等理论课程，以及产品形态设计、产品系统设计、产品体验设计、产品工程设计等实践课程。在教授产品"全产业链"设计核心知识的基础上，通过专业化课题设计的课程体系，学生掌握产品设计及产品"全产业链"设计基础理论和专业技能，拓宽在信息时代产品设计知识的视野，提升在社会发展新阶段的创新意识，全面落实走进社会应具备的综合文化素质、产品开发设计能力和商业化运营能力的培养，最终成为能够适应全球经济发展的，既能从事较高层次产品创意设计，又能从事产品"全产业链"设计策划和营商的复合型设计人才。学生毕业后，主要面向产品设计教育机构、产品制造业、产品设计业，以及与日用产品开发设计、文化创意产品开发设计、工业产品开发设计、传统手工艺产品开发设计相关的企事业单位，从事产品设计工作、产品设计教育培训工作和产品设计开发管理工作。

视觉传达设计专业开设的核心理论课程，除了视觉设计基础课程外与产品设计课程相同，还另外开设了平面设计、信息系统设计、多媒体艺术与技术、信息交互设计、信息体验设计、软件设计等实践课程。在教授视觉传达设计和信息设计核心知识的基础上，学生在掌握视觉传达设计和信息设计的基础理论和专业技能的基础上，全面形成团队协作和设计营商能力，拓宽在互联网时代信息交互设计知识的视野，全面落实走进社会应具备的综合文化素质和信息设计运营能力的培养，最终成为从事较高层次视觉创意设计及现代信息设计策划的复合型设计人才。毕业生主要面向视觉传达设计教育、软件业、广告业、包装业、出版印刷业，以及与视觉传达设计、网络设计、软件设计、服务设计等相关的企事业单位，从事信息交互类设计、教育培训和设计管理工作。

二、专家讲座

浦江艺术学院课程设置紧扣人才需求，常年聘请国内外知名教授进行教学指导，并聘请外籍教师、知名企业家任教，定期举办讲座和研讨会并互派师生交流学习，把国内外先进的艺术与设计资讯、思想理念和前沿技术及时传递给学生，以实现培养高质量应用型人才的目标。

2016年11月下旬，14级产品设计专业学生听取了Sooshin Choi教授的"未来设计师肖像"学术讲座。Sooshin Choi教授是一位国际声望极高的工业设计师、设计教育者及行业领军人物，现任美国创意设计学院（CCS）教授、教务长、学术委员会副主席，曾任美国工业设计师协会（IDSA）副主席、Sooshin Choi教育副总裁、2016底特律IDSA国际会议主席、美国辛辛那提大学设计学院主管。Sooshin Choi教授通过PPT演示，分别介绍了设计的概念、设计师和设计教育等内容。之后，Sooshin Choi教授又提出了设计的四个阶段：发现问题、明确目标、设计方案、再设计。最后，Sooshin Choi教授结合自身丰富的工作经验，为立志成为职业设计师的学生们描绘了未来的工作蓝图，并阐述在快速发展的设计产业中科技与设计之间的密切关系。在讲座中，Sooshin Choi教授多次强调了设计者的职能和责任，意指发现自我，设计出有灵魂的产品。

三、汤山瓷刻油画产学研基地

要培养应用型艺术人才，较好的方法是进行实践基地建设，让学生在基地实习实训，在艺术的氛围中激发灵感，进行文化创意构思，在作品中凸显地方文化元素，带动地方经济的发展，取得校地双赢。

浦江艺术学院与汤山瓷刻油画共建产学研合作基地，这是我校推进"人才培养"的一个里程碑。2015年12月下旬，在汤山直立人化石博物馆，艺术学院师生参加了"汤山瓷刻油画产学研基地"校企合作揭幕仪式（图9-1）。南京市政协副秘书长袁策、汤山旅游度假区副总经理韩江、南京市黄埔军校同学会会长、抗战老兵现年95岁高龄的张修齐、原江苏省台联主席史子浩、台湾黄埔后代联合会副会长赵洴、515艺术公社董事长杨林川先生等嘉宾出席了揭幕仪式，我校校领导、艺术学院的师生们共同见证了此次揭幕仪式。

嘉宾们参观了"民国岁月艺术作品展"，民国时期的抗战事迹与艺术学院学生反战作品交相呼应。学生通过作品的展示向到场嘉宾们介绍他们的设计创意，展现设计才能。

艺术学院学生还参观了瓷刻艺术工作区，瓷刻艺术家的高超技艺令人流连忘返。艺术学院的老师们与515艺术公社董事长杨林川先生就校企合作进行深入探讨。通过一段时间

图9-1 "汤山瓷刻油画产学研基地"揭牌仪式

的学习，学生们已经能在瓷刻艺术家的指导下初步掌握瓷刻油画的技巧，制作简单的作品（图9-2）。

四、师生观摩学习

艺术设计人才培养要求教师具备创新意识、创新精神和创新能力，提高自身的学术修养，积累产业实践经验和创作成果。各种学术活动或文化创意产业社会活动，可以为师生之间的学术交流提供更多的机会，使学生和老师更多了解设计艺术实践的前沿信息。

浦江艺术学院注重具有创新意识和创新能力的师资队伍建设，落实配套经费，鼓励教师申报和参与实践性课题，到文化创意产业一线调研或参与开发规划等项目，参加企业的管理实践活动，深入了解行业发展的最新态势，熟悉具体领域岗位的操作能力，强化教师的实践动手能力，更好地提升自身的综合素质和竞争力。这样既可以为学生提供良好的实训实习环境，又可以回校创新实践教学。艺术学院的老师们不故步自封，而是积极接受新事物，研究新技能，并将其引入教学内容中。

图9-2　浦江学生文创作品

2016年2月，艺术学院部分教师前往南京先进激光技术研究所，实地考察校企合作单位，研讨校企合作的落地工作。老师们在研究所参观了激光科技馆，近距离接触了用3D打印机打印的产品，有用于航海的螺旋桨、用于医疗的人体骨骼、用于建筑的设计模型等。研究所的专业人员与艺术学院教师们进行了交流探讨，并现场演示了3D打印机的运作流程。接着，双方就3D打印的发展前景、如何更好地运用到教育中、如何更有效地促进学生们的就业等问题展开了讨论。通过此次座谈，双方就学生实习、课程设置等问题达成了一致意见。

3D打印技术在珠宝、鞋类、工业设计、建筑、工程和施工（AEC）、汽车，航空航天、牙科和医疗产业、教育、地理信息系统、土木工程以及其他领域都有所应用，尤其是高端的定制化产品，未来可应用的范围会越来越广。现在全国都在推动3D技术普及、提升自主创新能力，作为应用型本科的大学生尤其不能落后于时代的变迁，要积极地学习、推广和传播3D打印技术。

2016年的暑假期间，艺术学院的老师们赴企业参加了各类丰富的暑期实践，通过参与实际社会项目，更好地与社会接轨，从中提升自身的专业实践能力，并将所学内容教给学生。产品设计专业石老师在虎符广告有限公司实践学习广告雕刻机的使用；视觉传达专业许老师在江苏高驰品牌管理咨询有限公司实践，负责策划、创意与设计并且参与到太阳城广场开业季大型商业美陈，创意·南京——南京软博会展台，浙江"几粒"品牌塑造与VI等的项目；环境设计专业顾老师领会了版画的魅力；环境设计魏老师以调研学习为主，初步体验世界著名设计大师——扎哈·哈迪德的"南京青奥会议中心"设计作品，并对青奥会议中心项目有了初步了解，为后期深入学习新材料施工工艺与结构打下了基础；辅导员程老师在南京振川文化艺术有限公司企业考察实习，在两周的时间内除与企业领导洽谈校企合作的具体合作内容、具体岗位及要求，还学习了瓷盘雕刻并绘制瓷盘，兼顾指导其他学员；视觉传达专业葛老师在江苏风火轮文化传播有限公司实践调研，负责影视广告片的后期剪辑与合成工作；环境设计专业张老师参与了南京慧乾装饰有限公司在安徽滁州的一栋别墅项目设计和企业陈列室的设计；视觉传达专业曹老师、申老师加入了上海当代艺术博物馆PSA举办的著名瑞士书籍设计师Lars Muller书籍设计工作坊以及杭州hesign主办的设计八夏（Design Summer8）北京新锐设计师光煜字体设计工作坊；产品设计专业肖老师选择赴景德镇学习陶艺。如此一来，老师们的教学内容更丰富了。

艺术学院的学生们在老师们的熏陶带动下，也积极热情地进行校外观摩、交流学习。2016年暑假期间，马同学到绘家科技有限公司成为一个平面设计的实习生；廖同学、顾同学到南京恒璨装饰设计公司进行实践实习，对装饰设计有了更进一步的了解；孙同学、王同学去苏州金螳螂建筑装饰股份有限公司实习，提升专业软件能力和绘图能力以及对建筑结构和建筑材料的理解，了解专业在社会中具体的运用；朱同学在恒璨装饰公司，在实习中实地测量尺寸，在图纸上画出实际空间，实际运用学到的技能，锻炼了自己运用软件的能力，提高了自己实际操作能力，同时也学到了不少学校里学不到的，如了解学习了一些具体的装修材料的采购；朱同学在深圳唯恩设计事务所有限公司北京办事处实习，体验作为一个设计助理忙碌的生活；程同学来到了溧阳市通达机械设备有限公司，在前一年实习的基础上，加深了对图纸的熟悉，对机械产品的制作流程和工艺的了解。

2016年11月，艺术学院14级产品设计专业学生前往南京艺术学院工业设计学院展厅参观工业设计专业课程作业展。此次展览内容丰富，集中了工业设计专业的学生在"传统造物创新设计""产品风格及识别""服务设计"及"设计基础"四门课程中的学习成果。展览以实物与展板相结合的形式，内容涵盖了课程的方方面面，如教学大纲、教学过程、师生总结、作业展示等。此次观摩学习，使我校师生对其他院校同类专业的教学成果与学生的实践能力有了进一步的了解，为我校学生的专业素质、创新思维和实践能力的提高提供了一次学习交流的机会。

五、创建学生工作室

艺术设计专业"工作室实践教学模式"的推广也有利于人才培养。当前，"工作室制教学模式"已经成为艺术设计教育的主流趋势。构建工作室制教学模式，以一定的研究方向为基础，由教授和企业资深专家组成师资队伍，以岗位能力为主线，以岗位职业要求为标准，以课程模块为内容建立工作室，充分利用学校和企业资源，进行产学研的教学和工作。工作室的教学完全由工作室自行组织，如课程的开设、课程内容、考核方式方法、项目案例等，可直接从研究课题中来，也可根据企业的需求，把企业的实际项目引入到课堂教学。在对学生理论教学和实训教学培养的同时，要特别注重设计意识和创新能力的培养。浦江建设一叶工作室、三白工作室、尚新工作室、环艺工作室等创业平台，专业导师对工作室负责，学生可以选择相关工作室进行学习。

一叶工作室代表杨同学认为现代社会，创新创业已经进入一个新的阶段，不再是传统模式，而是更趋向于电子化、信息化，也就是我们常说的创新。学生们在一叶工作室里，通过把自己的专业和工作室相结合，发现了很多机遇，比如可以一方面做出自己的产品，并向他人展示艺术创意；另一方面，也可以和其他同学合作，把自己的作品放到工作室提供的淘宝平台进行售卖（图9-3）。

环艺工作室代表姚同学表示，创客思维正是学生在创业中所需要的创业思维，同学们在学校工作室平台中运用数控技术，将设计变成现实，然后通过网络分享成果，将自己的小发明、小改进转化为实实在在的创业活动。

学校为学生提供场地和资金的支持，通过这样一个很好的教学和实践平台，加强学生自身的专业知识的学习，培养创新能力和创业思维。

图9-3 浦江一叶工作室创业平台

六、"艺起画"等活动

2015年4月，艺术学院学生走进上峰小学开展了"艺起画"艺术学教活动，将自己学习的绘画技巧一步步教给小学生们。在互动中，同学们也学习到很多关于艺术绘画和鉴赏作品的技巧。

艺起画活动一直持续着，每学期都会面向全校开展这个活动。我们经常会看到，艺术学院实验楼的几个教室里汇聚了来自各个学院的同学们。每间教室里都安排了学生担任小老师，讲述并引导同学们画画。小老师们每次上课之前都会备好课，现场学生有什么问题，小老师们都会现场帮助解答。

文艺部还牵头举办了"绿色创意手工DIY""中国梦、浦江梦、我的梦——校园3D绘画作品竞赛""艺创杯""第二届创意视频大赛"等活动。

七、带领学生参与各种设计类竞赛

艺术学院对学生采取开放式培养，让学生借助一切时机来展现自己，提升自己。通过学生的努力和教师的悉心教导，学生们将日常所学和所思以作品的形式创作表现出来，在各类设计竞赛中取得了令人满意的成绩。

全国高等院校建筑与环境设计专业学生美术作品大奖赛是由建筑学科指导委员会举办的唯一一项包括众多学科如建筑学、城市规划、园林景观、环境设计、工业设计等的比赛，参与者多为全日制在校本科生、研究生。2015年11月，艺术学院2014级孙荣春同学在徐老师的指导下，凭借作品《纸盒》赢得专家、评委老师一致肯定，荣获第三届全国高等院校建筑与环境设计专业学生美术作品大奖赛优秀奖（图9-4）。

由南京艺术学院、德国奥芬巴赫设计学院联合举办的"字酷展"是一个邀请字体研究者、平面设计师及艺术院校优秀学生的联合作品展览，将创意和实践统合在一起，具有原创性、实践性和启发价值，力求给予设计师和设计院校的师生在教学方面较大的帮助和提高。2016年6月，2014级视觉传达专业学生陈瑞同学的实验性字体设计作品《上善若水》入选"字酷展——活字文字艺术设计系列展"（图9-5）。

视觉传达专业的曹老师、申老师，结合国际设计趋势及社会实践经验，对传统字体设

图9-4 孙荣春同学作品《纸盒》获优秀奖

图9-5 作品《上善若水》及证书

计课程进行了试验性探索，发掘学生创新创意能力。陈瑞同学正是从字体设计课程中得到作品《上善若水》的设计灵感的。陈瑞同学谈及自己的作品创作过程说到："上善若水出自老子的道德经，它形容水清净柔和，也同样形容做人的一种境界。我们的校区位于汤山镇，而汤山以温泉而著名，温泉赋予了汤山古镇自然环境更多的灵性，也赋予了汤山古镇内在浓郁的文化内涵。近年来，汤山被评为南京17处水文化特色乡村之一，汤山的水文化融进了更多现代性的特质。所有的这些，都为我的创作提供了丰富的灵感。我用针管吸满墨水，在白色的颜料中注射，经过多次尝试才达到这一效果。我的作品有一种水墨在水中飘散、晕开的感觉，灵动飘逸，就像文化内涵深厚的汤山温泉一样，也非常符合上善若水这一主题。"

全国大学生广告艺术大赛是由教育部高等教育司指导，中国高等教育学会、教育部高等学校新闻传播学类专业教学指导委员会共同主办，中国传媒大学、全国大学生广告艺术大赛组委会承办的全国高校文科大赛。大广赛是迄今为止全国规模大、覆盖高等院校广、参与师生人数多、作品水准高的国家级大学生赛事。2016年7月，艺术学院视觉传达专业2014级多位学生参加第八届全国大学生广告艺术大赛（江苏赛区），通过结合自己相关专业课程教学内容，在曹老师、申老师的指导下，不断尝试，勇创佳绩，不仅为个人今后的学习、就业打下基础，也为学院争得了荣誉。张坤同学的作品"IT生活"获一等奖，江蕊同学的"比萨外星空间"、董泽昊同学的"Refreshing"和陈瑞同学的"随餐一粒"均获得三等奖。此次江苏赛区的全部获奖作品将参加全国奖项的角逐。

中国高等院校设计艺术大赛是由中国高等教育学会设计教育专业委员会、教育部高等学校设计学类专业教学指导委员会和化学工业出版社联合主办。大赛旨在弘扬中国文化精神，倡导设计创新，全面提升中国的设计教育水平，不断推动我国文化与教育的发展。2016年11月，"2016第五届中国高等院校设计艺术大赛"获奖名单公布，除了我校艺术学院四位教师获等级奖外，艺术学院学生朱文涛同学的作品《书画·禅》也荣获环境艺术设计类学生组全国入围奖。

"靳埭强全球华人设计比赛"是由靳埭强先生于1999年创办的一个面向华人青年的设计比赛，自1999年起，"靳埭强设计奖"已成功举办了十三届。如今，它已成为中国艺术设计比赛的顶级设计赛事。2016年12月17日，2016靳埭强全球华人设计大赛颁奖典礼在汕头落幕，艺术学院视觉传达专业14级仲晨晨同学、张源同学的字体设计《人之五脏六腑》和马佳慧同学的字体设计《意象民谣》均荣获学生组入围奖。

图9-6 《激流勇进》3D绘画作品

14级视觉传达专业的张源、仲晨晨两位同学，经过三年专业的学习，在专业老师的指导下，2015年设计的反战海报《PEACE》《THE GLORY OF EVIL》《和平影像》在南京汤山猿人洞博物馆展览，2016年的字体设计《人之五脏六腑》在靳埭强设计奖全国华人设计比赛中获学生组入围奖，2017年的作品《Human Organs》获第七届塞尔维亚国际大学生海报设计双年展奖。总之，他们正朝着成为专业设计师的路上继续前进。

除了参加各种赛事，艺术学院的学生们在日常的学习和生活中，时刻发现并实现他们的创意，比如《起源》装置，《开卷有益》主题的立体书籍，还有学生们利用投影仪在地面投射效果图来进行图像定点构形，采用丙烯和喷漆的结合来绘图，晚上铺色块，白天细部刻画，绘制成的《激流勇进》3D绘画作品（图9-6）。

大学生没有工作经验，缺乏职业素养，进企业后还需要参加二次培训。大学生工作素质不高已成为高校人才培养的短板，对于应用型人才而言更是致命的。目前我国经济已经进入了提档升级的新阶段，社会发展需要大量合格的、高水平的应用型人才。

工匠精神是高层次应用型人才不可或缺的素质。我们认为应用型人才的工作素质主要包括工作经验、专业技能、职业素养等方面，这些都难以通过课堂教学实现，必须通过口传心授的方式习得。浦江学院在实验室建设、教学计划、课程设置、师资培训、课堂教学等方面与企业深度合作，使学生能在真实的工作环境中逐步地积累工作经验，训练专业技能，形成职业素养，逐步养成一种追求完美与卓越品质的工作态度，即工匠精神。

浦江学院斥资建设教学酒店，让学生"沉浸"在真实的工作环境中，提高学生的职业素养；通过与保时捷合作，教师去企业实习，企业专业人员也定期到学校讲课，以提高学生的专业技能；通过科技节、开放实验室、校外实习、项目实训等多元化活动项目培养学生的工作经验，解决学生就业的最后一公里路问题，为社会和市场培养高水平的应用型人才。

第四篇

工匠精神：培育工作素质

第十章

"沉浸式"教学，培养酒店高管

浦江国际酒店与饮食文化学院植入维也纳MODUL大学的课程体系，采取"4+0"培养模式，开设酒店管理专业精品课程。我们认为，真正的工作素质是在工作实践中习得的。浦江通过建设校内教学酒店，校企合作建立校外科研、实训、实习基地，为学生提供了大量的实训实习的机会，让学生在真实运转的工作环境中积累经验、技能和素养，通过沉浸式教学模式培养他们的实际工作能力，为酒店高管岗位输送人才，为学生提供了国际高端品牌酒店就业的"敲门砖"。

10.1 "沉浸式"教学法

一、什么是"沉浸式"教学法

管理类课程在教学过程中普遍存在的现象是课程理论性较强，缺少实践教学环节，即使一些高校安排了实践教学环节，也找不到合适的实习场所，或者是因为经费无法落实，使得教学实践活动流于形式。这些都严重影响着管理类课程的教学质量。为了提高学生学

194　第四篇
工匠精神：培育工作素质

习的主动性和积极性并且激发学生的学习兴趣，只有理论与实践紧密结合的教学方式才能提高学生的学习效率。实践教学的缺失，导致学生不能够真正地参与到实践岗位实习中来，即使到工作岗位上，同学们也不能在短时间内对具体工作掌握到位。

国际上有一种流行多年且有许多成功案例的培训方法，即沉浸式外语培训模式，最早是加拿大特有的一种教学模式，在语言教学实践中发挥了巨大的作用。它是"以学生的体验和模拟演练为特征，在教学过程中通过教师创设一定的情景进行模拟现实中的企业经营运作，与学生进行真实性的互动，让学生身临其境，根据所学知识自觉发现问题、分析问题，做出相应的判断和对策去解决问题，达到认知、体验、理论、实践相结合的一种教学方法"[1]。学生在一个相对封闭的语言教学实践环境中，衣食住行全方位、全时间段只能使用目标语言，阻断了母语的干扰，能在短时间内形成目标语言的思维习惯，达到灵活运用该语言的目的，还能更有效地开发学生灵活的思维方式与认知方式。这种方法可以很快地调动学生们在实践课中的兴趣，让他们利用自己所学的一切知识和能力来解决问题。

沉浸式教学模式被运用到管理类课程教学中也取得了不错的效果，我们可以从教研成果中看到，酒店管理专业在培养具有国际化视野人才时，运用沉浸式教学也取得了显著成效。

二、休闲业发展需要高端酒店人才

酒店管理是全球十大热门行业之一。近几年得益于房地产业的迅猛发展，各地新建酒店激增。目前几乎所有的国际知名酒店品牌集团都把中国作为重要的市场，国际品牌酒店集团如万豪、香格里拉、喜来登等不断投入巨资在中国兴建豪华酒店。本土品牌的酒店管理公司近几年也在迅速扩张，中国酒店业步入了高速发展的阶段。在这种市场环境下，高级酒店管理人才成为职场上紧俏的高薪阶层，也成为酒店在全球化竞争中取胜的关键因素。

根据迈点旅游研究院数据显示，2009年至2012年，酒店业对人才需求量在不断上升，2011年酒店人才需求量同比增长74.37%，2012年同比增长64.32%。酒店人才数量增长

---

1 高志刚.沉浸式教学模式在高职管理类课程教学中的应用——以供应链管理课程教学改革为例.武汉商业服务学院学报，2013，27（5）.

缓慢，2011年同比上年增幅仅为12.23%，2012年增长幅度也仅为27.92%。中国对旅游、酒店管理专业人才的需求日益增大，酒店出现"用工荒"。

从《2012年度酒店人才市场供求分析》报告中，我们可以看到，酒店对人才需求量在不断上升，人才供求矛盾加大。尤其是一线员工及酒店高层的招聘难度增大，而中层职位人才质量参差不齐、匹配度不高[1]。尽管酒店对人才的需求很旺盛，但是人才流失、用工荒等现象在短时间内并不能得到很好的解决。

当前，我国酒店管理专业性人才的培养态势十分严峻。各大专院校在酒店管理专业的学科设计、师资队伍的配备、生源的配置以及就业导向等方面跟市场要求有一定差距。从学科设计来说，酒店业虽然是大产业，但酒店管理专业大多仅为旅游系中的一个专业。此外，酒店专业过于重视学历教育，不注重学生实际操作能力以及管理经验的培养。毕业生从事酒店工作的不到一半，5年后毕业生的流失率更超过90%。从酒店业的职业教育上看，几乎都走"低端路线"，以培养基层服务人员为主；从高等教育上看，则走"高层路线"，过高的培养目标和过宽的专业设置，导致学生眼高手低，难以担当大任。市场需要高校供应"适销对路"的人才。

高职院校培养的酒店管理专业人才，具有操作能力强、上手快、工作热情高等优势，但是仍然不能满足市场对高素质应用型专业人才的需求。而大多数本科院校培养的酒店管理专业人才在教学理念、课程设置、教学内容、教学方式等方面都缺少针对性，而且由于实训条件的限制，课程和教学过程的实用性和匹配度不够，过于重理论轻实践，导致学生的理论知识水平与实践动手能力不匹配，高校现行的人才培养模式与酒店行业对于人才的要求脱节，酒店管理专业学生的就业率和企业的满意度不理想。

要改变目前高校酒店管理相关专业人才培养模式与市场实际需求不协调的现状，就要对现有的人才培养模式进行调整，而人才培养模式的调整关键在于更新教学观念和方式方法。沉浸式教学法改变了传统枯燥的教学方式，让学生在真实的工作环境中进行岗位工作实践，以此提高学生的专业实践技能，积累实际工作经验，为我国酒店管理行业培养高专业素质、高能力的专业应用型人才。

1　资料来源：合作媒体资讯。合作媒体资讯是新闻稿在线为聚合所有合作媒体的新闻资讯而建立的新闻发布账号。合作媒体涉及IT、时尚、教育、财经、健康、快消等行业，新闻资讯内容涉及新产品、经营战略、经营业绩、战略合作、投资/融资等主题。

三、沉浸式教学在酒店人才培养中的应用

浦江在酒店管理专业的课程教学改革过程中，基于学生理论知识的应用与适应工作环境的实际要求，积极探索在实践环节施行一种新的教学模式——沉浸式教学。实践环节教学是酒店管理专业人才培养方案的核心，沉浸式教学被应用在这个重点教学环节，能够取得事半功倍的效果。

浦江的沉浸式教学法分为二种。

第一种是在校内营造真实的工作环境。教学酒店是浦江国际酒店与饮食文化学院的实验实训中心，专门为酒店管理专业及食品科学与工程专业的学生提供现代教学和实践实训场地，也是进行专业研究及行业培训的场地。在校内教学酒店里展开实践活动，既能够克服校外实习给企业正常运营带来的干扰，同时又可以有针对性地重复训练某一实训内容，在一定程度上提高了实习效率。在教学过程中，模拟真实的工作环境，让学生身临其境，并根据所学专业理论知识，逐步形成在实践中提炼、总结理论知识的能力。做到在理论知识讲授与沉浸环境互动的基础上，培养学生的职业技能和素养，避免理论教学与实践教学的脱节。校内另建有教学品酒室、教学咖啡店、现代教学厨房、浦江公寓等配套实训中心，为学生们提供各种模式的模拟课堂，让学生能在真实的工作环境中去运用所学知识、技能进行实践。

这其中，角色模拟是一种比较好的"沉浸式"教学方法，是具体教学内容的生动表现。它先要求学生在特定的环境下扮演不同的角色，目的是培养学生在实际工作环境中发现问题、分析问题和解决问题的能力。然后，教师引导学生融入并全身心地投入到模拟工作环境。这其中，教师辅以适当的语言描述、讲解具体的工作流程和情境，尽量让所有的学生领会、掌握。同时，教师还可以设置一些问题，引导学生先行思考并求解，然后再公布正确答案。最后将模拟演练的结果在全班公开讨论，总结处理问题的得失。如果学生人数较多，可以采用分组模拟的形式，让小组长理解并掌握教学过程，负责组织小组成员进行情境模拟演练。

第二种是积极拓展校外实习基地及就业基地。浦江国际酒店与饮食文化学院已与洲际酒店集团、万豪集团、雅高集团等国际知名企业签署战略合作协议，这些企业成为学生的校外实习基地及今后的就业基地。学院还邀请企业相关人员参与学生集中实践课程双选会，学生根据自我意愿实现"竞争上岗"，在真实的工作岗位中学习工作技能，培养职业素养。

这两种实践教学方法交叉进行，相互配合、补充，让学生在不同形式的实践教学环境中训练工作技能，提升熟练度，将所学的理论知识灵活运用到实践工作中去。

沉浸式教学模式在酒店管理类课程教学改革过程中具有较高的可行性，是培养酒店专业管理人才众多方法中一种效果良好的教学方式。因为从心理学角度来说，最佳的学习方式讲究自主性，即学生能自主地去融入知识和教师所创设出的情境，在全身心投入的过程中将知识全部吸收并且学会如何灵活运用，往往使教学质量达到事半功倍的效果，这正是"沉浸式"教学法的优势所在。

教学是一个枯燥的过程，沉浸式教学法将学习的自主权交到学生手中，学生可以自主选择想要吸收的信息进行加工创造，这样吸引了学生的注意力，培养起浓厚的学习兴趣，改善了学生的学习效率。因为学生已经掌握一定的信息，一旦面对不同的情境，可以自由地选择获取的信息，然后对其进行加工和处理再得出结论，并运用得出的结论去解决遇到的问题。换句话说，就是学生自然而然地达成教育者的目的，所学知识和技能就已经完全内化为学生自己的了。

对于酒店管理这类的管理类专业来说，只要针对管理类课程的特点和学生认知能力水平以及课程培养目标，有目的地开发沉浸教学内容，就能有效地将理论知识教学与实践能力培养有机结合起来，让教师在"做中教"，让学生在"做中学"，增强了教师和学生的互动性，提高了学生的上课积极性，培养了学生的职业能力和职业素养。在教学过程中实施沉浸式教学法，对于学生、学校、酒店三方来说都是有利的。

浦江国际酒店与饮食文化学院的酒店管理专业是注重实践教学的应用型学科专业，学生毕业后应具备较强的实践操作能力和应变能力。因此，学院利用"工本位"模式进行教学改革，一方面把教学的过程直接引入到实际的工作场景中去，另一方面将实践经验融入到高校的教学过程当中，借助于实际工作任务促使学生掌握与职业有关的实践技能，这两种做法相互交叉进行，有助于提高学生的工作能力、就业能力和创新能力。

沉浸式教学法的导入，让浦江的酒店管理专业颠覆了传统的教学模式和人才培养方案，充分利用校内教学酒店等教学实践场所来进行校内实践教学，并进行多层次的校企合作，培养应用型酒店管理人才。

10.2 酒店管理人才培养模式探索

一、教学酒店——酒店人才培养的摇篮

    不管是酒店管理哪一层面的员工，都需要掌握实际的酒店服务素养。服务员的个人形象、礼仪、语言交际能力、应变能力、服务技能等，都是酒店提高服务质量的重要条件。例如，领班必须具有较高的服务技能和服务技巧，其作为本班服务员的榜样，是服务现场的组织者和指挥者。而一名部门经理不仅要有组织管理能力、经营能力和培训能力，还需要熟悉掌握部门的服务标准和服务程序，同时还要具备实际工作经验。而这些隐性知识范畴不是在课堂理论教学中就能获取的，必须在教学实践中通过实际操作来积累。"工本位"学习模式与传统课堂教学模式相比，就是"工本位"的学习场所不是传统课程教学，而是以实际的工作场所作为教学的地点，师生共同完成教学任务。

    浦江在校内投资建设酒店实训基地，为国际酒店与饮食文化学院营造高端校内实训基地，这在国内酒店管理专业中来说是绝无仅有的。我校邀请酒店行业专家严把质量关，使模拟教学环境严格贴近酒店真实运营标准。另外，校内教学酒店兼具教学服务与社会营业性质，由酒店专家任咨询顾问，任教教师任酒店前厅部、客房部、餐饮部等部门的负责人，学生为酒店员工，为酒店管理专业及食品科学与工程专业的学生提供现代教学和实践实训场地，同时教学酒店也是进行专业研究及行业培训的场地。

    教学酒店主楼四层，拥有客房40套，各类房型如套间、单人间、双人间、大床房都有配备，餐位100余个，会议及培训教室2间，并配有INFOR公司的酒店管理信息系统等国际集团管理软件。与教学品酒室、教学咖啡店、现代教学厨房、浦江公寓等形成配套的实训中心。其中，餐饮区域由美泉宫动物园餐厅、占座吧、喜饭厅构成，会议室由MODUL厅和IHD厅组成。学生参与教学酒店的布置、管理以及命名等，以此培养学生"主人公"意识，使其更好地接受沉浸式教学，培养工匠精神。图10-1为浦江教学酒店与教学咖啡店一角。

    浦江以"工本位"的办学思想打造酒店管理特色专业，即让学生进行工作本位学习。美国萨里大学工作本位学习中心主任盖里认为，"工作本位学习是一种手段，是一种课程

图10-1　浦江教学酒店与教学咖啡店一角

图10-2　教师指导学生制作甜点

教学的方式，而不是学科或课程本身，也可以说是一种学习机制"[1]。西英格兰大学的实践总结中提到，工作本位学习可以理解为：为了工作学习（learning for work）、在工作中进行的学习（learning at work）、从工作中学习（learning from work），具体表述为"利用工作场所提供的机会、资源和经验进行学习"[2]。还有学者根据米德尔赛克斯大学的观念，总结出工作本位学习的概念为一个通过对学习者在工作现场的指导，使之获得的学历认可及工作领域经验的学习方式[3]。

　　学生在教学酒店亲自参与到酒店的运营管理当中，进行模拟酒店前厅、客房、餐厅管理等实训，承办学校活动宴请，布置会场、餐厅。教师在教学酒店给学生示范前厅接待、客房服务、餐厅摆设等各方面的职业技能，学生具体操作，接受教师指点。

　　学生在教学厨房学习中西方餐饮制作，教师现场讲解、指导，学生反复操作，掌握每一种食材和调味料。所出成品基本达到宴请标准（图10-2、图10-3）。

　　学生在教学咖啡店自主经营，面向全校师生提供奥地利咖啡、甜点、餐饮，所有在售

1　Smith, C. L. Initial analysis of youth apprenticeship programs in Georgia. *Journal of vocational and technical education*, 1998, 14(1).

2　Hamilton. Skill and Knowledge Acquisition in the Workplace: A Case Study of Mentor Apprentice Relationships in Youth Apprenticeship Programs. 1998.

3　Moore. Toward a Theory of Work-Based Learning. http://www.WBL.org.UK.com.

的产品均是学生在教学厨房制作的。

　　浦江学院通过沉浸式教育培养学生工作经验，让学生在真实的岗位情境中实训，做到"学做合一"，既加深专业认识，又提高动手能力，打通就业的最后一公里。

二、与星级酒店联合培养

1. 企业参与的教学指导委员会

　　"工本位"学习模式，体现出的是一种合作教育项目，是由企业、学校、学生多方参与的合作教学过程。校企合作育人是"校企双方充分利用各自的优势资源开展全方位的协同与合作，为实现人才培养目标而有效组织"[1]的教育教学活动。校企合作育人，人才培养的主体是学生，主办主体和主导是学校，组织者是老师。学校与企业根据酒店管理岗位职业标准和素质要求，以学校为核心，协同选择更有针对性和实用性的专业课程内容，教学过程和教学结果都纳入到高校教学体系当中，从而促进"工本位"教学与传统课程教学的

1　李天源.大学酒店管理专业校企协同育人思考.原创论文联盟网，http://www.yclwlm.com/dxal/158399.html.

联系与沟通，强化实践项目的教学，提升高校整体教学的效率与质量，帮助学生积累相关经验和技巧，让人才培养规格与目标岗位能力"零距离"对接，缩小学生能力与工作岗位要求的差距。

因校企合作的性质，"工本位"教学的实施过程要求高校必须与外部机构建立合作关系。在"工本位"模式当中，同一知识在学校与工作场地的表达方式将会完全不同，在学习的过程中，这种课程具有较大的弹性，因此课程教学大纲的设计通常由校企双方来联合制订。最终，学生成绩的评定也由学校与企业来共同完成。

2014年12月，我校酒店管理专业建设指导委员会成立大会暨首次研讨会议召开。我校钱副校长、江苏省旅游局肖副局长、中国旅游饭店业协会常务理事张女士、美国饭店协会高级顾问吴先生，以及金陵饭店集团、希尔顿集团南京万达希尔顿酒店、南京紫金山庄、洲际集团南京水游城假日酒店、洲际集团上海滴水湖皇冠假日酒店、喜达屋集团湖州喜来登酒店、雅高集团苏宁诺富特酒店、新加坡辉盛阁集团南京仁恒国际辉盛阁酒店等行业领先酒店的总经理及负责人等，作为酒店管理专业建设指导委员会委员参加了本次研讨会。

会议中，参会人员对国际酒店与饮食文化学院的人才培养方案、课程设置，以及如何完成学校与行业的对接进行了热烈的讨论。会议结束后，钱副校长向各位与会专家颁发了酒店管理专业建设指导委员会委员及客座教授的聘书。

2. 教改科研基地的建设

校企双方在教改科研方面的深入合作有助于我校专职教师获取最新行业动态信息，提高教学水平。

2015年8月，浦江国际酒店与饮食文化学院与上海滴水湖皇冠假日酒店举行"教学－实践－科研"揭牌仪式。我校钱副校长、国际酒店与饮食文化学院高级顾问专业指导委员会主任张女士、港城集团人事总监暨上海临港新城酒店投资管理有限公司王总经理、上海滴水湖皇冠假日酒店总经理助理董女士、上海滴水湖皇冠假日酒店人力资源总监王女士以及国际酒店与饮食文化学院全体教师参加了揭牌仪式（图10-4）。

揭牌仪式后，双方在实践基地内举办了"IHD&IHG 2015暑期教学研讨会"（图10-5）。本次研讨会之前，国际酒店与饮食文化学院全体教师做了大量的前期工作，探讨如何构建高效课堂教学模式。研讨会上，我校教师就自己的课程进行说课，与各位专家共同分享了自己的课程构架和上课方式，并就自己的实际工作经验及上课感受进行了交流。与会

图10-4　学校与上海滴水湖皇冠假日酒店"教学－实践－科研"合作揭牌仪式

图10-5　暑期教学研讨会

专家从酒店管理专业课程设置、教学模式、集中实践等方面探讨了如何提升学生专业素质和进行创新能力培养的问题，为我校酒店管理专业的教学、实践提出了很多宝贵的意见。上海滴水湖皇冠假日酒店培训经理何女士、HR总监王女士对教师进行了多角度的评析，酒店行业专家罗先生及酒店总经理竺先生对研讨会进行了总结回顾。

3. 校外实习基地的建设

校外实习基地的成立建立在星级酒店先进的经营管理理念和严格规范管理过程的基础上，为学生提供标准化的实训实习环境，这便于学生学习最先进的酒店管理理念和积累标

图10-6　与洲际酒店集团洽谈合作

准化的实操管理经验，同时也有利于酒店自身储备相应人才，实现双方互惠。

我们鼓励学生去校外实习实训基地进行实践锻炼，并根据自己的职业岗位生涯规划选择自己感兴趣的岗位方向。实训过程中组织经验交流会，互相探讨酒店实训中遇到的问题以及解决的办法。

2014年12月，国际酒店与饮食文化学院学生会实践部及其他部门代表组成的学生调研团一行20余人参观了南京万达希尔顿酒店。学生调研团参观了希尔顿酒店Bule Energy的文化长廊，以及具有南京历史特色的大堂、西餐厅、中餐厅、客房、行政走廊、康乐室及酒店后台的厨房、洗衣房等场所。通过此次参观调研，同学们真正地走进酒店、亲身体验了酒店员工的细致入微的服务，对酒店的管理规则以及经营理念有了初步了解，同时也了解了企业对人才的实际需求。

我校酒店管理专业还与国际著名的洲际酒店集团达成战略伙伴关系。2015年5月，"洲际带我成长带我飞——校园洲际日"活动在浦江隆重举行，洲际酒店管理集团江苏地区（含上海）的七家酒店的总经理和人力资源总监等一行二十余人莅临活动现场。在江苏省旅游协会唐副会长等嘉宾的共同见证下，我校与洲际酒店集团合作建设的"酒店人才培养实践合作基地"举行了授牌仪式（图10-6）。

仪式后，各位嘉宾参加了与国际酒店与饮食文化学院的同学见面会。见面会上，各位

图10-7　教师到实习酒店走访、交流

总经理以风趣幽默的语言介绍了酒店及自身的工作经历，回答了同学们的提问并邀请学生参观自己的酒店。会后，同学们自愿分成"兴趣爱好"小组，与各家酒店人力资源部门工作人员进行了深度交流。

2015年7月下旬开始，国际酒店与饮食文化学院2014级酒店管理专业共137位同学，分别到上海浦东文华东方酒店、上海豪华精选酒店、上海英迪格酒店、南京绿地洲际酒店、南京香格里拉大酒店等酒店，进行了为期半年的集中实践课程的学习。同学们分别进入酒店的餐饮、前厅、客房、厨房、行政酒廊等一线运营部门进行集中实践，将书本中的知识真正运用到实际工作中，同时向具有丰富工作经验的酒店工作人员学习高水平的服务技巧和严谨的工作作风。整个实践过程中，国际酒店与饮食文化学院配备的实践指导教师定期分赴到所负责的酒店，指导同学们完成《集中实践报告》，使同学们顺利地完成集中实践学习。

2015级同学们在上海和南京各家酒店进行为期半年的集中实践课程的过程中，钱副校长带领部分教师到访上海各家酒店，与同学们亲切地进行了交流，了解同学们集中实践以来的工作感受（图10-7）。

4. 其他形式的合作

2016年3月底，国际酒店与饮食文化学院"西方遇见东方"亮灯仪式圆满结束。相关领导和专家参加此次亮灯仪式（图10-8），共同参观了教学酒店的内部设施，并探讨了如何在学校充分利用教学酒店进行特色化教学，以及推进我校教学酒店新理念和现代酒店的国际化发展趋势接轨等问题。大家一致认为，学校应该站在社会发展的高度上引导学生探索体验式发展，利用实训酒店将专业知识学习与学生体验式学习紧密结合，这也是未来

图10-8　教学酒店亮灯仪式

图10-9　酒店管理专业集中实践课程双选会现场

大学需要提倡的发展方向。

2016年6月初，国际酒店与饮食文化学院在教学酒店和教学咖啡厅举行了2015级酒店管理专业学生集中实践课程双选会活动，来自上海、南京、浙江20家精选国际著名酒店品牌集团的人力资源高管们以酒店为单位，与学生进行一对一的面试交流，为国际酒店与饮食文化学院2016年集中实践课程的开展拉开了序幕（图10-9）。

2016年10月，国际酒店与饮食文化学院与诺唯真邮轮、中江国际校企合作签约仪式

图10-10　与诺唯真邮轮、中江国际校企合作协议签订仪式

在教学酒店举行。诺唯真邮轮高级副总裁Mark Kansley先生、中江国际集团新加坡分公司董事屠先生和钱副校长共同出席了签约仪式。

签约仪式上，Mark Kansley先生对钱副校长为本次校企合作做出的积极努力和贡献表示感谢，并对国际酒店与饮食文化学院国际化和应用型的办学理念、双师型的师资队伍以及优良的实训场地表示大力赞赏，对此次合作充满了信心（图10-10）。

诺唯真邮轮、中江国际在浦江建立培训中心，与国际酒店与饮食文化学院一起订制课程规划和人才培养计划，并优先为我校学生提供邮轮实践和就业机会。我校此次与诺唯真邮轮、中江国际的校企合作，将更有助于国际酒店与饮食文化学院的国际化进程，并有助于学生的成才与就业。

校企双方在学生实践能力培养、教师行业经验积累、酒店管理课题研究等方面进一步的合作，有利于将我校学生培养成复合型高素质人才。为加强校企合作平台建设，推动酒店管理专业实习工作，我们邀请洲际集团、万豪集团、雅高集团等酒店、餐饮行业精英专家定期来我校进行关于酒店管理岗位能力要求及职业发展的宣讲会。酒店专业人员来学校任教专业课程，或者进行讲座，也能够使教学内容更直观、更生动、更贴近酒店岗位实际，让学生提前接触集团文化、人才需求、员工福利、员工培训与职业发展等多方面内容。

10.3 中外合作打造酒店人才培养平台

随着社会发展，越来越多的外资酒店进入中国，酒店行业对国际化人才的需求日益明显，高级酒店管理人才是职场上紧俏的高薪阶层。对于酒店管理专业的学生来说，培养国际化视野，是成为国际化人才的重要前提。浦江开启中外合作模式，与维也纳MODUL大学合作办学，打造酒店管理人才培养的高端平台。MODUL大学的办学经验，对浦江的培养目标、招生对象、教学模式、教师培养、教学管理、职业能力、就业方向等方面，起到全面指导的作用。浦江与MODUL大学双方共同努力，促进了两校之间的合作。

2014年7月中旬，以Karl·Wober主席为团长、Christian Hoffmann校长为副团长的MODUL大学代表团一行五人来到南京，就与浦江合作举办国际酒店与饮食文化专业项目事宜进行了访问考察。我校领导与代表团就合作办学事宜进行了深度商谈，双方在商谈中一再表示出合作的共识。代表团在宁期间的访问还得到了江苏省教育厅和南京工业大学的大力支持。江苏省教育厅及南京工业大学相关领导在与MODUL大学代表团成员的会谈中均表示，浦江与MODUL大学的合作办学是全省第一个酒店管理专业本科教育国际合作办学项目，同时也是唯一与德语系国家合作的国际办学，将对此给予全力支持，希望通过合作和引进优质的教育资源，为社会和企业培养更多更杰出的酒店管理人才。

2014年11月中旬，由MODUL大学高管、维也纳总商会驻华代表及IAME国际教育交流协会会长等人组成的代表团来我校参观考察，共商国际交流合作办学事宜。MODUL大学与我校国际酒店与饮食文化学院也举行了合作签约仪式。此次合作给我们的学生创造了一个国际化的平台，使我校的人才培养方案更加具体和饱满，极大地推进了国际酒店与饮食文化学院的品牌建设。MODUL大学总经理Christian Hoffmann先生和校长Werner Schnabl先生高度评价了浦江的办学特色和人才培养方案。MODUL大学国际合作部长Karl Heinrich Wagner先生对我们的教学楼和实训基地给予了高度的肯定。

MODUL大学的Andreas ZINS教授还为国际酒店与饮食文化学院的同学们带来了关于"欧洲酒店管理教育浅析"的精彩主题讲座。ZINS教授介绍了国际酒店管理教育背景，以奥地利旅游发展现状为例阐述了酒店业良好的就业前景，并介绍了MODUL大学的本科教育体系。ZINS教授热情洋溢的演说和对异国教育的分享深深吸引了同学们和老师们。讲座结束后，仍有部分学生和ZINS教授进行了热烈的交流。

图10-11　BBA酒店管理（中奥合作）开班仪式

　　自2014年起就一直在筹备的IHD・MU学院酒店管理专业，最终于2016年获教育部批准并开始招生。2016年9月底，浦江与MODUL大学合作办学的BBA酒店管理（中奥合作）开班仪式在教学酒店隆重举行。奥地利领事馆商务处副参赞Lisa Kronreif女士，奥地利商务专员公署、维亚纳总商会专项顾问Monica Ng女士，江苏省教育厅国际合作与交流处副处长施女士，我校钱副校长，教务处、招就处、国际交流处、研究生院、团委等部门负责人及国际酒店与饮食文化学院100余名师生共同见证了本次开班仪式（图10-11）。

　　Lisa Kronreif女士代表奥地利联邦商会以及奥地利驻沪总领事馆对奥中合作办学项目的成功开办表示热烈祝贺。她表示，这是第一个由一所奥地利大学和一所中国大学合作举办的双学位项目，由此开启了中国和奥地利在教育领域合作的新时代。江苏省教育厅国际合作与交流处副处长施女士代表江苏省教育厅国际处对中奥合作办学项目的成功开办表示祝贺。她认为这一合作项目是江苏和奥地利第一个中外合作本科项目，具有里程碑的意义，并表示江苏省教育厅将一如既往地支持该项目的建设和发展。国际酒店与饮食文化学院许院长宣读了MODUL大学的贺信，并从人才培养、课程设置、师资队伍及学生的生涯发展等方面对BBA酒店管理（中奥合作）班进行了介绍。

　　　　第十章　"沉浸式"教学，培养酒店高管

自20世纪以来，位于"世界音乐之都"维也纳的MODUL大学，就是培养旅游及酒店业界专业人才的重要学府。MODUL大学的前身——创建于1908年的维也纳MODUL旅游学院，是维也纳市政府总商会创办的职业培训学府，是全球历史最悠久的旅游及餐饮教育学府。现在的MODUL大学，成立于2007年，由奥地利经济工商会建立并经过奥地利认可委员会的核准，是一所国际性的私立大学，是德语国家中历史最悠久的欧洲顶级的酒店旅游管理学府，是历史悠久的以旅游管理、酒店管理以及经济管理为特色的大学。

MODUL大学是奥地利第一所提供旅游及酒店管理研究生课程的大学，同时也是第一所提供旅游管理、新媒体技术和公共管理本科课程的大学，这些课程在欧洲其他大学都没有。

MODUL大学不断尝试传统学科与新兴的学术科目相结合，致力于创造最优质的学术环境，逐渐成为奥地利的顶尖学校。他们不仅强调多学科研究，也注重职业技能的培养，注重个人能力与素质的提高。并且，MODUL大学长期与欧洲工商界和世界其他学府保持长期合作关系，为学生实习和就业提供了良好的平台。一百多年的历史经验及与业界的紧密联系，使MODUL大学成为独一无二的旅游及酒店管理专业学府。

维也纳的国际化环境以及MODUL大学优越的地理位置使之成为众多学子向往的圣地，MODUL大学在中国享有相当高的声誉，是获中国教育部认可的二十三所奥地利大学之一。2006年起，北京市商业学校引入MODUL大学的教学模式和课程体系，教学活动开展得非常顺利。2008年北京奥运会，MODUL大学被奥组委指定为准备培训机构以及奥地利运动员、媒体餐饮服务商，在奥运期间，来自MODUL的老师和学生，以及在北京修读MODUL班的学生都参与奥运餐饮服务。

MODUL大学的酒店管理专业全球排名第二，其酒店管理精品课程证书是国际酒店行业高端就业的入门证。作为奥地利和欧洲旅游及酒店管理教育的领导性学府，其教学计划及课程设置被视为创新教育的典范。所有任教的老师均会把旅游及酒店管理业界的最新信息及技巧传授于学生。学生在MODUL大学的学习能够紧贴世界酒店及旅游业的发展需求。

浦江国际酒店与饮食文化学院与MODUL大学合作举办的IHD·MU学院酒店管理专业是"4+0"中外合作办学双文凭专业，是2016年教育部批准的32个中外合作办学之一，也是江苏省获批的2个中外合作办学之一，更是全国唯一的酒店管理"4+0"项目。并且，浦江是江苏省首个与德语系国家进行教育合作的高校，也是全国唯一一家与MODUL大学合作举办酒店管理专业的本科高校。

图10-12　IHD学院第二期WSET国际葡萄酒课程

　　国际酒店与饮食文化学院的酒店管理专业植入MODUL大学的课程体系，采取"4+0"培养模式，学制四年。学生在国内学习，采取国际课程标准，并由双方优秀教师授课，阶段性采用英文教学。第一学年中方教师双语授课，第二学年学生须通过英语水平测试进入国际课程阶段，专业主干课程由外籍教师授课，学业合格的学生将获得我院毕业证书和学位证书，并同时获得MODUL大学的学士学位证书（该证书与其本土学生一致）。学生可凭借此证书申请到MODUL大学本部攻读硕士学位，也可升读奥地利或欧美其他国家的大学。中国许多著名酒店都有MODUL大学毕业生担任要职，如希尔顿、半岛、假日、万豪等酒店管理集团，MODUL大学是世界酒店名企管理层诞生的摇篮，其毕业证书是旅游、酒店行业的就业保证。

　　国际酒店与饮食文化学院和MODUL大学合作开设的酒店管理精品课程，是我校首次国际合作的项目课程。它不仅为我校学生提供了国际高端品牌酒店就业"敲门砖"的机会，同时也让所有老师接触到了国际前沿酒店发展趋势和服务理念，提升了教师执教水平。

　　国际酒店与饮食文化学院精心打造"浦江IHD·香榭"葡萄酒课程专案，除包含全球含金量最高的WSET课程外，还有波尔多爱好者课程、盲品等葡萄酒文化课程与业内顶尖人士共同分享。2015年1月份，国际酒店与饮食文化学院主办的第二期WSET国际葡萄酒课程在实训楼109品酒室顺利开班（图10-12）。学员们通过两天的课程，学习了

　　第十章　"沉浸式"教学，培养酒店高管

"波尔多"调配课程及盲品[1]入门，听取了葡萄酒行业分析以及 WSET 初级课程。

6月初，国际酒店与饮食文化学院隆重举行了 MODUL 大学酒店管理精品课程证书颁发仪式，182名学生喜获课程培训证书。

浦江国际酒店与饮食文化学院培养的是酒店的初、中、高级管理人员，是管理技能型人才，而非服务技能型人才。四年的专业学习，丰富的校内校外实习实训经历，得天独厚的中外合作教学，让国际酒店与饮食文化学院的学生们哪怕一毕业后不能立刻从事管理工作，在不久的将来也会有很大的机会从事酒店高级管理岗位的工作。

---

1 所谓的盲品（Blind tasting），其实就是让喝酒的人看不见酒标，不因为先入为主的品牌或年份效应而影响判断，为了能达到最大程度的公平，盲品喝酒，几乎是唯一的方法。

第十一章
双元教学，培养汽修精英

为培养高端的汽车后市场人才，浦江汽车服务与管理学院正积极推进双元教学模式，即本校专职教师以理论教学为主，企业一线工程师以实践教学为主，在校内建设仿真汽修工厂实验实训中心和企业一线岗位，交叉指导学生进行理论学习和实践操作。学生们在"双师"的指导下，不仅可以在校内进行实习实训，也可以走入企业到一线岗位上去认知与感受职业氛围。通过聆听培训讲师的专业讲解，观看技师们的现场操作以及亲身参与培训活动中的部分组织工作，并接受来自一线工程师的直接指导，进行实际维修操作，学生在真实的生产实践中了解企业，熟练地掌握生产技术与操作技能，迅速提升自己的工作素质，未出校门就成为专业技术能力突出的技术专才。

11.1 双元制

一、双元制的起源与发展

双元制是源于德国的一种由企业和相应的职业技术学校共同完成的职业培训模式，它在战后德国经济腾飞中所起的作用是普通高等教育所无法替代的。1897年，德国"双元制"形成，到20世纪60年代，开始向高等教育领域扩展。

所谓"双元制"教育，是指学生一部分时间在学校学习理论知识，另一部分时间在企业进行实践操作。"双元制"教育将学生与企业紧密联系在一起，使学生能够直接接触、学习实用技能，大大提高其就业适应能力。

一般的大学教育是学科性的，而双元制具有针对性，更重视学生的实践能力。理论和实际紧密结合、教学与实践无缝对接，这就是德国"双元制"教育的核心理念。

"双元制"教育中，由企业和学校共同担负培养人才的任务，按照企业对人才的要求组织教学和岗位培训。"双元制"教育中运用的典型教学方法是行动导向教学法，即传授专业知识，培养专业技能，全面增强学生自主学习的能力，使学生能系统地接受创造性思维能力、搜集专业技术信息能力等方面的锻炼，从而适应社会发展需要。行动导向教学法从根本上说是以学生为中心，常见的模式有项目教学法、模拟教学法、案例教学法、角色扮演法、头脑风暴法、张贴板教学法。其教学程序分为准备、讲解、模仿、巩固四个阶段，准备阶段落实实训材料及有关工具和设备，编写教案，明确学习目标与任务；讲解阶段讲解与示范课题的全过程，讲解要点，放慢速度，再次示范，安排提问机会；模仿阶段，学生模仿试做，老师说明道理让学生理解为何这样做；巩固阶段，充分练习，分析总结，肯定成绩，纠正错误。通过这四个阶段的程序演练，学生也就基本能掌握教学内容。

双元制教育的一元是学校，一元是企业，学生在学校里接受专业理论和普通文化知识教育，在企业里接受工作技能和与之相关的专业知识培训。这在"沉浸式"教学中用过。美国教育家兰祖利（Joseph Renzulli）也强调在具体实践场所（如实验室，洗印间等）中，摸索和掌握知识技能，学习者更能主动地介入学习过程。

双元制教育在师资的引入和认证方式称为双师制，教师具有双重身份，一般从企业中引入具有一定工作资历以及丰富的行业一线经验的人员，并在同行中享有较高的声誉和一定的学历。这样的教师一方面具有企业前沿科技知识，同时又具备了高超的实际动手能力，学生跟随老师能学到最新技术，跟得上社会和企业的发展。在重视师资引入的同时，双元制教育还十分重视教师的继续进修，教师进入学校后仍与原企业挂靠，一般任教两年后仍回原企业工作两年，这样不至于使自己的知识落后于社会发展，而是始终占据科技发展的前沿。

双元制教育能够让企业在培养过程中观察了解学生能否适合团队工作，是否有掌握新事物的能力，是否有奉献精神以及创新能力，同时也注意培养学生的团队意识，使学生走上工作岗位后能与其他人共同完成任务，更富有团队合作精神。这种团队合作教育一直贯穿于日常的教育中。

经过几十年的发展，这种教育体系在德国取得了很大的成功，目前已经相当成熟，为德国企业培养了大量有知识有技术的"工匠"，现在也已实现了与高等教育的贯通，具有"双元制"教育属性的高等院校即应用科学大学。这类大学的最显著特点就是以实践和应用为导向，教学和研发都与实践紧密结合，培养的是具有较强动手能力和解决问题能力的应用型人才。双元制现在被很多其他国家引用借鉴，中国政府同样相当重视双元制，中国的高校也纷纷推行双元制教育模式，学习德国双元制模式成功的经验，探索应用型人才的培养道路。

泰国正大集团旗下正大管理学院等各层次学校，也引入双元制教学模式，采用边学边用、学用结合的"工本位"制的人才培养模式，让学生当准员工，既学操作经验又学理论知识。教师也要与学生一起到企业单位进行实习，实习单位的主管帮助学生适应实习生活，由此培养了一大批技术技能型人才，受到了行业企业的广泛欢迎，赢得了良好的社会声誉。

浦江学院继承并贯彻执行了这种"工本位"制的人才培养模式，在条件允许的情况下，学生在校理论学习3个月后，就到公司或工厂实习3个月。瞄准国内外行业企业的市场发展方向，培养技术技能型人才，为国内外企业和人才市场输送有能力、懂专业、会外语的优秀毕业生，抢占就业制高点，完成浦江学院技术技能型本科的转型。

二、高端汽修行业需要汽修精英

从1886年第一辆汽车诞生到今天，汽车行业经历了两百多年的历史。随着汽车技术突飞猛进的发展，汽车的电子化水平越来越高，汽车上高新技术产品的应用越来越多。现代汽车已发展成为集计算机技术、光电传输技术、新工艺和新材料为一体的高科技载体，正逐步进入智能化控制阶段，诸如电控燃油喷射系统、自动变速器、ABS（制动防抱死系统）、SRS（安全气囊）、AC（空调）、电控悬架、中控防盗系统及卫星巡航定位系统等一系列新装置。

在汽车行业蓬勃发展的背后，我们看到了汽修行业广阔的前景。各种新的仪器和设备以及随之而来的新的维修技术，汽车的维修保养越来越复杂，给汽车维修行业从业人员提出了新的要求。如今的"汽修工"，不再是人们惯性思维里的趴在汽车下面，一身很脏的衣服，手里拿着工具不断干活的人，而是社会和企业紧缺的汽修精英。

现在的汽修人员不仅要具备高超的汽修技术，还要具备很好的学习能力和综合素质，只有这样才能适应市场的需求。现代汽车的高技术含量和维修工艺规程化，以及维修、检测诊断设备的智能化和自动化，决定了直接参与修车的人员不仅包括传统意义上的普通维修人员，还包括现代化高级汽修人才即汽修精英。汽修精英要熟悉专业技能，掌握机电一体化技术，如电工知识、微电子技术、现代汽车结构原理，熟悉现代汽车结构原理、传感技术、液压控制、自动控制技术，掌握计算机应用（包括硬件、软件）知识且操作熟练，会操作电脑上网查找资料，具有专业英语阅读能力，能阅读英文版的新型汽车维修资料，能判断并解决各种疑难杂症。汽修精英要经过长期的专业培训，通过国家的职业资格认证后才能上岗。

然而，具备这些技能的综合性人才十分匮乏，目前汽修行业的专业汽修精英的紧缺程度逐年加剧。据国家教育部、劳动和社会保障部等六部委联合公布的《紧急人才报告》显示，至2016年底，我国汽修人才的需求量缺口高达300多万人。也有资料表明，全国汽车维修行业每年需要新增近30万从业人员。因此，汽修专业人才培养被优先列入"国家制造业和现代服务业技能型紧缺人才培养培训工程"，这说明适应汽车新技术发展需要的高级维修人才匮乏，已成为急需解决的问题。

当前汽修行业的工作人员整体文化水平偏低，高中文化程度者较少，具有大专及以上文化程度的更是凤毛麟角，绝大多数是中专毕业的技工；技术素质不高，大部分是未经任何培训或学习的，只是跟在师傅后面学得差不多了，就出来从事汽修技术工作的学徒。对于一些汽车维修小问题，这些人员凭经验还能修理，但对于一些高技术维修就会束手无策。由于技术员工的专业素质低，使得维修车辆的返修率高，从而引起不少行业纠纷。中国汽修公司里高级技师占1.5%，高级技工仅占3.5%，中级技工占35%，初级技工却占60%，而德国等发达国家高级技工占35%，中级技工占50%，初级技工占15%。从这些数据我们可以看出，我国汽车修理行业紧缺的均为高级技能型人才，特别是高端品牌汽车的后市场人才。

11.2 浦江对双元制的探索

一、浦江双师制的实践

2014年,《国务院关于加快发展现代职业教育的决定》明确提出,要引导一批地方本科高校向应用技术型高校转型发展。在2015年全国两会上,全国政协委员、上海教科院副院长胡卫针对"本科高校转型"的问题提出提案,他指出,在推进地方本科高校转型发展过程中,双师型教师的作用日益突显。这里的双师型教学可定义为学校专职教师和企业兼职教师共同完成某一门课程的教学活动过程。双师型教学模式包括政策保障、教师遴选、质量考评、教学场地、教学形式和内容以及教学方法等,其中双师型师资队伍建设至关重要。

双师,顾名思义,就是既是教师、又是工程师(会计师、律师、医师)。德国"双元制"对"双师型"具有独特的诠释:"具有一定的专业理论知识并具有一种或多种专业技能"的教师。它要求教师既能教授理论知识,又能指导实训课程的全能型教师。德国"双元制"教学中更为注重教师的"专业理论知识够用,职业技能技巧高超"。

我国有的学者将其概括为"双职称型"和"双素质型"两种,双职称型即双师型教师在获得教师系列职称外还需要取得另一职称,双素质型即教师既要具备理论教学的素质,也应具备实践教学的素质。也有学者将双师型教师的理解概括为"双证书论""双能力论""双融合论"三种。双证书论认为具有工程师、工艺师等技术职务的人员,同时取得教师资格并从事职业教育教学工作的人员就是双师型教师;双能力论认为双师型教师既要能胜任理论教学,又能指导学生实践;双融合论既强调教师持有"双证",又强调教师"双能力"。

双师制在我国的发展稍滞后于欧美发达国家,在相当长的时间里根据市场需求呈现多元化趋势。我们借鉴德国双元制教育理念,为双师型教师的孕育奠定观念基础,要更新观念,追求务实,重视实践;借鉴德国双元制教师准入制度,严把双师型教师入口关,培养真正具有双师素质的教师;借鉴德国双元制培养模式,理论与实践相结合,为双师型教师提供良好的培养模式;借鉴德国双元制培训模式,制定不同的要求和培训方式、进修措施和考核制度,为双师型教师的发展提供必要的保障;借鉴德国双元制考评体系,为双师型教师队伍专业纯洁性提供保障，保障职教师资的专业性，更好地走职教师资专业性发展道路[1]。

按专业不同，对双师型教师素质要求就有所不同。浦江学院是新兴的民办应用型本科院校，所设置的专业主要是技术应用类，包括机械制造、电子信息技术、自动控制等，浦江学院采用双元制，又在此基础上发展双元的涵义，专注打造"浦江双元"人才培养模式。浦江学院的双元主要体现在双师制的实践，专注打造浦江品牌的双师教育。我们要求双师型教师应该了解并掌握所授专业所对应行业的应用技术的动态；能够通过专业授课、实训、实习，使学生掌握就业岗位所需的应用技术和职业技能，并具备肯动手、勤动手、会动手的操作习惯和实践修养；能够教育学生形成相关行业的职业素养；能够通过应用项目的研究和应用技术的创新等活动，培养学生技术创新、技术革新的意识和能力。

浦江汽车服务与管理学院培养的是高端汽车后市场人才，具体培养方向为面向汽车维修、汽车服务与营销，培养面向汽车售后维修服务、基层管理一线，具有良好的职业道德的高素质技术技能型人才。因此，除了让学生牢固掌握当代汽车技术的基本原理、方法和技能外，我校还着力培养学生熟悉汽车检测、汽车维修、汽车营销、汽车售后服务、汽车保险与理赔、汽车零配件与物流、新能源汽车服务、汽车企业管理等工作任务，让他们能够成为高级技能型管理人才，从而在业界竞争中占据优势。

汽车服务与管理学院在师资构成方面，拥有一支由富有汽车售后市场服务与管理教学经验的著名汽车专家、教授、副教授、高级工程师、博士组成的教学科研团队，师资力量雄厚，教学和科研成果丰硕。在浦江的双师模式下，企业技术人员和学校专职教师都是双重身份。企业技术骨干承担部分专业课程讲授和实践教学环节的指导。

汽车服务与管理学院专职教师通过进修、学习努力使自己的专业知识、技能和素养达到行业的标准，成为既有较高的文化水平，又有熟练的实践经验的高素质人才，既能在课堂上教学，指导学生进行理论学习和实践操作，也能参与企业的生产和经营，到了工作岗位就是一线技术人员或管理人员和工程师。因此，学校大力支持专职教师坚持到企业中去锻炼提升自己。

学校还邀请合作企业的高级工程师、高级管理人员等定期来校为学生进行讲座、教学，将行业最新资讯传达给学生，学生直接向一线工程师学习基本操作技能。聘请的合作

企业的管理人员不仅持有工程师资格，而且具备教师资格。他们担任学生导师，指导学生的实训、实习环节。学生可以介入企业生产经营中，在导师指导下尝试对企业生产经营模式、流程进行改进，公司技术与管理人员协助汽车服务与管理学院的学生参与学习营销服务、场所布局和售后服务等企业实践环节。企业不仅派遣专业的技术人员走进课堂，让理论课和实践课都更加真实化，同时还接收教师深入工作岗位进修培训，及时了解行业内的新动向，探寻企业需求，及时调整专业教学计划，让课堂教学内容与时俱进。

与浦江学院合作的保时捷汽车企业集团，除了提供大型的专门的教学和实践基地等硬件外，还提供了大量的企业人力资源作为双师型队伍的后备力量，来自浦江的教师和来自企业的教师组建成富有特色的产学研教学队伍。校企双方组建的双师型教学队伍有利于理论知识优势与实践经验的结合，让教学内容更加符合实际，有助于推进产学研的深入开展和深度全面的校企合作。

二、重金打造保时捷实训基地

秉承为学生创造机会的"双元制"办学方针，汽车服务与管理学院不断加强校企合作，与国内外多个知名汽车企业进行联合办学。

每一个行业都有技术的尖塔，在汽车领域保时捷就是一个尖塔。我校与国际著名汽车企业保时捷（中国）合作办学，引进保时捷教育体系和认证体系，打造PEAP项目+基层管理能力项目。这是以培养精英汽车服务技术与管理人才为根本目的的校企深度合作项目，旨在为保时捷这一高端汽车品牌提供售后服务人才储备。我校按照世界汽车知名奢侈品牌企业对汽车售后服务与管理类人才的标准，采取理论实践一体化的教学模式定向性地进行职业技能培养，专业教学凸显双元制体系和"工本位"制的技术技能型本科教学理念，世界知名汽车品牌全球通用资质认证体系与学历文凭相结合，全方位引进保时捷品质实习生培训项目（PEAP），严格按照保时捷公司对员工的要求培养合格的毕业生。学生接受世界知名汽车品牌企业考核，通过考核者才能取得本科文凭和世界知名汽车品牌企业等级认证证书。经过四年校内学习与校外企业实践，将成为汽车高级技能型人才。浦江作为保时捷实习生培训（南京）基地，是唯一一所与之合作的本科院校（图11-1）。

目前，保时捷维修工厂1:1仿真实验室也已落户浦江校园，成为浦江汽车服务与管

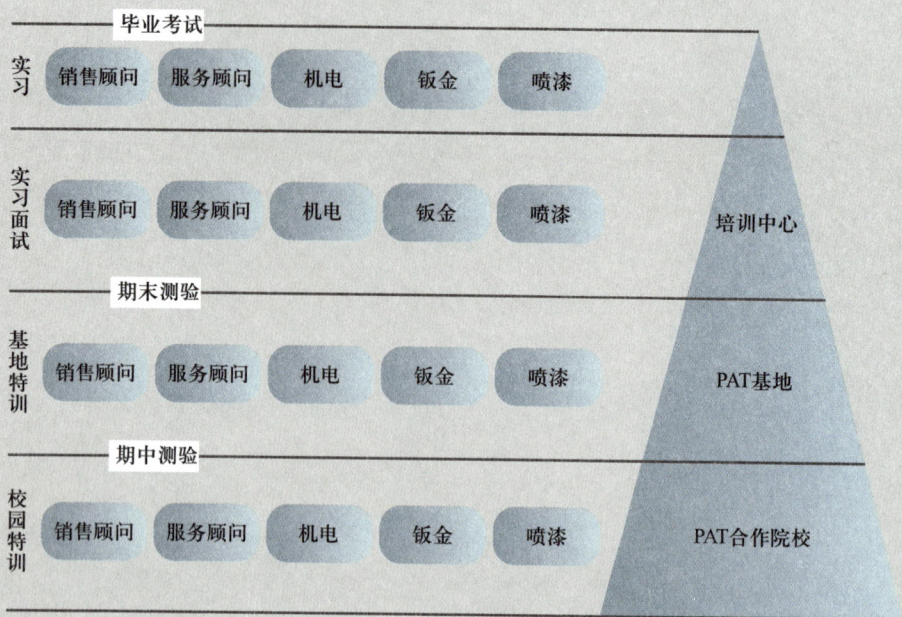

图11-1　保时捷品质实习生培训项目（PEAP）实操体系

理学院的汽车工程实验与实训中心，真实的维修车间变成教学实训场以满足学生生产实训的需求。

该实训中心是由浦江与保时捷企业联合投资2000万元，于2014年建成并投入使用的，面积2500m²，实训项目覆盖汽车维修、汽车整形、汽车检测、汽车营销等各个方面，是江苏省唯一一个由高校与保时捷（中国）合作建设的高端汽车维修实验室。保时捷集团提供全套实训设备，不仅有全套的汽车机械、电器、电子控制等系统的检测与诊断设备，车辆整形与涂装所需的全套设备，还包含保时捷专用工具、诊断设备与在线学习系统，为学生亲自动手进行实践性技术操作提供真实的场景与设备（图11-2）。该实验室主要用于保时捷PAEP项目主讲教师培训、保时捷PAEP项目学员培训、保时捷经销商机电、钣喷、非技术岗位的铜级认证与培训、学院其他非合作班学生培训等活动。在这座维修工厂里，学生在老师和工程师的指导下，可拆开全世界最先进的发动机进行检修。汽车服务与管理学院实训中心承接保时捷集团举办的活动、培训、会议，让学生参与到活动中去，更直观、更直接地接触到实际的生产实践活动，这是一座"活"的工厂。

图11-2　浦江汽车服务与管理学院实训中心

　　把全球最先进的汽车技术带入课堂，对于学生们来说，不仅仅是为了掌握最前沿的汽车机电维修技术，更在于培植"德国工匠"理念，并将其内化于心。德国技师换机油，会戴上一副橡胶手套；车辆举升，会戴上专用口罩；底盘操作，会戴上护目镜……每一个保护细节无不传递着保时捷的"精益求精"和人性化理念。在修车过程中，技师会非常关爱车，修车前，会先给车充电，免得因耗电而影响蓄电池性能；安装轮胎时，会细心地将保时捷LOGO盾牌的尖角对准轮胎气门嘴……关注细节、苛求细节恰恰也是我们的学生最需要上的一课[1]。

　　学校坚持以"懂技术、能服务、知管理、会经营"为基本素质要求，追求教育教学系统的全面创新。我校的学生不仅可以在校内实训中心进行实习实训，也可以走入企业到一线岗位上去认知与感受职业氛围。保时捷等相关企业人员对汽车服务与管理学院学生开放其实际生产经营的全过程和所有环节，为学生提供专业的学习氛围与平台。

　　汽车服务与管理学院的学生在维修基地及企业中实践实习，能够取得在世界顶级汽车

1　资料来源：绍兴网，2016年12月25日，http://www.shaoxing.com.cn/news/content/2016-12/25/content_2604650.htm。

品牌——保时捷经销商店的实习机会，接受世界汽车知名奢侈品牌企业考核通过后，能获得世界汽车知名奢侈品牌的企业等级认证，赢得了进入高端汽修行业的"敲门砖"，就业含金量大增，站在了职业生涯的高起点上。

11.3 校企合作创建汽修专业人才培养品牌

汽车服务与管理学院以本科统招学历教育为主，涵盖汽车机电、汽车钣金、汽车喷涂、汽车营销、售后服务等技术与非技术类五大专业发展方向。

汽车服务与管理专业培养的是掌握机电一体化技术的汽修精英。为保证所培养的人才更能贴近企业需求，缩短与生产实际的距离，我校不断改进培养方式，加强与企业的沟通与合作，及时将最先进的技术纳入课程，将最新的技术培训项目引进学校，让学生及时了解社会需求。同时，与众多企业建立长期稳定的合作关系，把企业作为学生的实习实训基地，使学生提前认识企业实际生产情况，以便毕业后尽快上岗。

一、技术培训活动

2014年11月份，为期十二天的保时捷新卡宴技术培训会在我校汽车服务与管理学院实训中心隆重召开。此次活动由保时捷中国培训学院主办，我校汽车服务与管理学院承办。此次培训活动的主要目的是在新卡宴发布之际向各保时捷中心的维修技师提供新卡宴（Cayenne）、帕纳梅拉（Panamera）、911Targar等车型的新技术介绍与相关故障维修技术培训，从而确保在这些新车型上市后4S店能提高优质完善的售后维修服务。来自全国保时捷中心的机电维修技师们分5个批次，接受包括Cayenne 2015发动机技术数据、DME发动机电控系统、动力传输系统技术数据、底盘、车身、内部装备、电气设备和电子装置等培训（图11-3）。

2015年1月份，为期五天的保时捷（中国）品质实习生项目2015年实训论坛活动在汽车服务与管理学院实训中心举办。参加活动的人员是2015届来自全国的PEAP项目学员，活动目的是对这些学员在整个项目过程中经过4个月的PC站点实习以后进行一次中期考核竞赛。整个活动按照学员专业分为技术类（机电）和非技术类（销售/售后）两种，五天之中安排了保时捷新产品技术培训、4S店业务培训、论坛实训竞赛、笔试测评、实习总结、面谈等内容（图11-4）。

图11-3 保时捷新卡宴技术培训会

图11-4 保时捷（中国）品质实习生项目2015年实训论坛活动

第十一章 双元教学，培养汽修精英

为了能让参加培训的学员们快速地掌握培训内容，保时捷中国培训学院的工作人员、培训讲师以及我校汽车服务与管理学院的老师们通力合作，在活动前期做了大量详细的准备工作，并彩排预演，细化分工。从筹备培训方案、培训日程设计、编制培训教材、酒店餐饮协调等常规工作，到布置会场、准备常用药品、雨伞等生活细节，无一不体现出细致与用心，让来到基地参加培训的人员感受到"家"的温暖。

2015年8月，为期17天的2015届保时捷品质实习生项目（PEAP）机电类基地集训在北京交通运输职业学院成功举办（图11-5），我校汽车服务与管理学院的王老师参加了此次培训。通过这次培训课程，他巩固了汽车相关机电系统知识，对保时捷专有技术有了进一步认识，为后续更好地理解相关保时捷技术及课程奠定了基础，同时学习吸收授课老师讲课方式和技巧，提高后续的相关课程设计和教学实践的质量。

2015年9月份，我校汽车服务与管理学院17人赴上海保时捷（中国）培训中心，就汽车服务与管理学院校企合作项目"保时捷品质实习生（PEAP）项目"进行沟通交流。交流会上，保时捷（中国）培训中心吴经理对校企合作项目"PEAP"项目做了系统全面

图11-5　2015届Porsche品质实习生项目（PEAP）机电类基地集训

图11-6 "保时捷品质实习生（PEAP）项目"交流会

的讲解，对项目历史发展过程，目前所取得的进展以及未来发展方向，以及与浦江的合作内容做了介绍。我校师生在听取相关介绍后，从合作院校的角度与吴经理进行了深入交流沟通，双方就校企合作模式及未来发展方向进行了深入探讨，并对合作过程中的双方诉求做了交流。会后我校师生参观了保时捷（中国）培训中心，了解了培训中心设计理念和教室布局等。双方对此次沟通交流结果十分满意，初步达成共识（图11-6）。

汽车服务与管理学院还与各高校、科研机构、企业有着广泛的学术交流。2016年2月份，彭院长带领教师赴珠海进行社会考察与调研，重点走访和考察了珠海一些企业与培训机构，与有关企业经营管理人员进行了较为广泛和深刻的交流，考察新形势下校企合作模式的创建问题，对具体操作与管理方式进行了创造性的探讨。

2016年5月下旬，汽车服务与管理学院的王老师和许老师参加了在广东省举办的保时捷中国区域技术研讨会。研讨讲师是保时捷中国的技术经理，其他研讨学员均是来自全国各地保时捷经销店的技术经理。在短暂的3天时间里，两位老师与经验丰富的保时捷技术经理们一起进行了保时捷汽车故障诊断的案例分析和实车操作。此外，他们还与其他学院的老师一起就如何提高教师自身技术素养和学生教学质量进行了教学交流。两位老师从汽车课程的教学内容、教学模式以及校企合作方式等方面汲取了很多有益的内容，拓宽了眼界，丰富了知识，为今后的教学科研工作奠定了坚实的基础（图11-7）。

浦江汽车服务与管理学院与保时捷（中国）合作，也为学生实训、实习及就业构建了高端的平台。2016年4月份，汽车服务与管理学院二十多名学生在冯副院长的带领下到上海保时捷培训中心去接受培训（图11-8）。

225　　　　第十一章　双元教学，培养汽修精英

图11-7　浦江教师参加2016年保时捷中国区域技术研讨会

图11-8　浦江学生到上海保时捷培训中心培训

二、工作素质提升活动

2015年1月份的PEAP+培训，作为浦江与保时捷中国培训学院开展的校企深度合作项目，其根本目的是为保时捷中心培养精英技术人才与管理人才，从而为保时捷这一高端品牌提供汽车后市场人才储备。为更好地贯彻这个培养目标，学校鼓励学生们在遵守会场秩序的前提下，主动参与到培训活动的组织中，通过近距离接触行业顶尖专业人员，有助于培养专业认知与感受职业氛围。对企业来说，学校加大对学生工作技能和职业素养的培训，节约了企业生产成本和培训成本，缓解了用地和技术工人短缺等问题，可以腾出更多的时间与精力投入其他产品的开发生产。

　　为提高学生团体凝聚力，培养具有团体意识和合作精神的应用型人才，学生们在汽车实训中心开展素质拓展实践活动。2015年6月的这次素质拓展活动以"挑战自我、熔炼团队、凝聚力量、扬帆起航"为主题。活动伊始，在教练的安排下，师生们进行了热身活动，随机分为"星星的后裔""我们说的队"以及"游击队"三组，由组长带领组员在短时间内设计队名、口号、队标以及拍照姿势。此过程中，队员们团结一致，发挥个人才智，在规定的时间内完成了任务，并用独特的表演方式展示出来，每位同学竭尽全力地体现集体合作意识。随后，三个小组以积分制进行对抗比赛，进行了"撕名牌""多人双足""大圈套小圈"和"绳鼓击球"等比赛，团队间对抗活动中，组长带领组员密切合作，团队合作意识和竞争意识得到了训练，团队凝聚力得以提升（图11-9）。

　　2015年9月，汽车服务与管理学院邀请了美国事故车维修协会的Karen Fierst女士，以及国家汽车零部件进出口基地北美服务中心负责人Charlie Chen先生一起来到汽车服

图11-9　汽车服务与管理学院素质拓展实践活动

务与管理学院实训中心，与新生们一起进行分享和交流（图11-10）。Karen Fierst女士和Charlie Chen先生均经历了从汽车后市场从业人员到创业人员的过程，他们与学生分享了自己几十年来对汽车行业的理解和感悟，并通过自己的实际经验讲述中美汽车市场的区别。学生们纷纷表示对专业培养目标和大学生活规划有了一种豁然开朗的感觉，他们更加坚定了学好专业的信心。

2015年10月底，在彭院长和冯副院长的大力支持与努力下，汽车服务与管理学院六名学生代表去中国钣金喷漆售后服务技能大赛南京总决赛现场做志愿服务（图11-11）。对学生来说，这不仅是服务，更是眼界的提升和技能知识的学习，也为12月的钣金喷漆

图11-10　Karen Fierst女士、Charlie Chen先生交流分享活动现场

图11-11　浦江学生在中国钣金喷漆售后服务技能大赛南京总决赛做志愿服务

图11-12 "浦江F1-DIY赛车大赛"

金工实习课程做了一个很好的铺垫。学生普遍反映，通过这次比赛进一步明白了自己的发展方向，这对学生来说也是一个莫大的进步，甚至可以说是成长。

　　学生们还在实训中心举办与专业相关的比赛，在课余时间与其他同学分享专业所学。2016年5月份，主题为"速度与激情，合作与创新"的"浦江F1-DIY赛车大赛"决赛在汽车服务与管理学院保时捷实训基地圆满落幕（图11-12）。纯手工打造的比赛跑道，成本低廉，价值无限，凝结了汽车服务与管理学院学生会成员的智慧和汗水。活动的成功举办增强了学生对汽车知识的了解，拓展了视野，启发了思维。学生们在思考、动手、创新、合作中进行赛车的设计、制作和实验，培养学生的创新思维，增强学生的实践能力，加强学生的合作意识，营造积极向上的校园文化。来自商学院的代表"Project B"队最终勇夺桂冠，移动网络学院、公益慈善管理学院和汽车服务与管理学院的四名同学组成的联合小组"速源"队获得亚军，汽车服务与管理学院的"浦江A186"队获得季军。

学校充分利用职业技能鉴定的权威性、严肃性，按照汽车修理工国家职业技能标准，从技术理论和实际操作两部分对学生进行严格的考核鉴定。此外，还积极鼓励学生在取得毕业证书的同时，取得职业资格证书，即双证书。通过多种途径，浦江汽车服务与管理学院致力于培养优秀的汽车后市场人才，打造高水平、特色鲜明和创新性的教学体系，把汽车服务工程建设为特色鲜明、经得住市场考验的专业。

第十二章
实践教育，培养应用工程师

应用型人才是目前社会上极为欠缺的人才。浦江各专业陆续建立了校外实践基地，经过持续的探索与完善，目前已经与许多企业形成了比较稳定的合作关系。校内实践平台让学生不出校门就能锻炼工作技能，校外实习基地在专业教学体系建立，特别是实践教学体系建立等方面发挥了重要的作用，达到了共同培养学生的目的。

浦江学院成立新能源新材料研究院，为全校学生搭建校内实践平台；把金工实习作为全校性的选修课，重视金工实习与各专业的结合；每学期花一周时间举办科技节；另外，为了提高学生"跨界"能力，学工处每年都会举办各种主题的"开放日"，共同打造"第二课堂"，从而极大地调动学生自主学习的能动性，提高实践教学质量，培养学生综合实践创新能力。

12.1 实践基地是培养学生工作素质的关键

一、实践基地与工程教育

工程师是未来世界的塑造者，工程技术人员对于一个国家的科技水平及国际地位有着决定性的作用，因此工程教育在当前中国"开拓新型工业化道路、建设创新型国家"的相当长的时期内，是中国高等教育的重头任务。

2010年6月23日，教育部召开"卓越工程师教育培养计划"启动会，联合有关部门和行业协（学）会，共同实施"卓越工程师教育培养计划"，旨在"面向工业界、面向世界、面向未来，培养造就一大批创新能力强、适应经济社会发展需要的高质量工程技术人才，为建设创新型国家、实现工业化和现代化奠定坚实的人力资源优势，增强我国的核心竞争力和综合国力。"[1] 而且，国家也将"卓越工程师教育培养计划"列入了《国家中长期教育改革和发展规划纲要（2010—2020年）》，重点强调创新高校与行业企业联合培养人才的新机制，强化校企的深度合作，着力提高学生善于解决问题的实践能力和社会责任感，培养工程技术人才。

目前，我国已成为名副其实的工程教育大国，培养的工科学生数量巨大，但是大多数普通高校还沿袭偏重基础理论教学而忽视专业技能训练和培养的传统教育模式，培养的人才实践动手能力弱、创新意识不强，很难适应当前社会高速发展的趋势。有限的实践教学环节，也仅安排对学生进行示范性的演示等。学生的专业技能生疏，实践认识不足，走上工作岗位后很难适应企业的生产活动，企业还必须对应届毕业生进行专门的岗位培训和实习，这既增加了企业的用人成本，也延缓了大学生的实际就业时间[2]。与普通本科相比，应用型本科人才培养更加注重实践性、应用性和技术性，注重工程实践能力和综合素质及发展潜能的培养[3]。

工程教育离不开实训。实训是职业技能实际训练的简称，是指在学校控制状态下，按照人才培养规律与目标，对学生进行职业技术应用能力训练的教学过程。从时空上，可分

---

1 教育部《关于实施卓越工程师教育培养计划的若干意见》.教育部门户网站，2011年2月8日，http://www.edu.cn/zong_he_793/20110218/t20110218_578816.shtml.

2 余魅，卢亚雄.工科院校实验室建设和管理的改革探索.实验技术与管理，2003，20（2）.

3 沈宏琪，麦林.应用型本科实践教学探讨.中国成人教育，2009，19.

为校内实训和校外实训，包括教学见习、教学实训和生产实训；从形式上分，有技能鉴定达标实训和岗位素质达标实训，包括通用技能实训和专项技能实训；从内容上分，有动手操作技能实训和心智技能实训，包括综合素质要求（创业和就业能力统称跨岗位能力）实训。实训的最终目的是全面提高学生的职业素质，最终达到学生满意、企业满意的目的。合理的实训教育，本应该是大学教育的一个重要组成部分，但是目前却成为了社会培训机构、企业内训的责任。我们的大学教育要将这一重要组成部分重拾起来，为学生提供充足的校内外实习实训机会、场地和资源，让学生能够接受充分的实训教育，满足社会企业的岗位需求。

实训与传统的课堂教学、企业定岗实习应有所区别。传统的课堂教学往往以教师讲授为主，在教学过程中以教师为中心，教学效率高，更适合理论类课程的教学；企业定岗实习时把学生直接安排到工作岗位上，在工作中学习，更适合以动手操作为主的职业训练。而实训结合了两者的优势，通过模拟实际工作环境，采用来自真实工作项目的实际案例进行教学，教学过程理论结合实践，更强调学生的参与式学习，能够在最短的时间内使学生在专业技能、实践经验、工作方法、团队合作等方面有所提高。普通学校老师都是采用传统授课，按照书本规定讲授课程内容，而实训基地的老师都是有多年工作经验的工程师或技术总监，讲课内容结合实际工作，模拟工作环境来授课，让学生经过培训后，有能力直接胜任工作。

实训基地是实训教学过程实施的实践训练场所，能完成实训教学与职业素质训导、职业技能训练与鉴定的任务，并逐步发展为培养高等职业教育人才的实践教学、职业技能培训、鉴定和高新技术推广应用的重要基地。实训基地包括两个方面：校内实训基地和校外实训基地。校内实训基地依赖于学校自主投资和建设，而校外实训基地则依赖于校企合作的程度和规模。

近年来，工程技术领域"高薪诚聘，无人应征"的尴尬现象常常见诸各大报端。"无人应征"不是没有人愿意应征，而是没有人能够胜任岗位。可以说，高技术工程人员的短缺已成为困扰行业企业发展的大问题。因此，加强校企合作，拓展校外实践教学资源企业，建立合作关系，签订合作协议，开展校企产学研合作，拓展"开放式"实践教学新资源，对于培养应用型工程技术人才至关重要。

我们要坚持以开放的视野吸收借鉴发达国家的工程教育成功经验，紧密结合我国国情及学校实际，不是全盘照搬成功的模式，而是探索能够发挥自身优势、符合自身实际、特色鲜明的人才培养模式。加大区域内高校与行业企业的合作力度，加强资源共享力度，高校人才培养主动服务行业企业和地方经济社会发展。同时，培养和拓宽学生的国际视野，积极与国际著名高校或企业开展交流，通过选拔专业教师到国际大公司学习，安排师生到跨国公司实习等多种形式，提升跨文化交流能力、合作能力和参与国际竞争的能力，培养国际化工程人才。

开放式实践教学体系是我国高等工科教育教学改革的重要探索，并没有现成的模式可以照抄照搬，各高校均需密切结合自身的特点，创新教学方法，探索改革的路子。

二、建设校外实习基地

为进一步促进专业特色发展，我校土木与建筑工程学院与多家行业企业进行校企合作，为学生创造更多的实习实践机会。

江宁水务集团有限公司是南京江宁唯一区属给排水一体化集团企业，下设自来水厂、污水处理厂、建安公司、营业所、给排水检测中心等，业务范围包括原水的供给、自来水的生产与供应、污水的收集与处理、管道的安装与维护及水质检测等。我校土木与建筑工程学院与江宁水务集团有限公司进行了校企合作签约和产学研合作基地揭牌仪式（图12-1）。双方计划展开产学研全方位合作，将对浦江土木与建筑工程学院给排水科学与工程专

图12-1　土木与建筑工程学院与江宁水务集团有限公司产学研合作基地揭牌仪式

图12-2 给排水专业师生在江宁水务集团开发区水厂参观实习

业的建设产生极其深远的影响。

土木与建筑工程学院给排水专业充分利用自身的人才优势，组织相关科学研究和技术开发，解决江宁水务集团有限公司生产过程中出现的技术问题，双方联合科技攻关，利用各自的优势和条件，合作并共同促进相关科技成果的产业化。江宁水务集团有限公司积极配合学校，为我校学生的生产实习和社会实践、教师的科研开发提供场所和相关条件（图12-2），而我校则为南京江宁水务集团有限公司输送优秀人才。

杭州万霆科技有限公司，是国内首家将3D虚拟交互技术应用于建筑实训教学的高新技术企业，是中国建筑工程仿真实训教育模式的创导者和行业领导者。万霆科技扎根于建筑领域，服务于中国建筑教育行业，以虚拟仿真技术为基础，在新型建筑专业人才培养模式的研究应用上，突破了传统的建筑人才培养格局，为信息化时代建筑人才培养体系建设提供了全新的思路与解决方案。其BIM技术在设计、施工、造价工程等方面对培养土建专业工程技术人才有很大的优势。

我校土木与建筑工程学院与杭州万霆科技有限公司共同举行BIM技术校企合作研讨会，就BIM技术的教学及应用合作开展了热烈的讨论（图12-3）。双方就构建与各专业相适应的BIM培训课程展开讨论，研究符合各专业学生的培训方式及相关技能证书事宜，致力于校企合作，充分挖掘学院、企业优势，使校企双方在人才需求、培养方案、教学过程、师资培训、就业等方面加强合作，获得双赢。

第十二章 实践教育，培养应用工程师

图12-3　土木与建筑工程学院与杭州万霆科技有限公司BIM技术校企合作研讨会

图12-4　《实现建筑师的梦想》讲座现场

华东建筑设计研究院有限公司的院副总工程师、国家一级注册结构工程师、上海市勘察设计评标专家芮教授为学生们带来了一场名为《实现建筑师的梦想》的精彩讲座（图12-4）。他围绕江苏大剧院的结构体系的成型与思考展开，用渊博的知识和丰富的实践经验，为师生们讲述了建筑的概况、结构体系与节点的连接以及结构的形成特点、施工方案等，还围绕如何使用BIM技术来设计建筑进行了详细生动的讲解，为同学们开启了新思路。

学生还在教师的带领下进行深入行业企业认知实习。建环专业到南京国展、南京天加空调设备有限公司、汇中中央空调进行认识实习，技术人员向同学介绍了各行业概况，并带领同学参观了车间或展厅。

我校机电学院依托专业优势，以市场需求为导向，建立了以菲尼克斯电气有限公司、沈阳机床股份有限公司、电子工业部第五十五所、总参谋部第六十研究所、中国航空工业集团公司、南京地铁有限公司等为代表的校外实训基地，并与多家国内外知名企业联合建有研发实验中心。

沈阳机床厂优尼斯（南京）工业服务中心是优尼斯工业服务有限公司依托沈阳机床股份有限公司的授权加盟4S店，面向制造企业，提供基于机床产品的增值服务以及基于客户需求的专业服务。在中国市场拥有10万家存量客户资源，19家4S店以及500家代理商渠道基础，1000名销售工程师和服务工程师团队，形成全面满足客户多方位需求的能力。学生借此平台，熟悉集各类机床整机及附件产品销售、机械设备保养与大修、二手机床回购、机床再制造与销售、软件产品销售、工业设计、工业工程规划与管理、加工中介、咨询服务、教育培训、人力资源服务、托管市场运营、渠道整合、产业并购等为一体的工业服务流程和操作。

学校邀请了沈阳机床厂股份有限公司南京运营中心赵总经理给机电学院学生进行了《中国制造2025——工业4.0与智能制造》的主题讲座，向学生们介绍了沈阳机床研创的SESOL智能工业工程与服务网络平台（Smart Engineering Services Online），并支持学生去参观该公司在南京江北桥林、溧水、栖霞的几个服务中心。

上海地铁维护保障有限公司通号分公司经营范围包括轨道交通设施设备的运行组织管理，轨道交通通信、信号、信息、监控系统设施设备、专用装备（除特种设备）安装调试、保养维护维修和改造服务，轨道交通设施设备的综合监控、监测、监护服务和工程施工管理服务，轨道交通设施设备信息化、自动化的高新技术开发和经营，专用设施设备（除特种设备）的检测、租赁服务，机电产品及零部件的销售，轨道交通相关的技术服务、技术咨询。我校轨道交通信号与控制专业学生依托双方的校企合作，在此实训平台得到充分的实习实训机会。

此外，机械工程专业学生到中科煜宸激光技术有限公司进行实践学习，参观了3D打印车间、激光切割车间、工业机器人、智能机床车间，并进行数控机床的实操；到南汽依维柯有限公司发动机分公司进行实践实习，在发动机厂技术工程师的带领下参观学习了发动机生产线、缸体缸盖生产线、发动机组装生产线、发动机维修车间等；到南京东模机电制造有限公司参观实习，在厂方工程师的精心讲解下，学生们对汽车车前桥锻压模具、风力发电机体端盖的生产加工设备和制造工艺过程有了更深入的了解；在菲尼克斯电气有限公司生产一线生产实习，了解螺钉、电气连接件的生产工艺与过程（图12-5）。

建立校外实践教学基地，能极大地提高人才培养的效能，从根本上改变和优化人才培养的方式。实训基地和实验中心为学校培养高素质应用型人才奠定了坚实的基础，并开拓了广泛稳定的就业渠道。与多家企业的校企合作更有力地推动了我校"工本位"办学理念在土木与建筑工程学院、机电学院的切实落地。除了土木与建筑工程学院和机电学院之外，我校其他二级学院也是这样做的。

图12-5 机械工程专业学生校外实习

三、搭建校内实践平台

我校土木与建筑工程学院秉承正大集团"工本位"的办学理念，以"学以致用"作为办学的核心，构建多层次、多类型、多元素人才"立体化"培养模式，遵照正大"实践、创新、全面"的办学方针，采用案例教学、团队学习、专家讲座、企业考察、顶岗学习等教学形式，培养学生成为会学习、会思考、会工作，具有执业知识、执业技能、执业素养"三位一体"的应用型人才。充分考虑企业岗位需求，按照"管用、实用、够用"的原则，精心设置专业、量化课程，制订切实可行的施教计划，追求最大限度满足学生个性化学习需求，注重执业注册工程师的培养，学以致用。充分利用建设800亩溧水新校区的有利时机，把新校区建设作为技术技能应用型本科人才培养的实战平台，让学生走出课堂，紧密接触工程现场，在实战中获得真才实学，探索正大集团"工本位"制在国内技术应用型本科教育的落地模式。

图12-6　溧水新校区认知实习

　　土木与建筑工程学院现有土木工程、交通工程、建筑学、建筑环境与能源应用工程、给排水科学与工程、工程管理等六个本科专业，与顶级企业开展全方位多层次合作，以优质的师资和先进的实验设备，建立学生实验、实训、实践基地，着力打造学生的实践动手能力、社会活动能力、综合职业能力和创业创新能力，面向社会、面向基层和生产第一线，培养社会急需的富有创新创业精神的高级应用型工程技术人才。

　　土木与建筑工程学院学生在指导教师的带领下进行校内、校外认知实习，在实习中验证课堂教学中获取的理论知识。为期两周的短学期，是土木学院学生进行校园认知实习的重要阶段。正在建设中的溧水新校区也是土木学院学生认知实习的主要场所（图12-6）。

　　我校机电学院目前设有机械工程、自动化、轨道交通信号与控制三个本科专业，涵盖面广。学院在强调本科理论知识教学的同时，坚持"工本位"办学理念，重视学生技能培养，着眼校企"零距离"对接，力求在"教、学、用"等方面提升学生就业竞争力。机电学院主要培养具备机械设计、制造、轨道交通技术、自动化应用能力，能够从事相关产品

　第十二章　实践教育，培养应用工程师

的设计制造、研究开发、技术管理及工业工程等方面的高素质综合性应用型人才。

机电学院拥有先进完备的实验实训设施。目前溧水校区在建的现代化实训基地，包括数控技术实训中心、数控机床故障诊断与维修实训室、CAD/CAM实训中心、金工实训中心、单片机/PLC实训中心、电工电子实验室、电力拖动实训中心、电子焊接实训中心、液压与气压传动实训中心、机械技术综合实训中心、三维检测与制造综合实训中心、城轨信号沙盘实训室、城轨信号控制实训室、城轨信号平台实训室、楼宇智能化实训基地和综合自动化实训基地等校内实习实训场所，实现集中管理，资源优化配置，满足学生工程训练的需求。

此外，汽车服务与管理学院的保时捷实训中心和国际酒店与饮食文化学院的教学酒店、品酒师、咖啡厅等实训基地，在培养学生的工作能力和素养方面也发挥了重要作用。

浦江学院的学生们在学校和企业这两个教育场所，充分利用不同教育环境、教育资源以及在人才培养方面的各自优势，获取课堂传授知识为主的学校教育和实践体验为主的行业培养，锻炼了实践动手能力、社会活动能力、综合职业能力和创业创新能力。

12.2 浦江的第二课堂

一、开放日

我国著名教育家朱九思等在《高等学校管理》一书中率先提出了"第二课堂"的概念，书中指出：第二课堂是在教学计划之外，引导和组织学生开展的各种有意义的健康的课外活动。这个课堂的活动包括：政治性的、学术性的、知识性的、健身性的、娱乐性的、公益性的（或叫服务性的）、有酬性的活动等等。《新词语大词典》中解释道：第二课堂，亦称第二渠道，是针对课堂教学而言的，指在课堂教学以外的时间，学生在教师或家长指导下所进行的旨在加深基础知识，扩大知识领域，开阔视野，发展科技、文体、艺术等方面的兴趣和才能，培养独立工作和创造的能力，提高思想品德水平的一切教育活动。

综上所述，我们认为，第二课堂[1]是相对于第一课堂而言的。浦江学院的第二课堂与第一课堂并重，根据"工本位"办学理念，学校高度重视第二课堂对学生实践能力的培养，第二课堂内涵涉及专业特色、创新创业、立德树人等，形式丰富多彩。

1. 专业特色

我校开放日的开展建立在第一课堂任务保质保量完成的基础上，并对各学院的专业知识进行拓展，充分展现专业特色。

土木与建筑工程学院结合学院特色，立足于培养学生的环保理念，举办主题为"废物利用模型设计大赛"开放日，让学生利用废旧物品，进行巧妙构思及认真制作，将其改变成一件件精巧的工艺品，以此激发学生的创造性思维，培养团队合作能力及学生动脑、动手的能力。

国际酒店与饮食学院主办的"尽炫自我——酒店Open day"在教学酒店拉开帷幕。在教学酒店的占坐吧进行精彩的花式调酒表演，专业老师带领学生向嘉宾展演和介绍调酒的全过程，赢得了到场嘉宾的赞誉。接下来的口布折花大赛在美泉宫动物花园餐厅进行。选手经过半个月的认真准备，制作出各式美丽的花朵和可爱的卡通形象，可谓是妙手生花。奥地利客房风情秀是由学生带领嘉宾参观教学酒店的客房，并介绍该客房主题风格、特色布置、设计亮点等内容，教学酒店的客房与奥地利城市文化的有机结合，高雅清新的格调，雅致的细节设计传递的是个性化的服务理念。由食品工艺与营养模块的学生亲手制作和精心准备的甜品供到场嘉宾自由品尝，劲炫的气氛充满酒店大堂。学生们身着南京金奥费尔蒙酒店、南京禄口机场铂尔曼酒店、南京万达希尔顿等酒店制服进行走秀，这是学生们自信酷炫的情感表达。此次活动展现了国际酒店与饮食文化学院特有的教学模式和人才培养模式，生动诠释了学生踊跃参与、合作分享、自信阳光的精神风貌。

口腔智能管理学院作为浦江的特色学院，在开放日期间举办了"口腔健康与安全救护（CPR）"的主题活动，为到场的嘉宾们讲解了口腔预防保健常识与心肺复苏急救知识，在宣传口腔智能管理学院专业特色的同时，提高了全体师生的口腔保健意识，充分展示了口腔智能管理学院的专业风采。

1　第一课堂是依据教学计划和教学大纲，在规定的教学时间里进行的课堂教学活动；而第二课堂是指在教学计划规定的必修课程之外，以育人为宗旨，以培训学生的基本技能和提高学生的综合素质为重点，在学校统一管理下、在教师的指导下，通过有组织的课外集体活动，以丰富的资源和空间为载体开展的一切与学生教育相关的开放性活动。例如课余理论学习、文体活动、科技创新、社会实践等。

艺术学院的开放日主题是"绘最美浦江"作品评选大赛，浦江学子们用心发现浦江的精神之美，用画笔勾勒出浦江校园的魅力亮点。此次活动的成功举办不仅让同学们增加了对学校的认识和了解，更多的是增强了他们对学校的热爱，充分体现了艺术学院秉承的爱的奉献、美的传承的精神。

2. 创新创业

在"大众创业、万众创新"理念盛行的当下，培养学生创新创业精神成了重中之重，而浦江举办"开放日"，则提供给了学生一个展示自我的创新思维能力的平台。在这个平台上，学校各二级学院争做领航者和开拓者。

商学院在开放日开始推行新式晚自习，在充分了解学生兴趣爱好的基础上，推出了五个特色班级，分别是绘画班、旅游班、应用软件班、电影班和棋类班，培养学生的兴趣爱好，丰富了学生的课余生活，使大学生对课余生活的时间安排与利用有了更高要求，实现学生的自我管理。

机电学院在第二届科技节科技作品展示活动中，共展示了8件科技作品。同学们奇思妙想的发明创造，比如过滤器、车床、3D打印、抢答器、声控灯，让参加科技节的师生们目不暇接，惊叹不已（图12-7）。第一个项目是过滤器，简约实用的外观让大家眼前一亮，现场将污浊的水过滤成干净的水；第二个项目是激光雕刻机和3D打印机，在介绍过机器后，李校长带领多位老师近距离观看了车床的打印过程。之后的抢答器，通关电路和拍手声控灯，各位老师与学生积极互动将活动带向高潮；接下来的LED灯展示，承载着学生对活动的期望和未来的畅想。学生们在实践的过程中不断成长，乐在其中。此次活动提高了学生的创新实践能力和综合素质，丰富了校园文化生活，收获友谊，收获成长。

外国语学院在多功能厅前大堂举行了大阪风情节。本次活动为广大学生提供一个了解日本大阪风情文化的平台，全校学生都可以来品尝美食、欣赏作品、观看表演，品味日本文化。外国语学院全体同学积极参与，在活动场地搭建展棚，分为六个区域进行关于日本大阪文化的展示与互动。六个主题分别为：大阪烧制作、章鱼烧制作、甜点展示、cosplay展示、漫画展示、日式玩偶制作与展示。此次活动与创业相结合，章鱼烧、大阪烧、甜点以低价售出，让学生品尝到正宗的日本美食。师生们纷纷前去品尝，对学生制作的美味食物赞不绝口。学生也对创业有了更直观的感受。

随着艺术学院学生工作开放日——"在路上"世界阅读日活动的开始，学校"睿智创新·激情创业"第二届学生工作开放日揭开了序幕。艺术学院携手图书馆举办此次活动，

图12-7　科技节展出的学生发明创造

旨在提高同学们对阅读的重视，让更多人畅游在书海中。艺术学院的同学用独具创新的艺术作品打破固有的思维模式，让大家感受到阅读既是一种生活方式，也是一种生活态度。

3. 立德树人

党的十八大报告指出："坚持教育为社会主义现代化建设服务、为人民服务，把立德树人作为教育的根本任务，培养德智体美全面发展的社会主义建设者和接班人。"落实立德树人这一根本任务，就是要弘扬社会主义核心价值观，培养具有中华文化底蕴、中国特色社会主义共同理想和国际视野的社会主义建设者和接班人。[1]浦江一直以来把"回馈社会"作为人才培养目标之一，推行爱与教育同行，引领学生在学习的同时做力所能及的事情来帮助弱势群体，将助人为乐进行到底。

我校公益慈善管理学院在多功能大厅及艺术楼举办了"公益之路"开放日活动。开放

1　把立德树人作为教育的根本任务.光明日报，2015年7月24日，http://news.gmw.cn/2015-07/24/content_16403627.htm.

日活动内容包括2016年学院大型活动介绍和异彩纷呈的游戏环节。本次开放日意在向全校展示公益慈善管理学院自开办以来举办的几项大型活动，同时宣传公益理念，传播慈善文化，让浦江学子更加深入了解公益慈善管理学院的发展状况，更好地体悟公益慈善，并积极参与公益慈善活动。活动以"一个鸡蛋的暴走"拉开序幕。项目介绍人以一个由废纸板做成的"方鸡蛋"为引，用视频与照片将现场师生带入了公益慈善暴走行列，感受暴走队员们的那一份坚持与感动。参加真爱梦想教练计划的学生代表向大家介绍了他们的真爱梦想之旅。身着真爱梦想服装的小伙伴们还邀请现场嘉宾和同学们玩起了游戏，团队协作游戏让大家体会到了相互信任与帮助的温暖，同时意识到了合作的重要性。志愿者同学们除了帮助那些远方的孩子，同时也积极做一些公益，奉献爱心，益乐家园就是其中一个。除了关爱孩子，公益慈善管理学院还组织了关爱老人的活动，而这里的老人还是一个特殊群体，他们都是抗战老兵。

国际商学院面向全校组织"代理大亨·我来挑战"暨第二届商业场景模拟大赛，此次活动立足于立德树人，将传统的儒商文化与现代的进口食品相结合，旨在通过商业场景模拟锻炼学生的销售能力和团队协作能力的同时，传承古代儒商"内圣外王"的优秀品质。"内圣"表现在商业活动中的乐善好施、诚实守信、勤劳肯干；"外王"表现勇敢表现自我，演绎精彩。此次活动分为活动开场、特色演讲和现场模拟买卖三大环节。活动开场时由书法社社长龙同学进行书法表演，同时主持人介绍活动意义和规则；特色演讲环节是由销售成绩优异的两个小组"小半"和"讲道理的浦江黑手党"为大家展示他们小组情况、市场调查、产品介绍、宣传方式，还喊出了口号，成功勾起了在场老师和同学们的购物欲；现场模拟买卖环节中，学生通过各种营销模式向领导嘉宾售卖产品，销售模式也是五花八门，有免费试吃的，有打折促销的，有团购赠礼品，等等，最终按统计的售卖情况评奖。值得一提的是，在统计环节，国际商学院总结了往年活动经验，为了避免现场嘉宾等待的枯燥，学生特地精心准备了创意辩论小品"学姐学妹谁更适合做女朋友"，同学们尽情演绎，将"外王"表现得淋漓尽致。

比赛结束后，国际商学院将布置现场的所有书画作品赠送给在本次活动中的购买者，以感谢他们对此次活动的支持。活动虽然很快就结束了，但活动秉承的儒商教育却不会停止。十年树木，百年树人，德行操守是每个人的立身之本，本次参赛的小组都表示会与浦江慈善商店合作，并捐助浦江的贫困生。

移动网络学院面向全校组织"多媒体设计大赛"，本次比赛作品形式丰富多样，旨在给学生一个多样展示的舞台，从不同的角度，以不同的方式，展现不一样的校园。此次活动共收集到来自全校共计50多部不同题材的作品。活动分为体验区与主会场两个部分，科技体验区的平衡车和航拍器吸引了众多老师的关注，展示区展出大象工作室选送的历年作品。在主会场中，嘉宾通过扫描二维码的方式对入围作品进行现场评选，分别评选出了平面作品和视频作品一二三等奖。活动尾声时，本次大赛的所有作品进行了现场义卖，一等奖作品经过了十几轮竞价，最终被艺术学院刘院长收入囊中。活动组织者表示，此次拍卖的善款将用于社会公益慈善活动。

二、科技节

为培养学生的创新精神和实践能力，让同学们更全面地去接触科技、了解科技，激发每位同学对科技的热情，主动探索研究身边的科学问题，培养科学态度，弘扬科学精神，提高全体学生的科学素养，发掘学生的原始创新意识，浦江每学期停课一周举办全校性的科技节，以此丰富同学们的业余生活，开拓学术视野，提高人文修养，培养创新思维，活跃了校园学术氛围，提升校园文化品位，充分展示我校学生与时俱进的创新精神、朝气蓬勃的精神面貌。科技节期间，老师们为学生辅导，作讲座，进行课题项目研究，师生分工合作完成实践教学任务。

这些形式多种多样、内容丰富有趣的活动都是教育教学的延伸，是一堂大型实践课，是素质教育和创新精神的大展示。学生们利用课堂上学到的科学理论知识，亲自动手，亲身实践，学以致用并且制作出各种类型的科学发明作品。

2016年9月，我校首届"浦江学院科技文化周"拉开帷幕。高副校长、各二级学院领导、相关教师及辅导员、本次科技周比赛的参赛学生代表们出席了此次活动的开幕式。来自全校各学院的参赛同学带来了他们的参赛作品，并向大家进行了热情的讲解。

活动期间，各学院以不同的主题和形式展示学生在平时学习中的成果和收获。新能源新材料研究院也借助讲座、现场体验、竞赛等形式，普及科技知识，传播科技文化。新能源新材料研究院每天举行两场燃料电池发电过程学习及系统组装竞赛，让学生自己动手，在实际操作中掌握燃料电池的发电原理（图12-8）。以高性能石墨碳纤维薄膜作为屏蔽材料，用碳纤维纸对一间小的实验室（2.5m×2.4m×3.2m）进行改造，将其改造成一间屏

图12-8　燃料电池系统组装竞赛现场

蔽室。学生可以进入到屏蔽室内，体验电磁屏蔽效应，以此提高学生的实践动手能力，增强学生对新材料、新科技的兴趣，从而激发学生的创新创业意识。参观的学生、老师们还可以现场进行氢能电动车体验、电子商务体验。

科技节主题活动热闹非凡。机电学院"纸桥承重"比赛点燃了全场的兴奋点，这是一个智慧与耐力并存的项目，旨在鼓励学生利用所学知识提高创新能力，搭建一个利用力学基础学科知识开展课外科技创新活动的有效平台，为提高学生动手能力，夯实基础知识创造条件。各个参加比赛的小组使出浑身解数，"你方唱罢我登场"，学生现场完成了从方案制定、设计、计算、模型制作的整个过程，利用建筑结构与力学知识，用普通的A4纸张和胶水制造出纸质承重桥，展现他们的奇思妙想。一个个成品经过真人实验，证实了结构力学的神奇（图12-9）。冠军、亚军、季军三个小组仅靠胶水将30张A4打印纸粘接制成纸桥，分别承受160kg、151kg、107kg的重量。此次比赛，不仅提高了同学们的创新实践能力和综合素质，激发了同学们对科学原理探索的热情，丰富了校园文化活动，也为学生们搭建了一个展示自我的平台。

土木与建筑工程学院科技节活动"纸牌搭楼"大赛的主题是"结构、创新、协作"，是一项集动手、动脑、团队合作于一体的趣味比赛，旨在培养同学们的实践动手和创新能

图12-9 机电学院"纸桥承重"科技节活动　　　图12-10 土木与建筑工程学院"纸牌搭楼"大赛及学生作品

力，加强同学们之间的团队协作，进一步增强同学之间的凝聚力。

赛前，来自各二级学院45组共计135名同学积极关注和参与，经过前期初赛的选拔，最终有25组选手入围了当天的决赛。比赛正式开始后，25组选手分别用一把剪刀、两副扑克牌在30分钟内完成纸牌楼的搭建，选手们专注、认真、协作配合。展示区展出了土木学院学生溧水校区围墙设计大赛优秀作品、学生素描及规划设计作品、优秀专业课笔记、模型设计作品、纸牌模型等，充分体现了学生扎实的专业基础（图12-10）。此次比赛的成功举办，秉承了学校"工本位"的办学理念和"学以致用"的办学核心，增强了学生对力学等专业知识的了解与运用，启发了同学们创新的思维能力。让我院学生工作与人才培养工作更好地结合起来。

科技节给大学生们提供了培养素质、展示自我的舞台，这是科技与文化交融的盛会，是青年人爆发动感活力、展示青春风采、表现自我、超越自我的大舞台，为同学们未来的发展奠定了良好的基础。

三、金工实习

金工实习，又叫金属加工工艺实习，是高等学校理工科专业教学计划中的一门重要的实践性教学基础课，是培养理工科类专业学生实践动手能力和熟悉冷热加工生产过程的一门技术性很强的技术基础课程，也是学生综合素质培养过程中的重要实践教学环节，包括车工、铣工、特殊加工（线切割，激光加工）、数控车、数控铣、钳工、砂型铸造等。这对于培养学生的动手能力有很大的意义，可以使学生了解传统的机械制造工艺和现代机械制造技术。

金工实习应该是应用型工程师的必修课，从"工本位"的办学理念考虑，浦江将金工实习作为全校性的选修课，每位学生都要在短学期内完成为期两周的"金工实习"任务。部分专业的金工实习安排在校内实践平台，有的则走进企业第一线参加实际生产。除了工科、商科的学生，我校同样鼓励艺术学院的学生参加金工实习，为他们成为应用型艺术专业人才打下基础。

机械工程专业大三的204名学生，利用2015—2016学年的短学期，到上海大众汽车南京厂、江苏东大集成电路系统工程技术有限公司、南京汽车集团有限公司、西门子南京数控公司等企业执行为期两周的实践教学任务。机电学院通过组织学生到有关企业实习，了解机械工程领域的工程规划、设计和施工方面的思想、方法和经验等，为下一步的课程设计及毕业设计打下了实践基础。

除了大三的学生，机械工程专业、自动化专业和轨道控制专业大二的290名学生，也利用短学期，完成两周的钳工、普通车床（或普通铣床）、刨床、磨床及焊接等项目的实训教学任务（图12-11）。

实战中，工厂工程技术人员介绍产品工作原理、生产工艺流程，学生自己阅读有关技术文献及资料，动手参加训练，与工程技术人员和工人开座谈会，参观生产线。指导教师随时对学生实习中提出的问题加以指导。学生结合已学过的专业知识，理论联系实际。通过对主要工种工艺的现场参观与学习，学生了解企业的生产特点、加工设备、自动生产线的工作原理等方面的知识等，并通过听讲座和现场实践，获得组织和管理生产的感性认识，了解本专业的现状及发展趋势。

通过金工实习，学生学习机械制造工艺知识，了解机械制造生产的过程，熟悉机械零件的常用加工方法、所使用的主要设备、工具的工作原理与典型结构以及工夹量具等。学

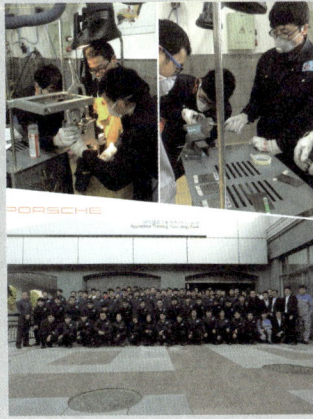

图12-11 短学期金工实习 　　　图12-12 2014级汽车班金工实习

生们初步掌握实习机床和其他实习设备的操作技能，对简单零件具有选择加工方法的能力，在主要工种上具有独立完成简单零件加工制造的实践能力。金工实习的同时，也培养学生"严谨、求实、务实、创新"的工程技术思想，增强其实践工作能力，激发学生学习专业知识的热情，让学生养成不怕脏、不怕苦、不怕累的劳动意识以及遵守纪律的好习惯，进一步激发学生勇于创新的积极性。

2015年11月底，2014级汽车班在汽车服务与管理学院实训中心举办了改革式的金工实习（图12-12）。此次指导金工实习的六位教师中，有两位老师是通过保时捷铜级认证的培训老师。他们拥有最前沿的技术知识，能了解到最新的产品与流程；拥有将近十年的技术经验，多年的培训经验，有着幽默的讲课风格。教师们在教学中穿插游戏，调动学生的学习兴趣，在轻松的氛围中教学，鼓励学生积极了解行业实际情况，引导学生将所学与实际结合，培养学生的动手实践、合作交流、团队精神、自主探究、勇于创新的能力，提升了学生的创新思维与意识。

浦江的金工实习不仅仅局限于工科学生，艺术学院、国际商学院等学院对此感兴趣的学生都可以参与其中，以此锻炼自己的实践技能，获取相应的工作素质，以拓宽未来的就业面。

　　　第十二章　实践教育，培养应用工程师

12.3 产学研合作创新应用型人才培养模式

新能源产业是实现国家能源结构调整、解决能源危机，实现人与自然和谐发展的根本保障。新材料产业是国家技术创新和产品更新换代的基础，是提升电子信息产业国际竞争力的平台。这两大新兴产业将为现代大学生提供更多的就业机会。浦江新能源新材料研究院是高等教育与现代科技融合的实践基地，是以新能源、新材料研究开发为主要方向的大学生先进科学技术实践基地。

浦江学院成立新能源新材料研究院，始终遵循"工本位"教育理念，将先进科学技术与浦江学院现有专业学科紧密结合，与江苏省氢能燃料电池工程技术研究中心、南京市氢能关键材料工程技术中心等多家企业和研究机构建立密切的合作关系，专门面向全校学生搭建特色鲜明、优势突出的校内实践平台，并致力于将该研究院建设成为新材料高新技术研发基地、优秀创新创业人才培养基地、创新型企业培育的孵化基地。

新能源新材料研究院拥有X射线衍射仪（XRD）、差示扫描量热仪（DSC）、扫描电子显微镜（SEM）、3D打印成型机、三维雕刻机、电化学工作站、氢能检测系统、磁控溅射仪、电磁屏蔽测试系统等先进科学仪器。研究院以自主创新课题的形式对学生进行实践教学，以现有设备为研究基础，加强学生对各个仪器的认识。通过对仪器的不断认识，学生学习仪器的使用和维护，最后成为能够独立操作先进科学设备的设备工程师，为以后的就业打下坚实的基础。

研究院全天对外开放，全校学生不限专业，不限时间，都可随时参观。每个实验室配有志愿者进行现场讲解，介绍研究院研究方向、内容、研究院自主课题项目，充分调动学生对现代科技的兴趣，提高学生的科技文化素养，增加学生对研究院的了解。研究院设专门的老师对已有设备的功能及应用进行介绍，让同学对现代科学仪器有初步的了解（图12-13）。

研究院从合作企业——南京沃土新材料有限公司和江苏华源氢能借来一些科技产品，包括空气净化器、发热地暖、氢能源动力自行车等，这些产品可进行现场演示体验。学生可以切实地体验到石墨碳纤维薄膜这一导电非金属材料在科技与生活中的应用，如空气净化过程、地暖发热过程等，让学生更多地接触了解新产品，充分调动学生对现代科技的兴趣，提高学生的科技文化素养，也为学生将来走上工作岗位奠定基础。

图12-13 讲解现场

2016年度，研究院充分利用已有的氢能产业链资源，推动各界创新资源加速向浦江集聚，支持学院间开展科技合作，大力推动实施实践教学计划，加快提升学生自主创新能力。

在此期间，学生与老师合作密切，在新能源产业的各个领域中都有了突破性进展。

石墨碳纤维薄膜在采暖领域应用广泛，我校师生共同合作，从石墨碳纤维薄膜材料良好的导电、导热性能出发，研究开发包括电热垫、电热薄膜、地暖、墙暖等一系列产品，包括产品的开发、生产和包装等，并参与最终产品的销售、安装及服务。参与人员充分发挥主观能动性，提高自身的动手实践和解决问题的能力，并在创新能力和社会实践能力上得到提升。参与石墨碳纤维薄膜的电磁性能研究的学生和老师，以石墨碳纤维薄膜材料的高导电性为基础，对其进行屏蔽效能分析研究，同时利用其优越的屏蔽效能，对石墨碳纤维薄膜屏蔽产品进行研究开发，在研发过程中提高学生的自主研发能力和科学创新意识（图12-14）。

以氢能源这样的清洁能源为燃料，开发、研制氢能源发电系统，包括氢能演示系统开发与设计，氢能燃料电池的开发与设计，燃料电池产品的外观、包装设计等，使参与的学生和老师提高对氢能源的认识，加强实际操作能力，达到学为所用的目标。甲醇燃料电池

图12-14　研究院老师为同学们讲解石墨碳纤维薄膜的性能

是氢能燃料电池的一种，以甲醇燃料电池系统的开发为目标，学生参与甲醇燃料电池研发、设计及改进，做到从研发到设计，最终到产品开发全程参与。参与的学生和老师通过一系列的过程，提高对科学知识的理解能力，增强实践能力，增强对专业知识的掌握度，提高就业实力。

燃料电池控制系统的研究与开发是对氢燃料电池产业化提供的最佳保障手段，氢燃料电池不存空气污染和噪声污染的问题，是铅酸电池和锂电池的最佳替代品，符合国家环保能源政策和南京本地区的产业政策。氢能控制系统是氢能利用环节的关键一步。学生参与氢能控制系统研发与设计、氢能控制系统的优化、氢能控制系统产品的开发、外观设计和宣传等工作，充分发挥主观能动性，提高学生的动手能力和解决问题的能力，并培养了团结协作的意识和能力。图12-15是老师指导学生进行燃料电池的装卸实践。

我校立足"工本位"，坚持"产学研"结合，大力支持发展自主创新课题，新能源新材料研究院是我校培养师生的实践平台，面向全校进行产学研合作。学生接受专业教师的实践指导，也可以跨专业、跨学科自由组合，申请项目课题，学校给予经费支持。

2016年5月，新能源新材料研究院举行首场自主课题推介会，高副校长等相关领导出席了本次推介会并发表了热情洋溢的讲话。艺术学院全体师生三百多人在艺术学院刘副

图12-15　老师指导学生进行燃料电池的装卸实践

院长的带领下参加了此次会议。与会领导肯定了新能源新材料研究院的建立、研究院的工作及研究院在学生培养、学生专利写作等方面做出的卓越贡献，鼓励学生大胆去想，充分发挥主观能动性，在梦想实现的道路上勇往直前。高副校长还指出，教学实践是应用型人才培养的重要环节，新能源新材料研究院是一个系统的教学实践基地，能够为学生提供配套的实践课题及指导，希望艺术学院的同学充分利用自己的专业优势，将艺术设计与新能源新材料有机对接，增强同学们的创新意识、提高同学们的知识应用能力及实践动手能力。

推介会上，新能源新材料研究院赵院长重点介绍了首个开放自主课题"新能源新材料研究院VI设计"与"新能源新材料研究院室内文化装饰设计"，激励同学们积极参与自主课题，发挥自身优势，使自我价值在课题建设中得到充分的体现，提升同学们的职业岗位能力及创新创业能力。会后，他还与参会同学进行了现场交流，回答了同学们的一些问题，鼓励大家参与新能源新材料研究院自主课题。

2016年10月，第一次自主创新课题组会议在新能源新材料研究院实验室召开。会议中，高博士介绍了课题开展的计划和目标，并对课题组成员们提出了相应的要求，同学们也积极发表了自己的意见，最终由师生共同探讨制定出两个小组第一阶段的工作计划。在

　第十二章　实践教育，培养应用工程师

第一阶段工作计划中课题组成员将完成对仪器的相关调研，同时阅读相应的文献，理解仪器的工作原理，并通过PPT、调研报告的形式展现学习成果。研究院自主创新课题的建立响应国家关于培养创新应用型人才的号召，为同学们提供展现自己能力的平台，开辟了新的发挥自己能力的平台，课题组的成员在课题实践中学习科学研究方法，提升自己的动手实践能力，也增强了我校自主创新科技的力量。

10月底，继《新能源新材料研究院VI设计》自主创新课题后，《现代科学仪器及设备工程师培育》和《电子商务－氢能科技城运营》两项自主创新课题正式立项。《现代科学仪器及设备工程师培育》课题旨在培育熟悉各类现代科学仪器原理及使用的设备工程师，是由研究院老师团队指导同学完成的自主创新课题。我校各学院的14级和15级共28位学生组成两个课题小组，旨在对磁控溅射仪和差示扫描量热仪这两个现代科学仪器进行了解、安装及应用探索。《电子商务－氢能科技城运营》旨在通过网站的建设管理，增加学生的计算机技术实战经验，增强运营管理的能力，提高学生在"互联网＋"时代的创新创业能力。该课题组共13名成员，由我校各个学院14级、15级的同学组成。目前新能源新材料研究院已有三项自主创新课题启动，共计接纳培养学生52人。

11月下旬，新能源新材料研究院迎来了首场自主创新课题答辩会，进行上述两项课题的答辩。会议由赵院长主持，校科技处魏处长、教务处李教授、艺术学院葛老师、张老师、校团委张老师、财务处林老师、新能源新材料研究院高博士担任评委。首先赵院长宣布答辩会开始并介绍答辩项目及评比规则。参加这次自主创新课题的两组同学共10名，分别来自我校艺术学院和土木与建筑工程学院。他们充分利用课余时间，发挥各自优势，经过5个月的努力最终取得设计成果，到会评委对两组学生的表现给予了充分肯定。通过参加自主创新课题，学生的实践创新能力、动手能力、业务洽谈能力、综合应用能力、团队协作能力得到较大提高。同时，通过该自主创新课题的实施，学生在校园里就体验到了现实职场中的工作流程和挑战。

新能源新材料研究院不仅指导学生进行课题研究，还进行学术交流、校外拓展学习，让更多的学生了解并参与到产学研活动中来。

第一次学术交流活动中，赵院长为商学院的老师、同学做了题为《氢能动力系统研究》的学术报告。赵院长指出，目前氢的储存仍是一大难点，主流的储氢方式依旧是气罐运输及现场制氢，这对氢能的利用是一大阻碍。赵院长的研究团队发现Mg系金属是一种非常好的储氢材料，这种固体储氢的方式效率高且便于运输，唯一的问题在于释放氢需要的温度太高，如何降低所需温度正是他的团队正在研究的方向。之后，同学们与老师进行了热烈的讨论，提出了一些学术上的问题和氢能产业化的构想，同时也得到了赵院长的解答。这次学术交流活动取得了良好的效果，参加活动的老师同学都表示参加这类活动有助于开阔自己的学术视野。

第二次学术交流活动的主讲人为南京工业大学的两位化学工程硕士，两人分别进行固体储氢材料和石墨碳纤维薄膜在PM2.5吸附净化方面的应用研究，此次来浦江作了题为《储氢材料研究进展》《石墨碳纤维薄膜在PM2.5吸附净化方面的应用的研究》的学术报告。报告结束后，活动现场的师生们就报告内容进行了热烈的讨论。

为了学习使用磁控溅射镀膜仪，同时增强学生的科学素养，2016年11月30日，新能源新材料研究院组织三个自主创新课题组成员和科技活动小组部分成员前往东南大学进行仪器培训学习活动。在东南大学四牌楼校区，成员们详细地了解了磁控溅射镀膜仪的实验准备步骤，并现场操作设备成功地在玻璃片上镀上厚度仅为20nm的金膜。参观期间，小组成员认真听讲，仔细记录，同时请教了许多问题，都得到了对方的耐心解答。之后，课题组还参观了东南大学电子信息国家重点实验室和AAA建筑展。在本次培训学习活动中，同学们深入了解并掌握了磁控溅射镀膜仪的使用方法，并且有信心组装并使用好研究院的实验设备，还深深地感受到科研型大学浓厚的学习氛围，学习了研究员严谨敬业的科研态度。

通过参与课题研究、开发及学术交流活动，学生对科研、学术有了新的认识，老师对不同的科研领域有所了解。新能源新材料研究院将继续定期举办学术交流活动，促进新能源新材料研究院老师内部、研究院与各学院师生间的学术交流，营造浓厚的科研氛围，以此提高我校的科研水平。

纽曼认为，大学的理想是注重大学生人文精神的塑造和人文素养的提升，健全大学生的人格，把每个学生的精神和品格升华到博雅的高度。

　　人格的培养不是教出来的，而是育出来的，如无形之水，润物细无声。浦江学院不仅是读书成才的地方，也是传承文化、强身健体的地方，还是东西方文化相遇的地方，更是帮助别人获得快乐的地方。正如剑桥大学流传至今的学生毕业赠言"今天授予你学位，不是因为你的学识，而是因为你的人品"，浦江学院让学生与智者为伍，教其成才；与仁者同行，育其成人。

　　在浦江学院，每个学生都必须学太极，通过练习太极，一方面强身健体，另一方面感悟中华文明的博大精深；通过学习马术，既锻炼了意志，陶冶情操，同时也了解西方的文化；特别是浦江学院创造了独一无二的"助人积福"理念，助人越多，福报越多，能量越大，通过举办慈善商店，参与公益活动，教父母太极拳等活动，让学生学会感恩，赠人玫瑰手留余香，通过帮助别人收获快乐。

第五篇

上善若水：
特色文化育人

第十三章
九式太极进浦江

　　浦江重视对学生体能和精神面貌的培养。太极是我国传统体育中的瑰宝，具有丰富的技术体系和博大精深的文化内涵，对提高人的身心调控效果显著。经协商，武当山旅游经济特区武术局在浦江设立武当武术协会分会，浦江成为民族传统文化联合教学基地。学校将太极课程纳入体育必修课程，通过体育课堂教学推广普及太极文化，将太极文化融入到校园文化中，逐步形成了具有浦江特色的太极课程体系。学校将太极打造成浦江名片，浦江师生在学校、社会甚至走出国门时，能以太极为交流载体，推广太极和太极文化，为弘扬中华文化尽一份心。

13.1 弘扬传统文化

一、为什么引入太极

　　太极运动不仅是一项多功能、高价值的体育运动，而且是一项具有较好医疗保健作用的体育项目，它合乎人们的生理规律，运动过程轻松柔和。武术谚语说："太极天天走，活到九十九。"

　　太极不受场地、年龄、性别等因素的限制，易于开展。我们的学生，不管体质如何，健康状况如何，都能承受练习太极的强度和难度，每一位学生都能通过适量的运动增强体质，拥有强健的体魄。太极的动作速度均匀，架式比较平稳舒展，刚柔并济，没有忽起忽落的明显变化和激烈的跳跃动作，相对于跑步而言，对关节的负担少得多，同时借刺激心脏来带动血液循环，带给心脏的负荷较少，心脏病患者也可以练。在操场、在教室外面的走廊、在宿舍，只要你觉得累了想活动几分钟，随时都可以打太极舒展一下身体。

　　学生在练习的过程中，可以锻炼出有力的下肢及灵活的腰肢，缓解长时间静坐带来的颈椎、腰椎、上下肢肌肉上的压力。太极的动作缓慢，基本上都是半蹲或蹲着的姿势，锻炼点都在腿脚上，同时还强调以腰胯的动作来带动全身的运动，下肢骨骼相对受力的时间较长，从而使得习练者的腰腿力量不断增强，骨骼系统得到了很好的锻炼。而且，太极要求姿势中正，不偏不倚，全身骨骼处于柔和运动中，既纠正了不良姿势，又锻炼了颈椎、腰椎、上下肢肌肉骨骼。

　　学生长时间练习太极，还可以锻炼肺活量，减少呼吸道疾病，避免雾霾天气对呼吸道、肺部的伤害。太极要求呼吸和动作配合，久而久之，肺组织得以锻炼而肺活量增加，免疫力提高，也就少患呼吸道疾病。在气体交换的同时，会促进血液循环，能够改善精神压力过大、高血脂、高血压、冠心病等循环系统疾病。

　　学生坚持打太极也能改善胃肠道，从根本上增强体质。太极运动迈步如猫行，动作如抽丝，不用拙力而轻柔缓慢，不会肌肉酸痛、大汗淋漓、口渴难熬，而且长期有节律地锻炼，能加快肠胃器官蠕动，促使食欲增进、消化机能加强。

　　学生打太极还能陶冶性情、修养身心。广播操简单易学，也能帮助学生锻炼身体，但它以动为主，重在活动筋骨，重在养身；而太极动静结合，以静为主，内外兼修，重在养心。初练太极时，是感觉不出什么味道来的。但是只要有耐心，有恒心，细细地体会，时间久了，便会感觉妙趣横生，使人百练不厌，愈研究愈有味道，愈体会愈有兴趣，甚至形成一种癖好，一辈子离不开它。

　　最近几年，国外媒体经常报道太极的益处，推动太极在国外发扬光大。单是2015年一年，就有纽约时报、印度著名门户网站、美国医生健康快讯、哈佛医学院官网健康版块、美国华盛顿特区新闻等媒体，对太极减轻失眠和炎症困扰所引起的问题做了大量详细的报道。

图13-1 我校领导及教师团队赴武当山考察

美国《国际体操家》《纽约新闻日报》《医学论坛》《关节炎现状》等杂志都在呼吁人们参加太极运动，他们认为"太极是一项身心合一的运动。"美国国家卫生研究院拨款65万美元，支持埃默里大学医学院把"关于太极防止老年跌跤的功能"的课题列入科研项目。世界卫生组织（WHO），已将太极列为心脏复健运动项目之一。如今，太极已传播到世界150多个国家和地区，有80多个国家和地区建立了太极组织，全世界练习太极的人数已经由前几年的1亿人迅速发展到3亿多人。这是一个很惊人的数字，说明太极宣传力度很大、影响范围很广。

为了将武当武术扎根浦江，我校领导及教师团队赴武当山考察（图13-1），终与武当山旅游经济特区武术局达成了传播与推广武当文化的战略合作协议，武当山旅游经济特区武术局在浦江设立武当武术协会分会，使浦江成为民族传统文化联合教学基地，将素有"南尊武当"之誉的民族传统文化武当太极正式纳入到浦江学院体育必修课程。2015年1月，武当武术协会浦江学院分会成立授牌仪式在浦江举行，浦江成为国内第一所传播推广武当太极文化的高等院校，这有力地促进了武当太极文化的传播推广。

二、传承文化

除了学习能力，浦江学院更重视对学生的思想、文化方面的教育。

当今社会，我们总是将目光放在"培养具有国际化视野人才"的目标上，却常忽略了对本国文化的传承。蔡先生说过，"当我们追随西方学习了一段时间后往往会发现，西方把我们带到了一个大门口，大门通向竟然是东方文化的精髓所在。"蔡先生无论在为人处世还是经商时都注意践行传统文化精粹，并孜孜不倦地打造以文"化"人的平台传播中华文化。浦江顺势而为，通过太极践行蔡先生的思想，正本清源地向学生普及中华传统文化。太极，是中国的非物质文化遗产，是国粹，具有极其丰富的文化内涵，它的精神内涵正通过一招一式融入到我们的工作、学习和生活之中。世界著名华裔电影导演李安说："我觉得我们中国人，太极这种东西在我们血液里面，你不必特别去读，在你生活里面就有……"这种深深根植于血液的无形的东西，却正拥有着吸引全世界的魅力。

我们教会学生打太极，他们自然会在学习和练习的过程中去体悟太极的内涵，进而领会传承中华传统文化的精神。这也是浦江教育学生的一种形式。

太极文化内涵渊博，太极文化是"水"文化。太极搏击时讲究"彼不动，吾不动；彼微动，吾先动"，从而以静制动；而水则有"善利万物而不争"的特性，可见太极似水。太极最初的阶段就是要求练习者身体放松、动作要慢，一步步地将身上原有的拙力和本力一丝丝去掉，渐渐达到去僵求柔的目的，打起来貌似柔若无骨。待身体达到去僵求柔的阶段后，又要求在劲路正确、慢练的基础上体会身体里内气的存在，随着练习时间的延长和次数的增多，再去体会内气在身体里鼓荡的感觉，这又恰似被烧开的沸腾之水热热乎乎。到达这个阶段后练起来自觉内气在身体里翻江倒海，欲罢不能。在此阶段基础上，再要求练习时开始有意识的发劲，逐渐达到发放整劲的阶段，发出的整劲又好比固态的水——冰，用整劲打在人身上有种坚硬的感觉，让人心生寒意。水的三种形态很好地在太极练习过程中分阶段呈现出来。太极似水，名副其实。浦江学院太极的教学与推广，如流水般营造出了太极文化的气息，培养了"包容、克己"品质。

太极文化是"山"文化。太极在中国功夫中的地位可以说是泰山北斗了，相当多的影视作品中都有太极的身影。在生活中，晨练时也经常能看到一些人打着太极来强身健体。太极作为浦江教学课程体系的必修课程，如磐石般确保了太极文化的推广，在全校树立了"科学、健康"的教育理念。

太极文化源远流长，博大精深，是中国重要的传统民族文化。武当山旅游经济特区武术局局长、武当武术协会副会长兼秘书长徐耀进介绍，"武当太极列入大学必修课，将对普及、传承太极及其文化，促进中华文明的薪火相传产生积极而深远而持久的影响。"[1]

"水之柔，山之刚，天下太极出武当"。武当武术作为中华武林的泰山北斗具有悠久的历史积淀和文化底蕴。浦江于2014年10月与武当山旅游经济特区武术局合作，开展武当太极推广与太极文化传播活动。武当武术协会在浦江学院成立分会，搭建太极交流平台，并多次派选多名武术行家和道家高人来校教学，以促进学校校园太极文化的发展。

太极在浦江推广的前期也遇到了难题。由于武当太极拳系的几种太极拳法套路复杂，对于零基础的人来说，学习起来费时费力，不太适合应用到课堂教学中，而且教学对象是风华正茂的大学生，传统的太极拳式并不能引起他们学习的兴趣。2014年底，在武当山旅游经济特区武术局的协助下，我校邀请武当道教功夫学院常务副院长杨群力老师为浦江学院师生量身创编具有武当特色的九式太极拳，并以此作为学校特色课程内容。

武当九式太极拳以"武当三丰原式太极拳""武当老架太极拳""武当太乙五行拳"等武当名拳拳架为技术依据；以道家学说，张三丰丹经修炼思想为理论依据，柔而不软、刚而不硬、虚实相兼、刚柔并用、动静结合、内外合一、后发先至，合易理，符医理，切兵义，心为法，形为用，无过不及，不偏不倚，呼吸顺拳，一气贯穿，它与道义相合，充分体现了三丰大道思想[2]。武当太极拳中的精华拳，包括了无极桩、太极球、阴阳运转和太极八法。它是体现了道家思想，并融入中医经络学说、导引术、吐纳气功、力学运用、孙子兵法等内容的武当太极拳法，是以内功为体，养生为用的武当道家拳法。它既可以练习内功筑基，也可以拳法运用，是形、神、意、气、力统一锻炼的武术，内含天人合一之法，周身混元之道，其内实精神，外显光华，既是养身延年的动功，也是强筋健骨的妙法，是武术技击的方法，是内功外运的内家拳术。九式太极拳的每个动作都符合青年人的兴趣和喜好，"发劲"动作作为每一式的收尾动作，同时又是下一式的"起势"，这样一套趣味横生的拳法更受年轻人的欢迎（图13-2）。

1　武当太极列入大学必修课.十堰日报，2015年1月16日，http://edu.gmw.cn/newspaper/2015-01/16/content_103793620.htm.

2　杨群力.武当九式太极拳（下）.武当，2015，9.

图13-2 九式太极

三、教化育人

在探索教育国际化的过程中，高等学校重视培养学生，使其成为既有国际视野、世界眼光，又有强烈的民族自信心和爱国情怀的年轻一代。浦江通过促进太极运动与文化在学生群体中的传播与发展，培养学生以传承传统文化为己任的意识，打造中国符号，传递健康快乐的观念。

很多人只是把太极当成是一种运动，其实，它还包含了一种思想、一种理念，在如今国际交往、社会合作和人类生活中发挥着越来越重要的软实力作用。

太极内涵丰富，融合了易经、黄帝内经、道德经等诸多中国文化精髓，可以引导人们从躯体锻炼提升到心灵净化的高度。同时，太极以经络学说为基础，以道法自然、天人合一为理论依据，强调人体的整体性、协调性，对调整人的身体和精神状态都有特别好的效果，这是一般体育项目难以替代的，也正因如此，太极才以它独特的魅力吸引着越来越多的外国朋友。

太极可以提振大学生的民族精神。在高校体育中，我们可以通过太极教学，让学生对太极文化从初步认知提升到深刻感悟，用太极文化来引领大学生正确的世界观、价值观和人生观的形成，激发大学生敢于探索、勇于创新的精神。

太极文化不仅能让大学生拥有"和"的理念，而且还可以引导大学生逐渐了解中华民族悠久的历史及前人的辉煌，做一名待人和气、相处和善的具有高尚思想的大学生。随着社会不断的进步，生活节奏也越来越快，无论是上班族还是学生，在日常的生活、学习、工作中都以坐为主，并且长期地伏案书写或者面对计算机，其整体精神面貌不佳。而且，学生接受思想的途径也越来越多，快餐文化的流行、拜金主义的追逐、社会多元文化的激荡等都给大学生的思想带来巨大的冲击，使大学生茫然不适，这极有可能导致大学生的心理失衡。而太极文化中的平和、静逸可以很好地矫正大学生失衡的思想，让学生感悟自然、省思自我，心性得到充分调整和高度净化，找回自我、做回真我。而且，太极文化讲究静动相辅相成，让面对现实压力的大学生不再处于烦躁、紧张的精神状态中，使其拥有沉着的气质，让他们能够心无旁骛地学习。

太极文化可以传递给学生豁达、谦虚等品质。通过传递中国传统文化和思想，太极对大学生的思想道德教育有建设性作用。习得太极拳，所追求的是一种自我的不断提升，这正是目前大学生最需要的道德品质。

太极还能够培养大学生坚毅果敢的处世风格和决策能力。太极大部分招式看似以慢、柔为主，轻柔舒缓，无欲无为，但是在真正的搏击中，出招攻击的瞬间相当的迅捷、精准，十分有爆发力，大学生在掌握动作要领的同时不断加深对其"舒缓中有迅捷、轻柔中有爆发"精神内涵的领悟，让他们在面对困难时不再犹豫不决，把握最佳的决策时间，以期达到最佳的效果[1]。

当今社会，职场竞争日趋激烈，对人才的素质要求越来越高，大学生不想被市场淘汰，就可以通过太极教学，内外兼修，潜移默化地领受太极文化的浸润和熏陶，培养和提高综合能力素质和道德品质，以提升自身在未来职场的竞争能力。

---

1 李航.太极文化对大学生思想道德的教育作用.教育教学论坛·专题讨论, 2012, 25.

13.2 太极打造浦江名片

随着我国高校体育课程的不断改革发展，越来越多的民族传统体育运动项目被引入到高校体育课堂。为弘扬中华武术太极拳的传统文化，深入贯彻党的十八大精神，以习近平总书记发展教育事业系统讲话精神为指导，以打造一支"学为人师，行为世范"的品牌专业师资队伍的办学理念为基础，武当山旅游经济特区武术局在浦江设立武当武术协会分会，使浦江学院成为民族传统文化联合教学基地，将素有"南尊武当"之誉的民族传统文化武当太极拳正式纳入到浦江体育必修课程。

浦江学院将太极课程纳入体育课程，使之成为必修的公共基础课程，通过其计学分的体育课堂教学来普及推广太极文化，以确保全校学生掌握太极拳。学校以九式太极拳课程为基础，逐步拓展课程内容，开设了多门武当武术选修课程，如太极剑、太极扇、武当太极拳、武当拳、武当剑、武当器械等与太极文化和道家思想有关的体育课程，让喜欢武当武术、爱好武当太极文化的学生能更深入了解武当文化。教师在授艺时向学生传授太极拳的历史、文化等相关知识，培养学生欣赏太极拳的能力，进一步加强对传统文化的继承和发展。浦江学院坚持四年不间断的体育课程模式，提高学生掌握太极拳的能力，提升学生对太极文化的认知，推动太极文化在校园的普及性，逐步形成了具有浦江特色的太极课程体系。

在自媒体时代[1]的影响下，学校以武术协会官方博客、武术队微信公众号为平台，加强宣传与推广，传播太极文化，营造良好太极文化氛围。全媒体的运用和结合，是营造太极文化氛围的重要途径。同时，为了推广太极武术，积极开展全民健身运动，服务地方，浦江学院武术队进入汤山社区进行太极拳表演，普及群体武术，营造全员健身氛围，既能锻炼学生，又能服务大众。

自2014年与武当武术协会合作以来，浦江已建成以太极为核心、积极向上、崇尚传统文化、崇尚运动与健康、重视人文修养的校园文化。学校与武当山旅游经济特区武术局全面合作，致力于太极文化在全校师生间及社会上的推广，培养学生健全的体魄和平和的

---

1 自媒体时代是指以个人传播为主，以现代化、电子化手段，向不特定的大多数或者特定的单个人传递规范性及非规范性信息的媒介时代，人人都有麦克风，人人都是记者，人人都是新闻传播者。这种媒介基础凭借其交互性、自主性的特征，使得新闻自由度显著提高，传媒生态发生了前所未有的转变。

思想，树立学生传承优秀文化的观念，让学生发挥潜力，将自身价值回馈社会，将太极打造成浦江学院的名片，以太极文化为桥梁，让浦江学子走出国门，弘扬中华文化。

一、全校师生打太极

学校加强师资队伍建设，引进武德优秀、教学能力强的武术教师。学校从武当山聘请了太极拳教练组长驻学校开展太极拳教学工作，让学生可以零距离地感受"武当九式太极拳"。

为使太极文化在浦江得到普及，我校积极配合"太极文化进校园"建设性工程开展的各类活动，例如，学校扶持青年教师参加太极文化交流研讨、武术技能培训等活动，拓展视野，提高教师技能。2015年2月，我校派出了13名优秀教师前往武当山进行为期两周的进修。教师们不畏严寒，始终坚持每天认真学习，直到掌握了武当九式太极拳的基本动作与要领，获得进修结业证书，为新学期所开设的太极课程打下良好的基础。

学校还成立了浦江太极社团、浦江太极武术队，传承太极之精神，凸显校园太极文化的特色，培养"自信、阳光"现代大学生。学校组织太极武术队队员去武当山实地感受、学习武当太极文化，深入探究太极武术的魅力所在。武术队的同学们在武当体育馆开启了太极之旅，劈叉、压腿、高抬腿、拉韧带，新的动作学习及队形排练，每天都是高强度的训练，整个团队的太极动作难度提高了，动作所要求的文化气息也有了很大的体现。同学们更是深刻体会到了什么是"台上一分钟，台下十年功"。

浦江太极武术队的队员们在刻苦练习的同时，还积极参与各类活动，向全校师生展示武术队成果，并宣传推广太极文化。武术交流赛、运动会表演、传统武术文化节成为学校武术品牌活动，太极武术队学生还多次受邀参加各类武术表演、迎新晚会及节日晚会等学校重大演出，让更多大学生认识太极，参与到太极活动中来，不断推动太极文化的发展。

2015年9月，"梦想启程"迎新暨中秋晚会，校太极武术队带来的"梦幻武当"气势非凡，赢得阵阵热烈的掌声。11月底，校太极武术队在多功能大厅隆重举办了"太极·武风"专场会演。开场演出是由武当山教练组带来的《群英会》，九节鞭、龙华拳、醉拳、八极拳、拂尘传承着中华精髓，其气势震撼了在场师生，赢得齐声喝彩。

2015年12月，"青春梦，社团行——浦江第二届大学生文化艺术节闭幕晚会"上，校太极武术队给全校师生带来了特色表演《天下太极出武当》和《太极武当》，展现了东

图13-3　校太极武术队特色表演

方文化艺术之韵，刚柔并济，于快慢之间风云变幻，如图13-3所示。

我校太极课程全面开展的目标是教会学生打太极，了解太极文化、了解中国传统文化，学生与学生之间、学生和老师之间可以结对、互助的形式学习太极拳，并将太极教给亲朋好友，带给他们健康的体魄。不少家长惊喜地发现，一学年的时间，自家孩子的脾气有所收敛，不再成天痴迷于网络游戏和手机聊天，变得更健康阳光了，而且教家里人打太极的示范动作像模像样，并能够解说太极相关文化，令人刮目相看。

二、千人打太极

2016年4月，在2016年校运动会开幕式上，浦江第二次组织了近千名学生进行大规模的集体太极表演，表演气势恢宏，引起全场欢呼。不仅如此，校太极武术队还表演了刚柔相济的太极剑、太极扇及其他表演，精湛的表演和昂扬的精神赢得了嘉宾们的阵阵掌声（图13-4）。《扬子晚报》《中国日报》、中文网、人民网、中国江苏网、新民网、中国社会科学网、海峡教育网、贵阳网、搜狐以及优酷、土豆等多家媒体均报道了此次盛会。

太极表演是武当太极在浦江学院普及的优秀成果，也是浦江学子精神风貌的绝佳体现。武当山旅游经济特区武术局徐局长更是对本次运动会的表演给予了高度的赞赏。师生共打太极充分展现了我校致力于传统文化传承的教育理念与"自信、阳光、包容"的校园风貌，令人欣慰的是，我们的队伍还在持续壮大中。

2016年12月，我校"双龙之会、文武兼修——千童教围棋、千生传太极"大型文体

图13-4　浦江学院千人太极表演

图13-5　大学生教围棋少年打太极

活动在浦江校园中盛大开幕。我校的1000名大学生与南京清源围棋学校选派的500名少年儿童携手共襄此盛举。运动场上，1000名有太极拳基础的大学生向清源围棋学校的少年儿童传授武当九式太极拳（图13-5）。大学生们一丝不苟地传授，围棋少年们全神贯注地模仿，传统文化讲究的口传心授在不知不觉间被诠释得淋漓尽致。浦江学院的太极教练随后登场，带领全体学生一起演练太极拳，浦江的运动场上刮起了一阵太极旋风。

三、参加各类活动和比赛

为迎接建国67周年，我校艺术团应中国驻泰国大使馆、中国驻孔敬总领事馆、泰国北京商会、呵叻府华人社团及正大集团等多方邀请赴泰演出。为期9天的文化交流中，艺术团分别在华商国庆招待会、孔敬总领馆国庆招待会、泰国正大管理学院进行了专场演出。中国驻泰国大使馆文化参赞陈疆先生、中国驻孔敬总领事李名刚先生、正大集团副董事长蔡绪锋等侨领、华商，以及正大管理学院院长、德国驻泰国大使馆农业参赞等当地嘉宾逾3000人出席观看。

传承自武当并糅合浦江文化的太极表演《清风明月》（图13-6），雨沐清风，拳影明月，取道武当，天人合一，自成浦江之风。追风的腿，拂云的掌，八卦神游走四方，慢似云，快如电，绵似香灰硬似钢，让泰国的观众品味了一道中国太极文化大餐，表演深受当地华人华侨和社会团体的热烈好评。央视做了相关新闻报道，《扬子晚报》《南京日报》《南京晨报》、人民网、中国江苏网等众多媒体也争相报道。此次浦江学院艺术团受邀访泰，是江苏高校首次与泰国侨领、高校进行深度合作，在展现浦江学院艺术教育成果的同时，为推动江苏高校走出国门，弘扬中国文化贡献了自己的力量，争取让太极走向世界，让中国文化走向世界。

太极教学与浦江武术协会相辅相成，以武术协会为载体，开展武术活动，举行武术比

图13-6 太极表演《清风明月》

赛，进行武术交流，这些也是教学成果的显现，大大提高了学生的习武积极性，大力推动了太极文化的传播。

浦江学院太极武术队成立于2015年5月，目前有正式队员60多人。武术队由专业武当教练团队传授太极拳、太极扇、太极剑、九节鞭、拂尘等。队伍发展至今，已逐渐形成以太极表演、竞技竞赛、太极协会为支撑的三大组织结构。武术队自成立以来，多次组织千人太极表演，极大地丰富了校园文化生活。除此之外，武术队还走出校园，积极参加社会公益慈善活动及各种武术竞赛，硕果累累，并日益发展壮大。

2016年10月，浦江学院太极武术队参加"大美秦淮"南京武术邀请赛。此次邀请赛由南京市体育总会指导主办，秦淮区武术运动协会、鼓楼区武术运动协会、六合区武术运动协会等组织承办，共有130支代表队约1500人参赛。经过赛前的系统训练和精心准备，参赛队员们发挥出色，以11金2银1铜的战绩，位列总积分榜前列，并取得团体一等奖（图13-7）。

个人项目上，16级土木学院王帅同学凭借充分的赛前备战和出色的个人发挥，最终摘得男子组传统太极器械金牌和陈氏太极拳银牌的好成绩，为浦江学院代表队赢得了开门红。随后出战的教练组也表现不俗，以赵老师、孟老师为代表的教练组最终取得9金1银1铜的好成绩。

集体项目上，我校太极拳参赛团队，配合默契，以8.88的高分从26支代表队中脱颖而出，赢得集体各式太极拳金牌。

浦江学院代表队在此次比赛中，充分展现了我校的校园太极文化的卓越风貌与太极武术队师生们良好的精神面貌。

2016年11月底，浦江学院太极武术队参加了南京市第六届武术精英（国际）邀请赛（图13-8）。此次大赛由南京体育总会主办，南京市武术运动协会承办，来自不同区域不同学校的112支参赛队伍集聚一堂参加了此次大赛。

经过两天的激烈角逐，在赵老师及武当教练的带领下，参赛队员们表现突出，在传统长器械、传统短器械、传统太极拳、传统软器械、太极器械、形意拳和八极拳七个项目比赛中拿下了第一名。共取得7枚金牌、3枚银牌、2枚铜牌和4个项目前八的骄人佳绩。

个人项目中，第一次参加个人单项赛的14级林伟刚同学，淡定从容、发挥出色，分别夺得传统太极拳银牌和传统短器械铜牌；16级王帅同学表现不俗，一举摘得太极器械银牌，并取得陈式太极拳第五名的好成绩；首次参赛的16级王瑞发挥稳定，赢得陈式太

图13-7 浦江武术队队员们参加"大美秦淮"
2016年南京武术邀请赛

图13-8 2016年第六届中国南京武术精英(国际)邀请赛

极拳第六名。

在集体各式太极拳比赛中,八名同学代表参赛,齐心协力,配合默契,以8.65分从30组高手云集的队伍中脱颖而出,夺得了团体第五名的好成绩。

此次比赛,使队员们认识到自身的优势与不足,更加体会到练习武术不仅能够锻炼身体,修身养性,而且还能借此类活动传承中国传统文化,有利于拓宽视野,发展课外兴趣,积极提升"精武艺、铸武魂、重武德"的精神。

太极不仅仅是一门武术、健身术,它更是极富中国特色的古老东方文化,是传统国粹,是一种民族精神,一种优雅、舒适的状态,亦是一种资源,等待着我们大力去开发,去利用,取之不尽,用之不竭。传承和发展好这一非物质文化遗产,是我们每个中华儿女的责任。

我们相信,在全面发展、以人为本的教育理念浸润下,浦江学子尚自然而谋立德、尚自信而谋立功、尚智慧而谋立言,在未来的人生之路上,既独善其身,又兼济天下,争做时代的领航员。

第十四章
浦江开设马术课

浦江学院在教育国际化方面进行了深入的探索，以马术课程为媒介，通过文化浸润的方式，让学生感受西方文明和精神，培养学生国际化的视野，提升对西方文明的体悟，使其成为国际性应用型人才。

14.1 感受西方文明

一、为什么开设马术课

在学校开设马术课程，不仅投资大，而且存在安全问题，这对于学校的硬件设施设备及专业教练的配备要求极其严格，但是马术运动的开展对学生的一系列积极作用，促使我校克服一切困难来开设这门课程。

在马术运动中，学生能锻炼身体，增强体质，提高免疫力。骑马属于全身运动，要安稳地坐在马背上并驾驭好马匹，就要手、眼、心及全身协调运动。这样长时间地不断练习，能够促进小脑的发育，锻炼身体整体的协调性和平衡感。骑马可以由内而外对全身进行震颤按摩，促进血液循环，加快新陈代谢。练习骑马时，还要求骑士的双肩自然打开，腰背挺直，腰腹部用力前推下压，长时间练习后能够自然而然地改变弯腰驼背的不良习惯。骑马运动让学生亲近自然，全身协调，人马配合，从中锻炼身体的敏捷性与协调性，激发创新思维和提高判断力。

骑马能培养健康的体魄和开朗健全的人格，抵消学习和生活压力带来的副作用。在与马儿的互动中，可以培养学生的爱心、勇气、耐心、智慧等优秀的心理素质。学习马术的过程能建立自信心。在学习马术的过程中不断地克服一个个困难，解决一个个问题，在完成一个个小目标的同时又不断地制定新的目标，信心由此增长。通过学习和驾驭马匹，让学生在控制马匹的过程中，不断增进胆识，即使面对挑战与挫折，也依然能勇敢地去克服。

与马儿的亲近还可以帮助人们治愈精神疾病。希腊神话中，医神将无法治愈的患者放在马背上以振奋其精神，利用马来为受伤的士兵作复健。在国外，马匹能够作为"人医"，在治疗人心理疾病、物理疾病等方面广泛存在，我们通常称为马疗愈。马疗愈是通过在与马匹互动的过程中，无形间促进情感发展的一项马匹训练。它通常包括教学马匹照料、刷马、备马具和基本的骑马技术，通过马术学习、反应方式来进行很多培训。马匹为其他治疗方法都未能取得良效的人们提供了一种非常好的疗愈方法。

马疗愈在有认证资格的疗愈师的实施下，能帮助患者提升自信心，锻炼沟通能力，培养人与人之间的信任，在不同方面都能起到积极作用，已被证实是一个非常有效的方法，适用于抑郁症、注意力缺陷、焦虑症、自闭症和其他很多相关疾病的患者，甚至在领导力提升和团队建设方面，国外都有很多的研究和实践。

目前，马疗愈被认为是现代康复手段中最有突破性、发展最为迅速的治疗方法之一。在美国，仅仅几十年的发展历程，已有500多个专门为特殊人群设立的马术治疗中心，近26 000人接受了正规的治疗性骑马的康复训练，注册的特殊教导员1100人，认证的马术治疗师600人，参与志愿者20 000人，应用了大约4000匹马。马疗愈从众多的康复治疗手段中脱颖而出，甚至成为绝大多数患病者唯一终身受用的唯健康项目。[1]据法国媒体统计，2015年，在法国近400个马术治疗中心接受了马术疗法的，包括孤独症儿童、失动症儿童、精神分裂症患者等，甚至曾入过监狱的人及从前线退下来的士兵等在精神上遭受

---

1 资料来源：马儿还能做为"人医"！带你了解现代"马疗愈".新浪体育，2016年9月21日，http://sports.sina.com.cn/o/e/2016-09-21/doc-ifxvyqwa3672864.shtml.

痛苦的人，总计 30 000 多人。

马术治疗与传统的治疗方式有所不同，需要马的参与。治疗师照顾患者，观察他们的行动，并且指导他们跟随马，让马带领他们，或者他们带领马。马能够回应患者的举动，患者也能回应马的动作。马在某种程度上变成了患者的一面镜子，患者从马身上发现潜藏在自己深处的东西，也能够由此学会管控情绪。虽然马术治疗疗法不能治愈患者的疾病，也无法代替传统治疗手段，但是能够触及患者的精神、心灵和性格，让被治疗者的症状减轻，感觉更加良好。青年的孤独症患者能够提高社交能力，失动症儿童的动作协调能力会有所改善，多动症患者能够提高注意力，忧郁症或者焦虑症患者的症状也会有所减轻。[1]

马虽然不会说话，但却能够与主人交流情感，被称为"无言的朋友、亲密的伙伴"。在人和马的亲密接触中，会很自然地产生一种真挚持久的情感。马给了人们一种继续生存和搏斗的力量，一种坚持到底的韧性和信心。马不会评判你我，不在乎你看起来是什么样子，不在乎你究竟有多么的不同，它都会无怨无悔地向每一个接近它的人散播强烈的爱和愉快的力量，这就是一种重生和希望的召唤。

在马术教学中，教练和马伙伴以渗透式的教学方式进行情感教育，培养学生的同情心。马术运动是两个生命个体的合作，强调了人与马的交流，是目前各种与马有关的运动中，唯一的一项人与动物共同参与和合作完成的奥运项目。在与马的合作过程中，学生慢慢了解自己的伙伴，关怀自己的伙伴，与自己的伙伴沟通互助，学会感悟，感悟生命的交流，感悟什么叫联系，什么是包容，什么是换位思考，什么是对生命的尊重，慢慢地学会与人沟通和表达自己的意愿。

马文化的一个反映就是骑士精神，而骑士精神正是我们这个时代的大学生们所要必备的。骑士精神包含名誉、礼仪、谦卑、坚毅、忠诚、骄傲、虔诚的内涵，是欧洲上层社会的贵族文化精神。它是以个人身份的优越感为基础的道德与人格精神，也积淀着西欧民族远古尚武精神的某些积极因素，传承到现在，代表的是高雅和绅士风范。

在西方的文化传统中，中世纪的骑士精神对现代欧洲的民族性格的塑造起着极其重大的作用。它构成了西欧民族中所谓的"绅士精神"，形成了现代欧洲人对于个人身份和荣誉的注重，对于风度、礼节和外表举止的讲究，对于崇尚精神理想和尊崇妇女的浪漫气质的向往，恪守公开竞赛、公平竞争的精神品质等。它使现代欧洲人民族性格中既含有优雅

1　资料来源：韩珠萍.法国马术疗法蓬勃展开，近 3 万患者接受治疗.中国网（北京），2016 年 5 月 19 日，http://money.163.com/16/0519/16/BNEMQVV200254TI5.html.

的贵族气质成分，又兼具信守诺言，乐于助人，为理想和荣誉牺牲的豪爽武人品格。

由此可见，我们现代的大学生在拥有健康体魄和心理的同时，还应具备骑士精神。

二、有历史有故事的运动

马术运动，不仅仅是流汗锻炼，它更是享受生活的一种方式，在健体、愉悦身心的同时，还能体现高贵身份和儒雅品位。

马术运动，起源于英国。公元14世纪，英国上层社会把战马和运动的马区分开来，骑马不再是战争的必需品，而逐渐成为一种娱乐方式。随着对骑士需求的减少，马术逐渐成为英国贵族和皇室的专利，成了"力量和权威"的代表。正是这个原因，马术运动在英国成为一门高品位的文化，马术从出现开始就自带贵族效果。

马术运动魅力无穷，它以快捷、惊险、优美的特点和马背上的超常规视野，吸引着越来越多的人远离都市，参与其中。英国是一个喜欢马的国家。上至王室贵族，下至黎民百姓，英国人无不对马有着深厚而独特的感情。无论是风俗习惯、文艺作品抑或体育娱乐活动等，都体现出英国人对马的喜爱。在英国，已经形成了一种特殊的马文化，马在英国传统民族文化中扮演着重要角色，是智慧、勇敢、敏捷、忠诚和温顺的象征，而且寓意着贵族气派、骑士精神和绅士风范等。

英国女王伊丽莎白二世以爱马著称。她6岁学会骑马，在马背上经历了从军、登基为王、两次世界大战等诸多大事。伊丽莎白女王不仅爱马，而且懂马。她对马匹的血统、繁殖和饲养都有很深入的研究，关注纯种赛马和赛事。为表彰她为国际马术运动做出的贡献，国际马联授予女王终身成就奖，她也成为该奖项的首位获得者。不仅是伊丽莎白二世，她的子女在赛马领域也有极高的造诣。伊丽莎白女王的女儿安妮公主，在波切利举行的欧洲全能马术锦标赛上夺得个人冠军。女王外孙女扎拉是首位获奥运奖牌的英国王室成员，也是从英国王室走出来的第二位"马术公主"。英国首相布莱尔即使日理万机，也每周一次地定期为一家著名杂志撰写马评。

历史证明，马背民族强健的身体和进取性格，来源于骑马运动，骑马直接作用于人的身体和心智。

马术运动拥有能让全身健美的特殊魔法，它是所有运动项目中对身体最有益处的高贵运动，是主动与被动运动的最佳结合。在骑马运动中，人的注意力高度集中，全身的所有骨骼、肌肉及内脏各器官全都不由自主地处于运动状态，多余的脂肪能够得以消耗，各部位的肌肉得以强健，也就是说，它的神奇在于能使该长肉的地方强健起来，使该减肉的部位消瘦下去，对胸部、腹部、臀部和大腿等部位尤其明显，是最好的健美运动。据报道，西方国家的选美小姐中90%以上的健美运动是骑马。与其他体育运动项目最大的不同是，骑手在愉悦地运动当中并不感觉疲劳，但第二天的酸痛感觉要明显得多，而以后再从事这项运动，疲乏的感觉会越来越轻，最后只有乐趣了。骑马还能治疗体内植物神经系统、泌尿系统和生殖系统等方面的疾病，如神经衰弱、失眠症、性情抑郁、肠胃胀气、反应迟缓、性欲低下、脾气暴躁、平衡感低下、小儿麻痹症等。据报道，俄罗斯目前至少有15家医疗马术馆。

马背上可以打造一个民族的精神。骑马能唤起人内心深处潜藏的自信，增强人对复杂环境的应变能力，缓解孤独和压抑的情绪，愉悦身心，人们能够以此获得极强的成就感。纵马狂奔的速度感所产生的啡呔类物质会让人产生强烈的欣快感，对解除都市人群的精神压力有直接效果。骑马不但能令身体健康，也能使思路开阔。马的嘶鸣，生机勃发；马的迅跑，燃烧激情；"嗒嗒"蹄声，敲响声心。长期骑马的人士，大都年轻开朗、谈吐豁达、身体强壮、身型挺拔、器宇轩昂、精力充沛，全身肌肉发达健美。常年跟马打交道的人比别人耐冻、耐热、耐饥渴，比一般的人要有更强的耐受力。在马背上，无意中就铸造了坚定的意志、沉静的心态、勇于承担的勇气、文明的精神和野蛮的体魄。胆小的人通过骑马可以坚强起来，冲动浮躁的人通过骑马可以抑制狂躁性格。

马是最具贵族气质的生灵——潇洒的外表、宁静的内心和勇于拼搏的精神，爱马的人必然也具备这样的素质。骑马还能反映人的身份和品行，在西方国家，养马者一般为贵族阶层，贵族、富翁的子女从小就会被要求培养骑乘术，精湛的骑术暗示了出身，而作为知名骑士俱乐部的马主、会员，这不仅是身份的象征，还能改变自己的生存质量。国外马匹的价格很高，一匹成年马的价格一般都是几千美金，拍卖会上好品种的一岁马的价格曾经到过4000万美金。据报道，美国有一匹母马，叫"北方舞蹈家"，有人开价8000万美金，马主仍不肯出售。马匹的相关物品也是很奢侈的，无论是几百美金的服装还是几千美金的马具，以及马匹的饲养费用等，都是令普通人望而生畏的。一般来说，许多白领人士打得起高尔夫球，但玩不起马，更不要提成为马会俱乐部会员了。

马术运动是保留了绅士风范及高雅特征的全社会大众娱乐活动，它是英国马文化不可缺少的组成部分。西方马文化具有特定的含义，它是上层社会贵族文化的传承、骑士精神的反映，表现了以个人身份的优越感为基础的社会道德与人格精神，象征着骑士精神和道德中固有的名誉、礼仪、谦卑、坚毅、忠诚、骄傲、虔诚，发展到现代西方社会则体现了一种高雅风范。

14.2 马术树立浦江风貌

马术运动优雅高贵，展现高超的骑乘技艺，是一项涉外交流的技能。更重要的是，这一运动是一种文化的渗透，是对西方文明的骑士精神、信仰和价值观的一种借鉴和学习。

正义感、荣誉、谦卑低调、诚实、自尊与尊重、怜悯之心，这些都是骑士精神的重要组成部分。国家体育总局副局长、中国马术协会肖主席认为，骑士精神对于今天的中国有很强的现实意义。肖副局长认为，"我们今天的社会不缺名人和富豪，缺乏的是理性、勇敢和独立精神，缺乏的是一份脚踏实地的担当、信念和情怀。今天马匹征服世界的历史画面已经渐渐远去，但是，对追求信仰、追求自由、信守诺言、勇敢，特立独行的骑士精神并没有过时。我认为，不但没有过时，而且正是我们今天中华民族和平崛起，实现伟大的中国梦所需要的时代精神。"[1]我们也希望浦江的学生能够具备这样的骑士精神，具有果敢坚毅、宠辱不惊的骑士风范，既胸怀天下，又脚踏实地，具有强烈又持续的自我发展动力。

浦江学院在全国高校中率先开设马术课程。作为一所培养具有国际视野应用型人才的学校，我校在教育国际化方面进行探索，以马术课程为契机，通过文化浸润的方式，培养学生国际化的视野。我们的目光更多地盯在学生的素养而非考试上，贵族运动所带来的礼让、优雅、谦逊等品质，不仅在学生身上刻上了文化的印迹，更是将精髓在学生心灵深处根植下来，成为他们健康成长的"养分"。

1　王镜宇.走精英体育之路提高中国马术水平.新华社，2014年1月20日，http://sports.sina.com.cn/o/2014-01-20/19496989884.shtml.

一、理论教学

学校面向全校学生开设了马术选修课，理论课时和实训课时各16课时，学生们固定每周一次去马场骑马。对于这门课程，我们对学生的个人整体素质有所要求，最初吸引了200多位同学报名。经过到马场进行严格的体验和选拔后，16位身体协调性好的同学成功入选。学校聘请了4位教练，每次上课，一位教练定向指导男女学生各两位。

学校选择的是英式马术课程培训，装备、风格相对于西式的狂野不羁更显优雅、简洁，骑乘方法简单易学，更适合零基础的初学者。理论课为大家详细介绍了关于马的基础知识、服装、骑术等方面的内容，还有骑马时的注意事项，让学生为训练做好准备。

学校开设马术课程，目的并不是要让学生个个成为贵族运动的高手，而是通过课程能够拓宽学生的国际视野，了解西方骑马文化，锻炼健硕的体魄，学会骑士精神，最终实现个人的自我提升。

二、实践训练

学校聘请的教练都是在国内、国际马术比赛中获得众多奖项的骑手。作为专业人士，他们认为，学校为大学生开设一门马术课是一举多得的举措。修习马术，不仅能够锻炼人的身体素质，锻炼人的胆量，培养人们的爱心，还可以锻炼人的控制能力，提高处理问题、解决问题的能力。骑手还要在马上体验强悍运动的快感，这是一种很生动、特别的成长方式。在培养独立能力性方面，马术也无可比拟。所有的运动中，唯有马术，靠的是自己对马的驾驭，谁也使不上力，帮不上忙。

三、学生感悟

1. "缰绳等于方向"

市场营销专业的江同学说，每次上马前，她都会在马的耳边温柔耳语："等会儿要乖一点哦。"然后，再抚摸一下马。慢慢地，江同学跟马培养出默契，"快步走和慢跑的时候，轻踢马肚子一下，慢走踢两下。想往哪边走，就往哪边扯缰绳。"她在训练过程中，对缰绳的控制深有感触。骑马的时候，控制人要去的方向的那根缰绳，简称内方缰，另一根则是外方缰。随着左右方向的转换，内、外方缰也在随时转换，实际是缰绳在控制着方向。换句话说，缰绳等于方向，所以，如果教练在授课的时候，让骑手转换方向时，很多时候都是说："换缰。"

其实，面对工作和生活中许多无法控制的事情，我们也需要换缰，就是要转换角度，通过改变自己去改变很多事。比如想帮助别人时，建议提得过多实际上就已经变成了干涉，就会造成误会和矛盾。当我们的思维方式改变时，看问题的角度转换时，做事的方法改进时，我们的世界会因为自己的退一步而迎来海阔天空。图14-1为学生在马场跑马。

2. "原始的伙伴关系"

机电学院李同学表示，她上马术课之前纯粹就是好奇，在选拔时试过之后去实地训练虽然有点累，但是很开心，很喜欢马术。之前对马术只是听说过，现在开始关注它。里约奥运会期间，李同学还特别关注了一下从来没有关注的赛马，对马术有了更深的理解。在训练过程中，她非常喜欢抚摸她的马，感觉两者之间有交流，在她看来，马儿甚至很了解她的心情。马的眼睛很漂亮，睫毛很长，很萌，对视的话，能够感觉到很温柔。她在与马的交流中，感受到马的灵性，人和马之间的那非简单的征服所能替代的"驯养"的感情，以及只要你对它好、它就对你好的原始的伙伴关系，在与马的交流中，令人的

图14-1　学生在马场跑马

心态也变得平静和谐。李同学说，可惜没有机会帮它洗澡、刷毛，那也是加深感情、培养默契的好方式。

3. "一种体现品位和修养的时尚运动方式"

土木与建筑工程学院的吕同学是位憨厚的小伙子，在被选上骑手后，十分期待在马场的训练，经过教练的教学及自己的刻苦练习，掌握了马术的基础。他很期待有机会在广阔的田野上驰骋一番，展露自己的骑术，享受自然、阳光和新鲜空气。虽然是位男同学，但是当他提起骑装时还有点小兴奋。为了了解马术运动，他还专门查阅资料了解了一下骑马的配套装备。马术是一项讲究传统礼仪的运动，只要是弹性贴身的专业马裤，什么颜色都可以。但到了专业马术比赛，则要穿白色马裤，配白衬衣、白领带，黑色或红色西装外套。"欧洲贵族们，最开始都是打领带穿西装，带着自己的狗去打猎的，所以马术的服装当然有传统讲究。"吕同学略显羞涩，但还是侃侃而谈，"当然，马术作为一种体现品位和修养的时尚运动方式，不仅仅衣着考究华丽，更应该的是拥有态度谦逊的品质和高贵优雅的礼仪，就像绅士一样。"

其他选修马术课程的学生也反映，每去一次马场，都感觉比上一次有进步，跟马儿的关系更近一步。而且，学习马术其实也学到很多，与马的互动中，可以慢慢培养爱心、勇气、耐心与智慧，不仅提升了情商，还增强了克服障碍的信心，身体和精神上都得到提升。

4. "有一种关系叫'伙伴'"

物管专业的吴同学感觉，"从小我的控制欲就很强，觉得世界是以我为中心的。直到学习了马术，我的认知被颠覆了！不是我想让马怎样它就怎样，我越是抱怨和焦躁，马反而越是不听话。于是，在与马建立亲密关系的过程中，我知道了有一种关系叫'伙伴'。"吴同学还说，骑马看上去十分高大上，会骑了之后感觉很帅。图14-2为教练在认真指导同学练习。

5. "一项新的运动技能""带来自信"

食品科学与工程专业的罗同学觉得骑马就是掌握了一项新的运动技能，就跟练舞蹈一样，运动完身体很舒畅，特别是当开始慢慢学会，迎合马的频率上下起伏的时候，那种感觉很好，感觉自己很棒，会带来自信。由于骑马要求昂首挺胸、挺直腰板，所以通过学习骑马的基本姿势改掉了她长时间玩电脑、玩手机的弯腰驼背的坏习惯。

罗同学很清晰地记得教练的介绍，骑马40分钟运动量足以超过打高尔夫球的36洞，

图14-2 教练在认真指导　　　　　图14-3 认真练习骑马的同学们

骑马10分钟等于按摩10万次，骑马30分钟等于慢跑2500公尺消耗的热量，相当于打一整场激烈的篮球赛所消耗的体能。而且，骑马属于竖线条拉伸的运动，如果能长期坚持，可以慢慢形成非常优美的体态，尤其对胸部、腹部、臀部和大腿等部位来说是最好的健美运动。挺胸、收腹，下颌略收，打开肩部，挺直后背，大臂自然下垂，双手握缰，与提起的缰绳保持在一条线上，小腿靠紧马的肚子，脚后跟略微下沉，身体随着马浪前进，这是骑手在马背上需要保持的姿态，坚持训练下来，在不知不觉中苗条了许多，身体的姿态也更加自信、优美，这对于女孩子来说十分有吸引力，这也许是罗同学即使再辛苦也坚持下来成为学校马术队一员的原因之一吧。图14-3为认真练习骑马的同学们。

6. "骑马不是一件容易的事"

行管专业的李同学本来是抱着一种玩一玩、看一看的心态去的，觉得骑马应该挺好玩的，但是，真正开始上课了之后，才感觉到骑马不是一件容易的事。这需要身体各个部位的协调，对身体的素质情况也有一些要求。不过总体而言，她还是有不少收获的。骑马这项运动，不仅能锻炼身体，更能增强自信心。李同学循序渐进地掌握基本技巧，熟练地掌握了骑术，亲近了马"伙伴"，再静下心来，专注于自身的动作，自由练习课也不再像一开始那么糟糕了。图14-4为马术自由练习课。

短短一学期，学生的举手投足变得优雅，看上去赏心悦目。我们可以从学生们身上看到国际化人才所必备的品位和气质，他们谈吐自信，举止大方，富有主见，呈现出令人惊叹的领袖气质。

2016年4月，在激动人心的乐曲声中，一辆白色马车载着一对俊男靓女缓缓入场。在他们身后，是一支潇洒的马队，骑手们头戴阔檐礼帽，身着黑色礼服、紧身马裤，脚蹬

图14-4　马术自由练习课

图14-5　浦江2016年校运动会上的马术方阵

高筒马靴，右手执旗，左手握着缰绳……在我校2016年校运动会的入场式上，8位同学在1位教练的带领下，以这样的方式出场，引来全场掌声。这是我校的一支马术队的精彩展示。马术队的学生们在教练的教导下坚持苦练一个学期，给全校师生和到场嘉宾带来了一份令人惊喜的礼物（图14-5）。

马术课程充满了浓郁的文化气息，我们可以通过文化的慢慢浸润，帮助这些在传统考试中并不占优势的学生获取学习动力，发掘自身潜能，进而实现人生价值，这就是浦江教育尝试和努力的方向。

第十五章
浦江首创"助人积福"

当代大学生，大部分是独生子女，由于从小受到父母的过度关注及呵护，更习惯于多关注自身，相较非独生子女而言，比较缺乏主动去关心、帮助别人的意识。大学教育不仅仅是教给他们知识和技能，更重要的是在思想道德方面对他们进行培育，其中也包括要教会他们博爱，将助人深植入内心，将帮助他人的行为发展成为一种习惯、一种精神、一种品德，并将其发扬光大。

浦江学院开展"助人积福万里行"活动，建立"福报积分"制度，鼓励学生利用自己所擅长的知识和技能给予他人帮助。每个学生都加入到"助人积福万里行"中，通过帮助他人获得快乐。

15.1 爱是人类共同的语言

一、助人，在于力所能及

20世纪80年代中后期，中央电视台"正大综艺"的主题曲《爱的奉献》响遍中国。

爱是世界上最纯洁，也是最温暖的情感。每个人都拥有爱，每个人也会在爱的关怀下成长。爱情、亲情、友情会给我们带来无限的快乐和欢笑。有句歌词："爱是一道光，如此美妙。"对，爱就是一道无瑕的光芒，非常美丽，它也时刻照亮着我们的未来。这个世界需要爱，有爱才会有希望，有追求，有期待。爱是连接人与人之间情感的纽带，只有把爱处处撒播，生活才会变得更美好。爱无处不在，我们人人都需要别人给予的爱，我们也需要把自己心中的爱给予别人。一个人心里有别人，总能设身处地地为他人着想，帮助他人，那么得到的将是内心的充实、拥有的情感和高尚的人格。

福报在于付出。助人为乐不仅是福报，也是中华民族的传统美德，帮助别人的同时也是帮助自己，关心别人就等于关心自己。不图回报地助人是快乐的。

浦江全校开展"助人积福万里行"活动，建立了"福报积分"奖励制度。每个学生都加入到"助人积福万里行"中，用自己具备的技能和能力给予他人帮助，得到学校的一些奖励分。通过这样的形式，我们希望让每一个学生都能够自觉地帮助别人，增加自己的幸福感，同时也能得到别人的帮助。学生们通过对他人的点滴帮助，学会服务于他人，服务于社会，报效国家；在帮助与被帮助中成长，感知幸福，得到温暖。

我们欣喜地发现，帮助他人、乐于助人正在悄悄地延伸到校园的每个角落，随时随地都能看到学生互相帮助的身影。教室里，学霸给同学讲解老师上的课，讲习题；宿舍楼下，帮有事外出的同学打水，帮同学拿重东西，把自己的东西和同学分享；校园里，看到地上有纸屑捡起来，看到地上脏主动打扫，离开教室能关好电灯门窗，为班级擦黑板；新生开学，高年级学生总是报名参加迎新志愿者队伍，引导新生和家长们按照报到流程入学，并将大包小包的行李送至宿舍楼；见到别人有困难、有忧愁的事，能劝导别人，能帮他人排忧解难。

为了弘扬奉献精神，鼓励学生积极参与社会公益事业，我校将每年3月16日定为"浦江献血日"，希望浦江学子们能够发扬"我为人人，人人为我"的精神，争当有社会责任感的大学生。

学校教学厨房定期面向全校学生开放，教会学生做一道菜，让他们回家做给家长品尝，以实际行动感恩父母。有一名浦江的男生，课余去教学厨房跟着老师学习做菜，放假回家做了一道菜给家长吃，家长很惊喜。因为他以前在家什么都不做，家长也什么都不让他做，可以说他除了学习外什么都不会做，但是上大学后放假回来就能做一道菜了，而且做得像模像样，家长非常感动，甚至还给学校寄来一封感谢信，感谢学校的教育让孩子懂

图15-1 教学厨房一角

得了感恩。学校给这位男同学一些奖励积分，鼓励他继续用自己的行动去感恩父母，感恩社会（图15-1）。

教学生学做菜回馈父母恩只是一种形式，我校还鼓励和支持学生积极参加公益慈善活动，用自身所学的技能去回馈社会，给陌生人带来温暖。

浦江艺术学院与机电学院的学生们为南京市汤山敬老院的老人们送去了"爱在夕阳红——慰问老人文艺演出"。丰富多彩的歌舞节目，为老人们送去欢乐，带去温暖，使他们感受到来自浦江青年们的热情与温暖。此次活动，更加深化了同学们关爱老人、尊敬老人的意识。

公益慈善管理学院牵头，组织学生到我国山区支教，帮助留守儿童和老人提升文化，更重要的是用爱去帮助他，关心他们，温暖他们，弥补他们情感的缺失。

这些在别人眼中看起来也许是微不足道的事情，却在学生的心中种下了感恩的种子，给同学、家长、陌生人带去心灵的抚慰。助人，不在于轰轰烈烈，而在于力所能及，这是浦江学院着力打造的校园文化核心。

二、助人，在于养成习惯

林语堂先生在《一颗善心》一文中说道："我们尽管大量地给予他人以我们的亲爱、同情，我们的鼓励、扶助，然而那些东西，在我们本身是不会因"给予"而有所减少的。反而，我们给人愈多，则我们自己所得的也愈多，我们能把我们的亲爱、善意、同情、扶助给人愈多，则我们所能收回的亲爱、善意、同情、扶助也愈多。"

当一位同学因成绩下降而遭人白眼从此一蹶不振时，帮助他重拾信心；当一个人摔倒在地遭到别人的讥笑时，拉他一把；当看到街上一个衣衫褴褛的乞丐时，慷慨解囊；当在公交车上看到一个老人的身体随着车的行驶左右晃动而别人依旧谈笑风生时，主动让座，等等，这些都是生活中随处可见的寻常事情，却因为下意识去做的人太少而成为做好事的典范。

其实，助人应该是一种习惯，一种自然而然、顺从内心的自发的事情。乐于助人，这是一种朴实的中国传统美德。每个人都有遇到困难的时候，此时最需要的是别人给予的帮助。在自我意识日渐强化的今天，强调乐于助人更有着强烈的时代进步意义。

浦江慈善商店作为公益慈善管理学院的特色，为学院注入新的生命力，也增加了学院的文化底蕴，有效促进了公益慈善事业在青年大学生中的发展。

2016年12月6日，世界国际志愿者日的第二天，钱副校长、李副校长和各二级学院负责人，以及凤凰江苏公益频道臧总监、无锡择尚科技股份有限公司许先生等校外爱心企业家在浦江教学酒店大厅济济一堂，共同见证校内实训基地"浦江慈善商店"的开幕。

浦江慈善商店是集教学、创业、公益项目、社会爱心企业公益支持、浦江慈善理念传播及志愿服务于一身的平台，企业支持和媒体宣传相结合的运营模式，为"五位一体"的慈善商店提供了强大的后台支持。浦江慈善商店通过爱心企业和个人捐赠、寄售等多种形式进行差别化经营，所得利润将用于支持校内外公益项目，商店内的采购、店面管理、营销传播、财务管理和公益项目实施等工作全部交由学生负责。

同时，为了顺应"大众创新，万众创业"和"互联网＋"的发展趋势要求，浦江慈善商店还成立了"蒲扇"工作室，旨在整合利用各种网络资源，建立信息化、媒体化的宣传网络平台，加大对公益项目的宣传力度，扩大线上商城的服务范围，为更多有需要的人提供帮助。

在浦江慈善商店的开幕仪式启动之际，由商店发起的"暖冬计划"和"书来书往"两个公益项目也同步启动，前者是为各院需要帮助的学生购买春节往返火车票进行筹款，后者是进行校园书籍阅读的交换与寄售。此后经过一个月的宣传与经营，"暖冬计划"顺利达成目标，筹得款项9000元，交款仪式在浦江慈善商店成功举办，全部筹款顺利交接至学工处学生资助中心。而"书来书往"项目还在继续。

浦江慈善商店正朝着公益无边界方向不断求索发力，力争探索一个全新、可持续发展的慈善模式。在学生出色的经营管理下，浦江慈善商店不仅仅是一间传统的慈善超市，而且还是能够将全新的公益理念和慈善模式带进更多人生活的场所。浦江慈善商店作为公益慈善管理学院的校内实训基地，在为学生提供实践平台的同时，发扬爱心善举，帮困助学，实现公益项目创新和公益人才培养双方向发展，让学生在实践、创新中形成助人的意识和习惯。

三、助人，在于获得快乐

中国人讲求行善积德，认为"施比受更有福"。一句非常充满诗情画意的句子说：赠人玫瑰手有余香。赠人玫瑰就是爱心助人，手留余香就是收获满足、快乐的福报。我们生活在一个人人为我、我为人人的世界，我们需要相互之间的体贴、关心、帮助及风雨同舟的同甘共苦。我们需要一种爱心的助人，众人拾柴火焰高。也许今天你雪中送炭的助人，就是他日锦上添花的姹紫嫣红；也许你今天举手之劳的微不足道，就是他人的繁花似锦春色满园。我们认为，助人带来的快乐是最难忘的体验。

支教是一个传统的公益。说起支教，很多朋友会说："是到贫困地区教小孩子的吧。"我们的学生参加的支教，不是去教小孩子。准确地说，是去某地某学校推广素质教育，又称梦想课程，是对教师组织培训，课堂上都是一线老师，或者应该说是与当地老师的一场分享活动。"真爱梦想教练计划"是针对"梦想中心"学校一线教师度身定制的教师培训公益项目，真爱梦想基金会大规模招募高校大学生、教师、企业志愿者、优秀梦想课程执教老师，使其成为项目志愿者。经过培训的志愿者组成多元团队，利用暑期时间支教，与当地教师当面交流，传递梦想课程理念，展示梦想课程授课方式。通过15天的支教，建立志愿者和教师的人际关系，激发教师参与的热情和改变的意愿，最终帮助孩子们自信、从容、有尊严地成长。

浦江公益慈善管理学院的9位同学，成功竞选为2016年真爱梦想教练计划的志愿者，在为期4天的培训中，全面了解了基金会的理念和项目，学习作为梦想教练应有的技能之后，他们分别前往湖北和贵州两地完成支教之旅。

顾同学说："教练计划吸引我的是，团队成员的多元化，参与支教的不仅仅是我们学生，还有一线教师、企业志愿者、教育局人员组成的多元团队，跟大家在一起，可以学到很多他们分析问题、处理问题的思维方式。当然，最重要的是践行真爱梦想基金会的一句话——只有改变教师，才能改变教育。"

在多彩的贵州铜仁，赵同学和曹同学与当地逸群小学的老师们度过了欢乐的时光。每节课都是老师和孩子们期待的欢乐时光。每节课都拥有让人欢乐的魔法，在欢乐的同时，还学到了知识。为了孩子们自信、从容、有尊严的未来，两位同学也是使出浑身解数。

曹同学说："我们教给孩子的不仅仅是一加一等于二，我想更重要的是去让小孩子时时刻刻能够去关爱别人，做一个善良的人。"图15-2为曹同学在贵州铜仁支教。

张同学与志愿者们和蕲春实验中学的老师在蕲春县相遇。支教志愿者一行受到了学校方面的高度重视。学校领导认同了基金会的观念，对支教老师表示热烈欢迎并给予大力支持。虽然天气炎热，但志愿者准备的各种互动活动充分调动了大家的积极性和参与度。大家热情高涨，老师们集思广益，分工协作，共同给大家带来欢乐。大家一起唱歌，一起绘画，一起表演节目。相机捕捉到每个开心的镜头，简单但是很快乐。大家收获的不仅仅是欢乐，还有感动（图15-3）。

张同学谈及本次教练计划的感悟时说道："能参加这种爱心行动，是我的幸运。在这

图15-2　曹同学在贵州铜仁支教

图15-3　张同学和志愿者们在蕲春实验中学

里，每一个人都是幸运的，这里也没有地位之分，我们共同成长。""未来还有许多路要走，因为教育，因为公益，我们走到了一起，不管以后如何，我们都还在路上，为着自己的梦想前行！"

参加培训的老师们收获良多，他们积极地表达了对梦想课堂方式的肯定，也希望能够在自己今后的教学中给学生们带去更多的欢乐，让学生们在快乐中学习，能够学得开心，学到更多。他们将用自己的努力把这份爱不断地传递下去，为中国的教育付出自己的一分力量。老师们一致表示，这次培训是他们参加过的培训中最独特的一次，让他们受益匪浅，并且都表示很愿意加入梦想课堂，跟大家一起把爱传递下去。

云南的志愿者丹同学在志愿活动结束后，感慨道："若不是亲身参与其中，亲眼所见课堂上那些灿烂面容，感受轻松愉悦的氛围，我可能始终无法理解为什么每年的夏天都会有那么一群志愿者愿意走到全国各地，深入乡村，去传递梦想课程。也许都是一群志同道合的人，愿意帮助孩子自信、从容、有尊严地成长吧。"

她的伙伴张同学也表示："假如初中时期的我能有这样一间教室，有亲切的老师关爱我，有这些生动有趣的梦想课程，那么今天的我会不会更加自信呢？会不会少走很多弯路？至少在树立自信、找到自我方面不会这么费周折。上学的时候总认为能否考上一所

　　　　第十五章　浦江首创"助人积福"

好大学将决定每个人的运命，长大了却更能体会，性格才更能决定命运，在人际关系错综复杂的今天，情商早已比学历更加实际。"在结束梦想课程后，张同学似乎也找到了属于自己的自信。

公益是每个人的责任，倘若不断地传达公益理念，时间久了，可能一部分人会将支教、志愿工作或其他公益事业纳入自己所承担的责任中。在纷繁躁动的现实世界中，我们的学生选择做理想主义，但在理想主义的公益世界中，他们执着的是现实主义。学生们用实际行动告诉我们，他们会将这份爱更为广泛地传递，不言而喻，在传递爱的过程中，他们也收获着快乐。

15.2 对外文化交流活动侧记

国际文化交流是促进国与国互信，实现更大范围、更高层次经贸合作的有力推手。泰国是"一带一路"建设的重要节点，中泰两国实现互利共赢，共享经济成果的美好愿景正渐成现实。浦江学院是由泰国正大集团投资创办的学校，学生们愿意用学到的技能，以艺术的形式，力所能及地去回报正大，回报社会，从而在展示自我的同时，义不容辞地承担起中泰文化交流的使命。

2016年9月24日至10月2日，应中国驻泰国大使馆、泰国北京商会、呵叻府华人社团和中国驻孔敬总领事馆等单位邀请，浦江学院艺术团于2016年应邀访泰交流。为此，浦江校领导高度重视节目的策划、排演，艺术团的成员们抓紧时间排练节目，争取为泰国观众们献上一场精彩的演出。

本次赴泰艺术团由浦江学院校领导、金钟奖优秀演奏奖获得者黄翾、挪威国家歌剧院签约演员李玮、德国打击乐演奏家Kristian Sievers夫妇等带队，浦江众多客座教授、特邀嘉宾、浦江学院艺术教育中心教师、体育教师及浦江大学生舞蹈团和浦江学院太极武术队40名团员组成。浦江大学生舞蹈团成立于2015年3月，是直属于艺术教育管理中心的大学生艺术团体，承担着校内外重大演出、校际交流和推广校园文化、普及高雅艺术的任务。目前团内已有两届团员共计50余名，团内设专业指导教师两名，团长一名，副团长两名，共同建设与管理团队。9月，舞蹈团训练正式成为我校公共选修课程"舞蹈艺术实践"。

浦江学院艺术团精心设计、策划、排练了一系列精美绝伦的表演：《国色天香》中，柔美的身段配上少女们的高颜值，果然人如其名；《邵多丽》中，三位舞者用曼妙的舞姿，把傣族姑娘身上含蓄的美展示得淋漓尽致，把现场观众也带入傣族的文化氛围中；《花儿为什么这样红》中，时而静谧时而激荡，时而含羞时而奔放，舞者转起了艳红的裙子，转开了少女的心扉，绽放出青春的花朵；《行在山水间》展现了曼妙多姿的少数民族风情（图15-4）。

尤其是浦江学院艺术团为泰国观众精心打造的大型舞蹈《千手观音》、传承自武当并糅合浦江文化的太极武术和中国传统乐器表演等独具特色的精品节目得到了观众的一致赞誉。

《千手观音》这个舞蹈本是浦江大学生舞蹈团为迎接浦江2016年校运动会，向全校师生展示校艺术教育中心的成果而精心排练的。学校对这个舞蹈节目十分重视，校领导亲自到舞蹈房观看校舞蹈团的排练，对校舞蹈团各位师生进行了慰问，并颁发证书，表达了对舞蹈团的指导老师工作的肯定和期许，以及对同学们辛勤付出的赞赏。2016年校运动会上，学生们表演的古典优雅的舞蹈《千手观音》引起全场轰动，新浪网、《扬子晚报》、中国江苏网、爱奇艺、搜狐、现代快报网、优酷网、《贵阳日报》、中国社会科学网、人民网等多家媒体纷纷报道。那段时间，只要你打开网页或者微信，最吸引人的标题就是"南工

图15-4　赴泰艺术团表演的舞蹈

图15-5　浦江学子表演"千手观音"

大浦江运动会玩出新花样",频率最高的搜索关键词就是"千手观音"(图15-5)。

《千手观音》这个舞蹈寓意深远,承载着大爱无形的感召力量,其肢体语言出神入化,作为中泰文化的交流桥梁再合适不过了。其中,动作节奏的整齐划一是难点也是看点,而这样的惊艳亮相背后更是少不了舞蹈演员和幕后老师的指导与训练。而且浦江大学生舞蹈团的学生们都是业余爱好者,没有一个是舞蹈专业的,甚至大多数学生不是艺术学院的。可以想见,要练好《千手观音》这样高难度的舞蹈,学生们付出的努力、留下的汗水有多少!

在为期9天的文化交流中,三场演出皆圆满成功。到场嘉宾对艺术团的精湛表演给予了很高的评价(图15-6)。

在短暂而忙碌的9天时间里,中国驻泰国大使馆和孔敬总领馆的关怀无微不至,当地侨团的热情、周到和细致,泰国当地政府的重视和支持,正大集团资源配备的到位,每一个细节都是对中泰两国友好的最佳阐释。

此次出行泰国的表演,不仅展示了浦江学子的精湛艺术和健康积极的精神风貌,让观众愉快地观赏到了精彩的文艺演出,同时还传播了中华文明,更加深了两国文化的密切交流,推动两国教育界的携手共进,受到了中国驻泰大使馆的充分重视。李名刚总领事表

图15-6 蔡先生（右二）与中国驻泰大使馆文化参赞陈疆（右三）
为浦江学院艺术团赠送礼品

示，本次巡回演出非常成功，为泰国华侨的国庆增加了浓重的节日气氛，希望浦江学院艺术团能够更多参与到这类文化交流中，为中泰交流做出贡献。

借此次活动，浦江向正大集团汇报其在中国第一所大学的创办成果、学生的状态和精气神，同样也增强了我校和正大集团在中泰交流中的影响力，增强学生的校园归属感，有利于学校的长远发展。蔡绪锋先生表示，中泰文化交流在当今社会中已变得越来越重要，尤其是随着中国"一带一路"建设的发展和东盟影响力的日渐深远，浦江学院能够承担起中国与泰国、江苏省与泰国的民间文化、高校文化交流的重任非常让人欣慰。

这次活动不仅加深了我校对文化交流在"一带一路"建设背景下的重要性的认识，还促使老师们对艺术的本土化与国际化该如何融合才能促进具有民族特色的艺术形式走向国际的问题进行了深入的思考，并将以此作为今后开展教学和科研的主要方向。学生们加深了对专业知识和专业应用技能的全面认识，通过舞台表演的实践来衡量和检验自身专业理论学习的水平，师生成员道德和艺术素质都得到了提高；同时，也从工作、生活、民俗和自然等方面加深了对泰国文化和泰国传统艺术的了解和体验，提高学习和了解周边国家艺术形式的兴趣。

参加活动的学生们纷纷表示，赴泰表演提供了一个在实践中成长的机会，大家都在本次演出的排演过程中得到了很大的锻炼和提高，对自身成长起到了很好的帮助和提升作用。

今后，浦江学院将不遗余力地去组织实施此类活动，并尽可能多地动员师生参与其中，以此来营造良好的校园文化氛围，实现对学生的全面素质教育，把他们培养成具备良好道德素质的社会人。

我们希望，爱的付出不只是学生生命中的一段经历，而是伴随学生一生的伴侣。为此，浦江一直在努力。

图书在版编目（CIP）数据

问道大学：中国民办高校建设探索 / 张尧轸, 陈耿
著. -- 北京：高等教育出版社, 2018.1
ISBN 978-7-04-049125-8

Ⅰ.①问… Ⅱ.①张… ②陈… Ⅲ.①民办高校-教
育建设-研究-中国 Ⅳ.① G648.7

中国版本图书馆 CIP 数据核字 (2017) 第 309002 号

WENDAO DAXUE：ZHONGGUO MINBAN GAOXIAO JIANSHE TANSUO

策划编辑　徐　可
责任编辑　徐　可
封面设计　王凌波
版式设计　王凌波
插图绘制　邓　超
责任校对　刁丽丽
责任印制　田　甜

出版发行　高等教育出版社
社　　址　北京市西城区德外大街4号
邮政编码　100120
印　　刷　北京信彩瑞禾印刷厂
开　　本　787mm×1092mm　1/16
印　　张　19.5
字　　数　340千字
购书热线　010-58581118
咨询电话　400-810-0598
网　　址　http://www.hep.edu.cn
　　　　　http://www.hep.com.cn
网上订购　http://www.hepmall.com.cn
　　　　　http://www.hepmall.com
　　　　　http://www.hepmall.cn
版　　次　2018年1月第1版
印　　次　2018年1月第1次印刷
定　　价　86.00元